FONTAINEBLEAU

PAYSAGES

LÉGENDES — SOUVENIRS

FANTAISIES

EN VENTE CHEZ LE MÊME ÉDITEUR

ET AU PALAIS-ROYAL, CHEZ LES ÉDITEURS DENTU ET LEDOYEN

L'INDICATEUR

HISTORIQUE ET TOPOGRAPHIQUE

DE FONTAINEBLEAU

Un volume in-8° orné de cartes et de vues.

Neuvième édition du GUIDE-DENECOURT.

PRIX : 3 FR.

PARIS. — TYPOGRAPHIE SIMON RAÇON ET C°, RUE D'ERFURTH, 1

HOMMAGE
A C. F. DENECOURT

FONTAINEBLEAU

PAYSAGES — LÉGENDES — SOUVENIRS — FANTAISIES

PAR

CHARLES ASSELINEAU — PHILIBERT AUDEBRAND
THÉODORE DE BANVILLE — BAUDELAIRE — G. BELL — BÉRANGER
BRIZEUX — BUSQUET — C. CARAGUEL — H. CASTILLE
CHAMPFLEURY — Mme DE CHATELAIN — FERNAND DESNOYERS
PIERRE DUPONT — TH. GAUTIER — BENJAMIN GASTINEAU
COMTE DE GRAMONT — A. HOUSSAYE — G. HUBBARD
VICTOR HUGO — JULES JANIN
DE LA LANDELLE — LAMARTINE — AUGUSTE LUCHET — LOUIS LURINE
G. MATHIEU — MÉRY — CHARLES MONSELET — MURGER
A. DE MUSSET — GÉRARD DE NERVAL — PELLOQUET
ÉDOUARD PLOUVIER — A. ROLLAND — P. DE SAINT-VICTOR
Mme ADAM SALOMON — GEORGE SAND — TILLIER — VACQUERIE
J. VIARD — C. VINCENT — WATRIPON

PARIS
LIBRAIRIE DE L. HACHETTE ET Cie
RUE PIERRE-SARRAZIN, 14

1855

POUR QUI CE LIVRE EST FAIT

L'ingratitude, diversement mais toujours odieuse, devient pire et se multiplie par elle-même comme un monstre quand c'est une ville qui la commet envers un homme. Ainsi nous est apparue celle dont à cette heure nous venons provoquer la réparation.

Tout le monde aujourd'hui connaît Fontainebleau. Pour les Parisiens surtout, le chemin de fer de Lyon en a fait un faubourg. Ville jolie, mais triste ; tranquille retraite de rentiers qui ne consomment guère ou de vieillards qui ne consomment plus ; élégante, oisive, prétentieuse et inutile, sans production, sans industrie, sans commerce, Fontainebleau vit de ses beautés comme une courtisane romaine.

Ses beautés sont un château et une forêt.

Elle travaillait autrefois. Elle avait des pavés, du

calicot et de la porcelaine. L'Alsace a tué le calicot ; la porcelaine a émigré. Quant aux pavés, les chemins de fer à travers les champs, le macadam à travers les villes font tous les jours qu'on en fait moins.

Or le château de Fontainebleau est magnifique, sans contredit. C'est une encyclopédie mobilière et immobilière de choses royales et merveilleuses : cela n'a point de rival pour qui sait lire dans le bric-à-brac des trônes et le *campo-santo* des monarchies. Et cependant nous aimons mieux Versailles, nous autres bourgeois de Paris : Versailles, une grande caserne où l'on devient idiot à regarder des batailles peintes et des eaux croupies ; où le *Lever du Soleil* s'appelle le *Char embourbé*, et la *Vengeance de Latone* la *Reine des Grenouilles*. C'est que nous ne sommes pas, en général, des savants ni des artistes, il faut bien que vous le sachiez. Et nous ne nous promenons point pour apprendre. Nous nous défions, en outre, comme il est de notre dignité, et nous craignons toujours qu'on ne se moque : ce qui arriverait si nous demandions tout bonnement le nom et l'histoire des choses que nous voyons, aussi bien dans une boutique que dans un palais. C'est pourquoi l'on nous ravit en nous mettant une étiquette sur les beautés comme sur les étoffes. Nous savons toujours gré de cette déférence, qui n'humilie personne.

Les montreurs de Versailles connaissent notre faiblesse. Ils ont fait répandre autour de l'édifice des livrets contenant le numéro et l'indication de chaque objet. A Fontainebleau on n'a point pris cette peine. Des employés à tour de rôle conduisent le voyageur par une porte et le ramènent par une autre, au bout d'une tournée incomplète, en lui faisant de ce qu'il voit un énoncé traditionnel, volontiers éclaboussé d'anachronismes. Ainsi je me souviens que, sous la dernière République, on faisait voir aux gens la *table de l'abdication*, — guéridon peu authentique, du reste, — en disant que l'acte rappelé par ce meuble avait été écrit par l'Empereur dans le cabinet *du roi*, c'est-à-dire de Louis-Philippe. Cela dure une heure, après quoi l'on s'en va, n'ayant quasi rien vu à force d'avoir vu tant et si vite, avec les yeux qui cuisent et la tête qui bout. Il y aurait évidemment moyen de mieux entendre les choses : mais la routine! mais l'habitude!

Si splendide et incomparable qu'on le trouve donc, ce n'est pas le château de Fontainebleau qui seul, de notre temps, apporterait beaucoup à la richesse de la ville. Les réparations et les embellissements sont à peu près finis. D'anciens projets d'appropriation ont été abandonnés; d'ailleurs, ils étaient impraticables, au point de vue du respect des grands débris. La cour y vient peu. Le public n'y vient pas, il y passe. Dans les voyages du monarque, la maison suit d'ordinaire, avec les provisions; dans les voyages du public, on arrive le matin pour s'en retourner le soir. L'administration du chemin de fer et celle des omnibus peuvent bien y gagner quelque argent, les cafés aussi et les restaurateurs; mais voilà tout. J'oublie peut-être les marchandes de tabac.

La vraie ressource de Fontainebleau, c'est la forêt de Fontainebleau. Au château, qui fut la maison de vingt rois, il fallait ce jardin de quarante mille arpents. Nos anciens maîtres, les *bien-aimés*, savaient, comme les moines et les banquiers, se faire des demeures belles, et plaisamment, en des lieux cachés, accrocher le nid de leurs amours. Un jour, les mers révoltées avaient passé sur ce pays, — c'était bien avant qu'il y eût des rois et leurs maîtresses, des banquiers et des moines, des écrivains et des peintres, — et les mers l'avaient dépouillé, comme les rivières des tanneries font d'un bœuf vide, enlevant et dispersant la végétation sa peau, la terre sa chair, ne lui laissant que les rochers ses os. Ensuite il était arrivé que ces grands os, qui n'avaient plus de lien entre eux, s'étaient affreusement disjoints et précipités les uns sur les autres en se brisant et s'entassant, ainsi qu'on voit crouler les immensités bibliques dans les terribles peintures de Martyn. Mais peu à peu la nature, attendrie et calmée, avait pris en pitié cette désolation formidable : elle avait changé en humus les débris écoulés dans les profondeurs et les avait couverts d'arbres; puis, ceux-ci devenus centenaires, elle avait dit aux vents d'en emporter les graines pour faire une toque et des plumes aux hauteurs restées chauves.

C'est longtemps après que les premiers rois étaient venus se bâtir une maison par là.

Ainsi la forêt n'a pas besoin du château pour nous montrer ses valeurs, qui sont comme qui dirait de trois espèces : l'entretien et la coupe des bois; l'extraction et la façon des pierres; les études, les rêveries, la promenade enfin. La première intéresse les forestiers, les marchands de bois et les bûcherons; la seconde, les carriers et les paveurs, en admettant qu'il en reste ; la troisième, les peintres, les poëtes, les amoureux et tout le monde. Cette catégorie dernière est aujourd'hui la nôtre; c'est pourquoi nous venons demander à la ville de Fontainebleau, sans offense ni scrupule, comme on remplit un devoir, ce qu'elle a fait pour un homme qui est son bienfaiteur depuis vingt ans?

Si vous vous êtes jamais promené dans la forêt, hors des grandes voies, été ou hiver, n'importe, —

elle est toujours belle, — vous aurez vu apparaître tout à coup sur quelque sommet un petit homme simplement vêtu, avec un grand chapeau et de grandes lunettes, ayant à la main un houx qui lui sert de canne, allant, grimpant, descendant, sans prendre garde, sûr de son pied, l'œil au ciel, les narines frémissantes, le souffle hardi, l'air heureux. On ne saurait lui donner un âge, tant il est allègre et droit planté dans sa structure économe, particulièrement noueuse et ramassée : on dirait un genévrier changé en homme. En voyant ainsi se découper sa silhouette aiguë dans le fond vague de l'horizon, on se rappelle les mystérieuses petites figures des gravures allemandes, qui, penchées sur les montagnes, regardent dans les villes et semblent être des messagers entre ce qu'on demande en bas et ce qu'on refuse en haut. On sent, en s'approchant de lui, que c'est là une individualité tout originale et exquise, qui ne se gouverne point d'après les communs usages, qui s'arrête peu à savoir si ce qu'elle fait lui sert ou lui nuit; on reconnaît, quand cet homme parle, une nature intrépide et loyale, tendre et fière, simple, enthousiaste et résignée.

Ce solitaire, que je serai toujours heureux d'avoir connu, s'appelle Denecourt. Il a maintenant soixante-sept ans. Il est venu à Fontainebleau en 1832. Premier des onze enfants de vignerons de la Haute-Saône devenus aubergistes pour leur malheur; transporté dans les Vosges tout jeune et mis au service de sa grosse famille, il n'eut d'instruction que ce qu'il pouvait en soustraire à ses devoirs. Il apprit à lire dans le livre d'Heures de sa mère, dans des contes de fées tombés derrière un coffre, dans l'almanach Liégeois et la *Théorie militaire*. Bientôt il put lire un autre livre, grand et sublime, celui-là, dont la nature lui tournait les pages : les montagnes, qu'il parcourait en conduisant les voyageurs pour son beau-père. Ceci nous explique le mysticisme un peu sauvage de son caractère, sa tendance à rechercher et à supposer le merveilleux, sa passion pour les spectacles éternels, et nous fait aussi parfaitement comprendre pourquoi, n'étant point de la conscription, il s'engagea et partit soldat en 1809. A l'enthousiasme guerrier il joignait le désir de voir et de savoir.

Blessé en Espagne en 1812, il eut son congé et une lieutenance dans les douanes. Sa profession nouvelle ne tarda guère à lui devenir humiliante; ses idées de libre enfant des montagnes n'allaient point avec les obligations du *gabelou*. Il vit, d'où il était, passer la triste armée que nous renvoyait la Russie, restes misérables de ce qui avait été six cent mille hommes. Il était guéri de sa blessure, il donna sa démission et courut où l'on se vengeait. Généreuse et inutile colère! Blessé de nouveau l'année d'ensuite près de Verdun, dans une affaire d'avant-garde, il eut encore une fois sa retraite avec les galons de sergent. La guerre était finie, et les Bourbons régnaient. Ce fut là toute notre vengeance. On s'habituait à être vaincu.

Alors notre ami vint à Paris apprendre l'état de bijoutier en faux. Il avait vingt-cinq ans, et il fallait vivre. Le similor après la gloire. Son maître d'apprentissage était riche, et faisait instruire son fils chez lui. Denecourt eut sa part des leçons du jeune bijoutier en les échangeant contre le grand art de tuer son prochain par la raison démonstrative. Tout allait bien, quand on apprit que l'exilé de l'île d'Elbe venait de débarquer à Fréjus. A cette nouvelle, le soldat abolit l'ouvrier, et Denecourt partit, l'éclair au front, la flamme au cœur, entraînant dix de ses camarades d'atelier. Ils allaient au-devant de l'Empereur. Celui-là savait passionner ses hommes.

Ils marchèrent tout d'une traite de Paris à Montereau; vingt lieues en moins de douze heures. Si bien qu'une de ses blessures s'étant rouverte à cause de la fatigue, le sergent ne put aller plus loin. Comme il s'en revenait piteusement par le coche quelques jours après, il fit l'heureuse rencontre d'un capitaine du génie, M. Émon, qui le prit en affection, se chargea de lui et le plaça concierge de caserne à Melun. C'était une troisième retraite.

Alors il se maria, et fut d'abord destitué comme bonapartiste; puis maintenu, grâce à M. Émon; puis envoyé à Versailles, où il monta un commerce avantageux; puis ôté de Versailles, longtemps après, en 1832, par ordre du maréchal Soult, comme suspect de républicanisme; envoyé de là à Fontainebleau, et enfin décidément révoqué trois mois plus tard, parce qu'il s'imaginait d'avoir une opinion et de la dire. Il n'avait rien appris des hommes, ce pauvre grand cœur !

Il eut ensuite deux années de fièvre politique ardente, héroïque, superbe, pendant lesquelles dix fois, à travers la France, il risqua sa liberté et sa vie. Puis il revint à Fontainebleau épuisé, abattu, l'esprit amer, l'espoir mort; prenant l'ignorance des masses endormies pour de la lâcheté, ayant à répondre aux reproches des siens sur son existence gaspillée, ne laissant pas même son nom derrière lui dans ces luttes désastreuses où les plus généreux furent les plus obscurs, ne croyant plus à son temps, ni aux autres, ni à lui-même : comme il arrive, hélas, à tous les enthousiastes, quand la foudre ou les nuées ont éteint ou caché leur soleil. Un morne chagrin s'empara de cet homme, sans affections en bas ni en haut, privé des joies de la famille et des joies de la patrie, qui ne savait plus où dépenser sa vitalité, son activité; incertain qu'il eût seulement bien fait dans ce qu'il avait fait. Sa santé s'altéra, ses fonctions languirent; le sommeil de ses nuits ne répara plus le tourment de ses jours. Il était perdu, il serait mort dans sa maison, sévère et glacée pour lui comme un tombeau : la forêt de Fontainebleau le sauva. Il faut entendre comment il le dit : « Cette pittoresque nature ne tarda pas à me captiver et à me consoler de mes croyances déçues, quoiqu'elle m'ait coûté bien des fatigues et *bien des sacrifices*. Mais on est si heureux au milieu de ces paisibles déserts, parmi ces arbres géants et ces rochers aussi vieux que le monde! On y trouve la paix, le bonheur et la santé. Le cœur et l'âme y savourent mille jouissances délicieuses. On en revient toujours content et meilleur, car l'aspect grandiose et suave de ce jardin comme Dieu seul sait en créer, vous charme et vous inspire la bonté. »

Vous avez l'homme maintenant. Il est vivant dans ces quelques lignes.

Quand il vint voir, ainsi désolé, une forêt que je n'ai pas à décrire, assuré que ceux qui vont le faire le feront bien mieux, elle était déserte comme avant les monarques. Les carriers, les gardes forestiers, les bûcherons, quelques braconniers, le chasseur de vipères et les paysagistes en avaient seuls effleuré les mystères ; les uns indifféremment et par état, les autres pour se choisir un site et ne s'en point distraire une fois choisi. La promenade s'y faisait par les routes à chariot et par les routes de chasse, mouvantes sablonnières où chaque kilomètre était un essoufflement ; véritable mort aux chevaux qui faisait dire aux rares visiteurs par les cochers, au bout de quatre ou cinq heures d'un tirage affreux : « Monsieur et Madame ont vu tout ce qu'on peut voir... et puis les bêtes n'en peuvent plus ! »

Notre ami ne voulut point prendre des chemins si vulgaires. L'état de son esprit le portait d'ailleurs à fuir la rencontre des hommes. Il se perdit au hasard, en plein bouleversement, au fort des rochers infranchis ; se désignant un point, par caprice, comme un but à la flèche du sauvage, et marchant d'instinct pour l'atteindre, au milieu de dangers inconnus où, devant lui, n'avait passé personne, sinon peut-être quelque chien dépisté dans les grandes chasses. De cette façon il arrivait, montant et descendant à l'aventure, tantôt au fond d'un val plein d'amoureuses ténèbres et de senteurs étranges, tantôt sur des cimes imprévues, au couronnement échevelé, inondées de soleil, brûlées, ardentes sous le grand vent, rougeâtres et tachées parfois comme d'un sang vieux-répandu. Alors il s'arrêtait et s'orientait, curieux, après avoir trouvé cela beau d'abord, et baigné dans l'éther ses poumons et son âme ; puis, en se penchant par là-haut, au risque de se tuer, près ou loin il cherchait et voyait une autre cime, et ses yeux, fouillant l'intervalle, n'apercevaient point de chemin. C'était son affaire. Il regardait une fois encore, prenait pour boussole le soleil, et marchait hardiment à sa découverte nouvelle. Les lapins, déterrés, détalaient partout sous ses pas ; le chevreuil s'enfuyait ; parfois une jaune vipère lui montrait les dents, irritée : il faisait sonner sa canne et passait. Cela dura longtemps, et lui nuisit beaucoup. On s'émerveillerait à savoir ce qu'il en sortit de suppositions injurieuses ou comiques. Mais passons là-dessus : à côté de ce qui est beau, ne mettons jamais ce qui est grotesque.

Et, à mesure qu'il avançait dans ces explorations solitaires, impossibles pour tout autre, parce que tout autre les eût jugées inutiles et folles, les pensées tristes du présent parlaient moins haut à son esprit, les navrantes images du passé reculaient. Il sentait comme un grand souffle le parcourir, et enlever de lui cette poussière des humains souvenirs ; il rajeunissait, il reflorissait, il revivait ! Ce fut bientôt là sa seule tâche et son rêve unique : trouver tout, voir et posséder tout dans ce domaine immense livré à tant de monde et connu de lui seul. Il arriva ainsi peu à peu à s'en dresser une carte aux divisions secrètes, aux méandres invisibles, où des touffes d'ajoncs étaient les points de repère et des bruyères roses les jalons. Puis, après que cette fréquentation sublime eut bien rafraîchi son cerveau, après qu'il se fut bien convaincu des magnificences dont il avait la clef, le misanthrope d'un jour redevint l'enthousiaste d'autrefois. Il avait trouvé le but de sa vie, l'être de son amour ; et, chez cet homme à la charité toute-puissante, qui n'eut jamais que pour donner, une seule volonté se fixa désormais : c'était d'appeler qui voudrait à jouir de son travail d'Hercule.

Alors hardiment, à ses seuls risques, sans concours, ni secours, ni permission, il commença la tâche énorme de rendre praticable sa merveilleuse topographie. Il n'alla point dire à l'administration ce qu'il voulait faire ; il avait trop peur de tuer son rêve. La conservation des forêts est une institution sage, savante, mais réglementaire et routinière ; elle s'oppose d'instinct à tout ce qui n'est pas dans les usages. Elle est de plus excessivement jalouse en fait de propriété : on la blesse en ne se promenant pas dans ses routes, mais volontiers elle empêcherait les amoureux de s'asseoir sur son herbe. La plus glorieuse victoire de Denecourt sera d'avoir, dans les temps derniers, amené ce pouvoir sévère à reconnaître et, bien plus, à protéger ses travaux. Ce fut un éloge tel qu'on n'en fait à personne, un hommage à changer en orgueil l'humilité d'un Allemand.

Pendant dix ans et plus, en cachette, comme eût agi un braconnier chassant à l'affût ou quelque voleur de bois, on vit le trouveur de sites se glisser de grand matin et même la nuit dans son usurpation, accompagné d'hommes qui croyaient fermement commettre un délit, et pour cette raison exigeaient d'être payés cher et tout de suite. On prend plus pour faire le mal que pour faire le bien ; mais le scrupule n'est pas supérieur. Quelque temps après, les agents forestiers remarquaient un sentier tracé de façon anomale et s'inquiétaient de ce que cela voulait dire ; ils n'avaient vu personne venir en faire régler les journées. Puis c'était un rocher dégagé, coupé, transfiguré afin de donner passage jusqu'à des arbres perdus auparavant, botaniques richesses dont les gardes-chasse n'avaient point l'inventaire. C'étaient des chemins sous terre, des escaliers, des défilés entre deux grandes murailles nues, dévoilant à chaque pas des points de vue, des surprises, un roc tout à coup apparu, un chêne élancé de l'abîme, un genévrier contemporain des déluges, une plongée superbe sur une mer de feuillages, un horizon lointain avec ses clochers, son château, des villages, une ville, aboutissant imprévu d'un rayon que nul ne soupçonnait. Ainsi s'éveillait Louis XIV au temps des grandes flatteries, en trouvant une avenue le matin où la veille il avait regretté de ne voir qu'une plaine.

En même temps, chez Jacquin, l'imprimeur, notre Colomb sylvestre écrivait et publiait un itinéraire descriptif de chaque trajet nouveau, lequel prenait son voyageur par la main, le conduisait pas à pas et le ramenait au logis, en un style adorable de naïveté pittoresque. A l'itinéraire était jointe une carte de cette promenade, galanterie surabondante, magnificence d'amphitryon, comme la distribution du menu dans les dîners de grand seigneur. Et puis, un beau jour, le géographe s'en allait furtivement, un pot de peinture sous sa redingote, marquer ses arbres et ses rochers, afin que l'étranger triste ou pauvre pût dérouler seul le fil de ce labyrinthe, sans demander son chemin ni à un homme ni à un livre. Car il ne savait spéculer sur quoi que ce fût ; la vente de ses itinéraires ne fut jamais son souci : il se donnait toute sa peine pour le plaisir et ne songeait pas même qu'on dût l'en remercier. La nature l'avait, selon lui, placé là pour offrir des chemins à ce pays, à cette forêt, au passant.

Il fit ainsi CENT CINQUANTE KILOMÈTRES de routes, et vingt promenades au moins. De plus il dressa une carte générale de tout le terrain, autrement fidèle et sûre que la grande carte du cadastre, si laborieusement, lentement et coûteusement exécutée cependant; tout cela au milieu de contrariétés inouïes, d'empêchements, de froissements, de railleries à tout rompre; sans compter les dangers, dont il ne parle jamais. Ceux qui recevaient son argent riaient de lui, et le montraient comme un fou à leurs enfants et à leurs femmes. Quand il travaillait à ses énormes tours de force de la caverne du Serment, des Montussiennes, du rendez-vous du Chasseur-Noir; quand il dotait délicieusement la forêt, si brûlante quelquefois, des fontaines Sanguinède et Dorly, les carriers épouvantés s'arrêtaient ou prenaient la fuite devant les rocs immenses qu'il leur faisait ébranler : « Continuez, et je double! Restez, et je triple! Ne suis-je pas avec vous? » s'écriait le pionnier, intrépide en son enthousiasme. Il rendait ainsi la confiance à ces pauvres gens, et les forçait à regarder sans pâlir des mondes de grès chercher et trouver leur aplomb nouveau sur les arcs-boutants qu'il leur improvisait.

Puis venait la calomnie, cette rouille des existences honorables. Aimant, croyant, enfant comme il est, reconnaissant de la plus chétive justice rendue à son infatigable courage, il lui arrivait de donner votre nom, passant, à quelqu'un de ses arbres ou de ses rochers. Un pauvre esprit d'artisan qui est mort, poëte à peu près, et envieux par la grâce d'un académicien quelconque, s'avisa là-dessus d'insinuer comme quoi notre ami vendait pour de l'argent des rochers et des chênes à la vanité de chacun. Denecourt trafiquant de la nature! D'autres, animaux répétiteurs, s'en allaient caquetant qu'il prostituait les beautés de Fontainebleau ; si bien que le conservateur dut lui dire un jour avec gravité : « Monsieur Denecourt, pourquoi baptisez-vous donc ainsi ce que renferment les forêts de la couronne? »

Un de ses chagrins les plus vifs lui vint par les peintres, nos frères en ton amour cependant, ô ma belle forêt! Seuls possesseurs jusqu'à lui de ces retraites divines, ils s'y étaient fait une vie charmante de commodités bohémiennes et de conventions illimitées. Dérangés là dedans par les voies que le malencontreux civilisateur ouvrait à tout propos sous leurs pieds et sur leurs têtes, ils l'accusèrent naturellement d'avoir gâté ce qu'ils aimaient. Certains étaient devenus jaloux, j'en ai peur, en lui voyant faire de cette grande arène une galerie de tableaux vivants, de paysages en vrai soleil, supérieurs sans doute à toutes leurs esquisses maigres, retouchées de mémoire à Paris, au coin du feu. Non, mes frères, ce n'était point cet homme, un artiste à sa manière, que vous auriez dû blâmer. J'en sais quelque chose pour ma part; et Thoré vous l'a dit, et Janin lui-même vous le dira. Souvenez-vous des *coupes sombres* et de ce qui s'est commis alors, et de ce qui s'est commis plus tard. Ce n'est pas Denecourt qui eût fait abattre des chênes de cinq cents ans, pour les vendre au prix de 18 francs 40 centimes en moyenne. Sacrilége !

Mais on fit mieux encore : on accusa Denecourt d'incendier la forêt de Fontainebleau, un fils de faire mourir sa mère. Parce que, ses découvertes et ses percements y amenant plus de monde, on y fumait conséquemment davantage. Était-ce donc sa faute si partout quand on va, c'est pour y fumer ? Comment sans cela consommerait-on pour cent soixante millions de francs de tabac par an dans notre spirituelle France, si renommée pour son bon goût ?

Ceux qui ne lui reprochaient rien tout haut le reprenaient tout bas de dépenser son temps et son argent à des choses futiles et qui ne le regardaient pas. Ils avaient raison, à leur point de vue domestique.

C'est pourquoi le cher homme n'avait pour lui que sa conscience, quelquefois inquiète devant elle-même, et ses pauvres joies dérobées, condamnées, solitaires, clandestines, empoisonnées par l'opinion. Il se ruinait ainsi fatalement, irrésistiblement; et il allait toujours. Comme à tous les missionnaires de malheur ou de bonheur, une voix muette pour autrui lui criait : « *Marche, marche !* » Cent cinquante kilomètres de chemins, et d'œuvres sur terre et sous terre ! Mettons le mètre à 15 centimes, 150 fr. le kilomètre : total, 22,500 fr. Ajoutons 20,000 fr. pour publications, gravures, plans, cartes, planches, additions, raccords, refontes, bien loin certainement d'avoir été remboursés par le public promeneur, cet avare de dépenses utiles, qui rechigne quand on lui demande plus de dix sous pour un livre, et vous aurez 42,500 fr., c'est-à-dire sa fortune, les épargnes de vingt ans ! Voilà ce que cet homme extraordinaire a mis d'argent dans sa passion douloureuse et touchante, afin que la forêt de Fontainebleau fût pour tous pleine de charmes et sans fatigue, sans ennui, multipliée, animée, diverse, à prendre votre journée entière à pied et vous tenir toujours le cerveau d'accord avec les jambes. Et jamais, sachez-le, il ne fut en lui-même satisfait ni payé. Ses jouissances promises avortaient encore plus ou moins devant le regret de ne pouvoir répandre partout les mêmes joies, la même vie. Il faut l'entendre, jardinier du Très-Haut, parrain de ces arbres, époux ardent de cette nature, vous raconter ses peines en face de fourrés nouveaux, de gorges restées vierges, de sinuosités impratiquées : « Les pierres, vous dit-il, les arbres que j'ai dédaignés prennent aussi une voix pour se plaindre ! Ils m'accusent d'avoir eu de la préférence injuste en trouvant que d'autres étaient plus beaux qu'eux. »

Comme nous l'avons dit, l'administration des forêts s'est enfin inclinée devant tant de zèle. Elle a cessé de nier la valeur d'un homme que personne n'imitera; elle a franchement reconnu l'utilité d'un travail qui rend sa surveillance plus facile et lui ouvre des contrées inconnues. La passion peut et fait plus que le devoir; c'est une vérité qu'elle ne conteste plus.

En 1848, après des événements qui eurent un moment le singulier pouvoir d'arracher le sauvage voyer à ses fouilles infatigables, quelqu'un — c'était moi — proposa de créer pour lui une sorte d'inspection ou de conservation des beautés de la forêt. Cette proposition fut trouvée ridicule alors : on l'appuierait peut-être aujourd'hui, par impossible.

Quant à la ville, je suis obligé de me taire en ce

qui la concerne. A quoi bon parler, d'ailleurs? Ce que les discordes civiles ont causé de désastres dans notre malheureux pays démontre au delà cet axiome démoralisateur : — Nul n'est honnête s'il n'est de mon avis : servir un autre Dieu que moi, c'est m'insulter. — Les petites cités oisives poussent ceci jusqu'à l'héroïsme, jusqu'au chef-d'œuvre ; je ne le dis pas pour Fontainebleau toute seule. Elles n'acceptent point le bienfait, le bien-être, le mouvement, le profit même, elles refuseraient la vie, apportés par celui qu'elles n'aiment pas. Or ce sont des lieux où l'on n'aime vraiment personne, mais où l'on hait à peu près tout le monde, plus ou moins. En certains jours on y fait à certains hommes des injustices et des misères que nul ne saurait dire, parce que personne ne le croirait. C'est comme un concours instinctif, spontané, tacite, d'insinuations venimeuses, de perquisitions moqueuses, d'interprétations hideuses, de guet-apens à la réputation, de piéges au repos, jusqu'à y mêler les femmes, jusqu'à faire pleurer les enfants! Et ceux qui agissent ainsi n'ont pas besoin de se concerter pour agir; ils s'entendent atmosphériquement, ainsi que les corbeaux, souterrainement, ainsi que les mulots; ils apparaissent tout à coup et partout après votre chute, comme les crapauds après la pluie. Oh! la province, cher Denecourt, la province ! Couvent où les cellules n'ont point de porte ! Prison où les cachots sont de verre ! Cage d'écureuil où la pauvre bête court, s'épuise, tombe et meurt sans avoir marché ; cercle étroit d'espionnages nains, de trahisons rachitiques, de dénonciations poitrinaires ; où le crime consiste à rentrer tard chez soi, et la vertu à ne pas sortir. Bonne et saine vie, au reste ; vie longue comme celle des perroquets et des carpes, qui pourrait durer toujours, en vérité, car elle dépense si peu, même à mal faire ! vie possible pour qui n'a vu que celle-là, insupportable autrement. Savoir qu'on ne peut rien, eût-on beau vouloir ; qu'on parle à des cerveaux faits d'éponge, à travers des oreilles murées ! Tous les jours le même chemin, les mêmes choses, les mêmes gens, les mêmes heures ; les quatre mêmes seules grandes occupations : médire, manger, digérer, dormir !

Ceci n'a rien d'absolument général ni d'absolument particulier, au surplus. On trouve de bonnes gens partout ; et de même que dans les villes maudites de la Bible, il peut toujours suffire de trois justes pour tout sauver. Ainsi, Denecourt ayant poussé le respect administratif jusqu'à clouer à l'entrée de ses sentiers des plaques pour indiquer que *l'on n'y va pas à cheval*, un habitant de Fontainebleau a obtenu du conseil municipal que cette dépense (225 fr.) serait mise à la charge de la ville. Cet habitant était un juste. Ajoutez à cela soixante francs pour une part de souscription : en tout *deux cent quatre-vingt-cinq francs*, en vingt ans, sur plus de quarante mille.

D'autres esprits, en revanche, enseignaient la haine du vieil ermite aux bûcherons qu'il employait, son mépris aux cochers et aux hôteliers qu'il enrichissait. On trouvait les habitués de ses promenades trop nombreux, funestes au bon marché des vivres, bruyants, chantants, mal élevés, trop tôt levés, trop tard couchés : un dérangement. Pauvre ville valétudinaire !

Nous qui n'avons point ces sentiments tristes et petits, nous qui savons en tout cas et en tout lieu honorer ce qui est bon et glorifier ce qui est beau, nous venons, au nom de la presse française, et nous offrons un livre à ce digne homme. Puissent ceux qui voient et qui lisent féconder notre offrande !

AUGUSTE LUCHET

Ancien gouverneur du domaine de Fontainebleau.

FONTAINEBLEAU

ÉBAUCHE DE LA FORÊT

Le sol de la forêt, rocailleux ou boisé,
Monte, descend, bondit, puis retombe écrasé
Sous le poids des rochers, et creusant un abîme,
S'engloutit avec eux dans un chaos sublime ;
Puis, déroule des champs pleins de tranquillité...
Recommençant toujours, en son immensité,
Les vallons, les ravins, les rochers et les chênes,
Soulevant des coteaux et déployant des plaines !...

Au loin, des peupliers que balancent les vents
S'entr'ouvrent; des maisons blanches, des blés mouvants,
La Seine serpentant dans l'herbe, des villages,
Sillonnent de clartés le rideau de feuillages.

Aux pentes des ravins, des rochers suspendus
Semblent rouler encor, culbutés, éperdus...
On voit, dans le passé, comme à travers un prisme,
Un monde s'écrouler; l'écho du cataclysme
Vibre à travers les temps. — On rêve, on se souvient
D'un combat de Titans, d'un chaos diluvien!...

Entre deux monts massifs et tout noirs de feuillages
Des tourbillons de jour baignent des paysages.
A travers un brouillard d'or, au fond d'un ciel pur,
Fument, à l'horizon, des collines d'azur.
Par delà ces hauteurs limitrophes, l'air passe :
Où l'œil ne peut plus voir, il devine l'espace!...

Sur le ciel du couchant des feuillages foncés
Précipitent leurs flots moutonnants, entassés...

Ici, se dresse un bois de hêtres et de chênes,
Semés par la nature, au hasard, à mains pleines,

Éclatant dans les airs en rameaux vigoureux ;
Lorsque le vent du soir souffle et passe sur eux,
Il semble que la mer accourt échevelée,
Et roule en mugissant dans l'épaisse feuillée !

Là, comme un bon accueil, on trouve une oasis,
Des mousses, des gazons où l'on vivrait assis !

Tout à coup, des vallons enlacent un bocage
Plein de petits oiseaux dont il semble la cage.
Là, ce n'est que beau temps, que verdure et que chants :
Les cieux sont toujours bleus, toujours fleuris les champs !
Là, comme on est heureux de respirer, de vivre,
De feuilleter son cœur dont le temps fait un livre
Où le bonheur passé se retrouve imprimé !
Comme on relit la page où l'on se crut aimé !...

Je sens comme un baiser qui tombe du feuillage
M'effleurer fraîchement les mains et le visage...
J'entends toutes les voix du passé m'appeler
Dans les frissonnements des feuilles, et parler...
Je hume les parfums mélangés des verdures,
Les haleines des fleurs... — D'harmonieux murmures,

Des sons vagues et doux errent autour de moi...
Je suis prêt à pleurer, et j'ignore pourquoi...

Ainsi la rêverie, en une douce extase,
Suspend après vos cils une légère gaze...
On renaît, on revit ses vingt ans, ses beaux jours !...
On se voit à côté des anciennes amours,
Dans le demi-jour vert d'une ombreuse avenue,
Enlaçant de son bras une taille connue
Dont la chaleur palpite encore sous les doigts...
On écoute en son cœur l'entretien d'autrefois...
On reconnaît les sons, les senteurs, le vent même ..
On est seul à présent, et cependant on aime !...

Puis, le chaos ! — Des blocs et des entassements
De rochers désolés ; d'énormes ossements,
Des têtes et des bras et des jambes de pierre ;
Des granits prosternés qui semblent en prière ! ..

Comme ils souffrent, ces rocs, et hurlent de douleur,
Sans qu'on entende un cri, sans que paraisse un pleur !
Tout est calme autour d'eux : ils roulent immobiles
Dans leurs contorsions muettes et tranquilles !...
Leurs cris et leurs sanglots sont restés dans le vent !

L'air même est imprégné d'un fluide émouvant.
Ces mornes désespoirs de rochers sont horribles...
Dans leur sombre passé que d'histoires terribles !...
Depuis combien de temps ces géants enclavés
Implorent-ils le ciel avec leurs bras levés?...

Puis des genevriers, dont la séve et la force
De végétation ont fait craquer l'écorce,
Heureux, dans le plein air étalant leur santé,
Excitent l'appétit d'air et de liberté !

D'un jet s'élance au ciel le plus altier des chênes !
Pas un arbre ne croît sous ses branches hautaines;
Les chênes d'alentour ne viennent pas mêler
Leurs feuillages au sien, et, pour les refouler,
Il étend ses rameaux, tant qu'il peut, dans l'espace;
Il ne s'incline pas quand la tempête passe!...
L'ouragan déchaîné tournoie en mugissant
Dans sa ramure; et lui, superbe, grandissant,
Dans le feu des éclairs, et portant haut la tête,
Entre ses bras craquants étouffe la tempête !...

Sur un sol hérissé de quartz, de rocs à pics,
Se chauffent au soleil des lézards, des aspics.

Auprès de flaques d'eaux dormantes. — On frissonne,
Et le froid du serpent court dans votre personne,
Avant qu'on ait ouï le frôlement léger
D'un reptile, fuyant lui-même le danger.

Puis des embrassements, des fureurs, des batailles
De branchages, de troncs, de feuilles, de broussailles!...
L'aubépin laisse choir ses rameaux lourds de fleurs;
L'or clair des genêts luit dans les sombres couleurs.
Escaladant les rocs, des landes de bruyères
Envahissent le sol et poussent dans les pierres!...
— Sur tous les horizons; des feuillages massés
Sont d'ombre et de lumière à la fois nuancés...

Quelle nuit calme et fraîche il fait sous ces ombrages!..
Puis, le jour resplendit dans de verts pâturages
Où paissent des moutons, des vaches et des bœufs.
Le chien, assis, l'oreille au guet, veille sur eux;
Il ne quitte de l'œil pas une de ses bêtes!...
Le vieux pâtre s'endort au son de leurs sonnettes...
Le soleil est partout! Dans ses rayons brûlants
Bourdonnent des milliers d'insectes scintillants.

L'haleine du printemps vous jette, par bouffées,

Des verdures, des bois les senteurs échauffées
Qui vous rendent pensif et vous prennent au cœur.
Dans l'air tiède, le pin, exhalant son odeur
Qu'on boit, qu'on sent couler en soi, qui vous pénètre,
Excite un sentiment de joie et de bien-être.

Au milieu d'un chemin qui, dans l'ombre des bois,
Jaillit, plein de soleil, une biche aux abois
Passe comme l'éclair ! — La forêt recueillie,
En son vaste silence et sa mélancolie,
Écoute le coucou, caché dans les massifs,
Qui chante sa chanson aux arbres attentifs...

Au fond des grottes, d'ombre et de mystère pleines,
Erre un parfum d'amour. Des soupirs, des haleines,
Des mots ailés, rêvés, — ainsi qu'un frôlement,
Dans le calme et la nuit bruissent doucement...

Dans le feuillage fin comme de la dentelle
Des bouleaux tremblotants, l'air, le jour étincelle.

Des sapins, dans le fond, dressent leur sombre vert,
Des sanglantes lueurs de l'occident couvert...

La campagne à présent semble reprendre haleine...
De ses derniers rayons, qui traversent la plaine,
Teignant les sommets verts des bois de pourpre et d'or,
Le soleil se retire et la forêt s'endort...

O tranquille forêt! dans ta mélancolie
J'aime à baigner mon cœur... Là, je rêve et j'oublie...
Tout ton passé renaît : — dans les lointains des bois
S'effacent enlacés des dames et des rois...
Ces hêtres frissonnants, dans leur ombre sereine,
Ont vu MONALDESCHI passer avec sa reine!...
Des légendes d'amour, des ballades de mort,
Des poëmes vécus, se déroulent encor!...
Ces arbres du passé qui frémit dans leurs cimes,
Savent bien des amours, sans doute, et bien des crimes!...
L'ombre de leur feuillage a bien souvent passé
Sur le front d'un poëte ou d'un roi trépassé!...

Là-bas, sous ce grand arbre, au pied d'une colline,
LANTARA garde encor ses troupeaux et dessine...
Les prés et les vallons, les bois, sont pleins d'espoir...
Il passe son enfance à regarder, à voir!...
Il sent le germe, en lui, qui doit devenir chêne!...
Il hume la forêt et boit dans son haleine

La poésie... il croit !... Ce pauvre Lantara !
Ce fut par charité, dit-on, qu'on l'enterra !...

Voici Napoléon ! — Ses yeux semblent deux larmes...
Ses grognards alignés lui présentent les armes...
D'un regard, il parcourt le front des bataillons !...
Il pleura, ce jour-là, comme font les lions,
— De rage et d'impuissance ! — Ah ! si de sa mitraille
Il eût pu rallumer encore la bataille,
Et de Fontainebleau s'élancer à Paris
Dans un coup de canon !... comme il l'aurait repris !
Ah ! comme il se serait rué, tête baissée,
Sur la ligne ennemie et l'aurait enfoncée !...
S'il avait tout à coup à l'horizon paru,
Comme sous son cheval Paris fut accouru !
Et pourtant, — au-dessus de l'armée étrangère,
Planait la liberté, — non devant, — mais derrière !...

Sombre Fontainebleau, l'univers tout entier
Peut puiser des leçons dans ton moindre sentier;
Pour moi, j'y viens chercher de l'air, des paysages,
Des couchers de soleil empourprant les feuillages,
Dans les feuilles, le jour vacillant, pailleté,
Le brouillard du matin, d'un bleu vague teinté.

S'élevant lentement à travers la feuillée,
Les senteurs de la terre et de l'herbe mouillée,
Les bruits et les chansons qu'éveille le beau temps
Et toute la nature, en travail, au printemps!...

FERNAND DESNOYERS.

Juin 1855.

A LA FORÊT DE FONTAINEBLEAU

O forêt adorée encor, Fontainebleau !
Dis-moi, le gardes-tu sur le tronc d'un bouleau,
Ce nom que j'appelais mon espoir et mes forces,
Et que j'avais gravé partout dans tes écorces?
Elle, enfant comme moi, nous allions le matin
Respirer les odeurs de verdure et de thym,
Et voir tes rochers gris s'éveiller dans la flamme.

Puis, quand se reposait celle qui fut mon âme,
Lorsque tes horizons brûlent, que, vers midi,
Le serpent taché d'or se réveille engourdi,
Je contemplais, effroi d'une âme sérieuse,
Cette heure du soleil, blanche et mystérieuse !

N'est-ce pas, n'est-ce pas que vous étiez vivant,
Noir feuillage, immobile et triste sous le vent
Comme une mer qu'un Dieu rend docile à ses chaînes ?
Et vous, colosses fiers, arbres noueux, grands'chênes,
Rien n'agitait vos fronts par le temps centuplés !
Pourtant vos bras tordus et vos muscles gonflés,
Ces poses de lutteurs affamés de carnage
Que vous conserviez, même à cette heure, où tout nage
Dans la vive lumière et l'atmosphère en feu,
Laissaient voir qu'autrefois, sous ce ciel vaste et bleu,
Vous aviez dû combattre, ô géants centenaires !
Au milieu des Titans vaincus par les tonnerres.
Et vous, rochers sans fin, suspendus et croulants,
Sur qui l'oiseau sautille, et qui, depuis mille ans,
Gardez avec douceur vos effroyables poses,
La mousse et le lichen et les bruyères roses
Ont beau vivre sur vous comme un jardin en fleur,
Ne devine-t-on pas avec quelle douleur

Un volcan souterrain, indigné d'être esclave,
Vous a vomis jadis avec un flot de lave?

Les sauvages buissons de mûres diaprés,
Calmes, avec orgueil montraient leurs fruits pourprés.
A peine si parfois, parmi les branches hautes,
Un léger mouvement me révélait des hôtes;
Et pourtant, si ma main, écartant leur fouillis,
Eût fait entrer le jour dans ces vivants taillis,
J'aurais vu s'y tapir dans les ombres fumeuses
L'épouvantable essaim des bêtes venimeuses!

Or je disais devant ce spectacle divin :
« Poëte, voile-toi pour le vulgaire vain!
« Qu'il ne puisse à ta muse enlever sa ceinture,
« Et souris-leur, pareil à la grande Nature!
« Sous ta sérénité cache aussi ton secret! »
Réponds, ai-je tenu ma parole, ô forêt?
Et n'ai-je pas rendu mon âme et mon visage
Silencieux et doux comme un beau paysage?

THÉODORE DE BANVILLE

SOUVENIR

J'espérais bien pleurer, mais je croyais souffrir
En osant te revoir, place à jamais sacrée,
O la plus chère tombe et la plus ignorée
    Où dorme un souvenir!

Que redoutiez-vous donc de cette solitude,
Et pourquoi, mes amis, me preniez-vous la main,
Alors qu'une si douce et si vieille habitude
    Me montrait ce chemin?

Les voilà, ces coteaux, ces bruyères fleuries,
Et ces pas argentins sur le sable muet,
Ces sentiers amoureux, remplis de causeries,
    Où son bras m'enlaçait.

Les voilà, ces sapins à la sombre verdure,
Cette gorge profonde aux nonchalants détours,
Ces sauvages amis dont l'antique murmure
  A bercé mes beaux jours.

Les voilà, ces buissons où toute ma jeunesse,
Comme un essaim d'oiseaux, chante au bruit de mes pas.
Lieux charmants, beau désert où passa ma maîtresse,
  Ne m'attendiez-vous pas?

Ah! laissez-les couler, elles me sont bien chères,
Ces larmes que soulève un cœur encor blessé:
Ne les essuyez pas, laissez sur mes paupières
  Ce voile du passé!

Je ne viens point jeter un regret inutile
Dans l'écho de ces bois témoins de mon bonheur;
Fière est cette forêt dans sa beauté tranquille,
  Et fier aussi mon cœur.

Que celui-là se livre à des plaintes amères,
Qui s'agenouille et prie au tombeau d'un ami.
Tout respire en ces lieux; les fleurs des cimetières
  Ne poussent point ici.

SOUVENIR.

Voyez! la lune monte à travers ces ombrages.
Ton regard tremble encor, belle reine des nuits;
Mais du sombre horizon déjà tu te dégages,
    Et tu t'épanouis.

Ainsi de cette terre, humide encor de pluie,
Sortent, sous tes rayons, tous les parfums du jour;
Aussi calme, aussi pur, de mon âme attendrie
    Sort mon ancien amour.

Que sont-ils devenus, les chagrins de ma vie?
Tout ce qui m'a fait vieux est bien loin maintenant:
Et, rien qu'en regardant cette vallée amie,
    Je redeviens enfant.

O puissance du temps! ô légères années!
Vous emportez nos pleurs, nos cris et nos regrets;
Mais la pitié vous prend, et, sur nos fleurs fanées,
    Vous ne marchez jamais.

Tout mon cœur te bénit, bonté consolatrice!
Je n'aurais jamais cru que l'on pût tant souffrir
D'une telle blessure, et que sa cicatrice
    Fût si douce à sentir.

Loin de moi les vains mots, les frivoles pensées,
Des vulgaires douleurs linceul accoutumé,
Que viennent étaler sur leurs amours passées
    Ceux qui n'ont point aimé.

Dante, pourquoi dis-tu qu'il n'est pire misère
Qu'un souvenir heureux dans les jours de douleur?
Quel chagrin t'a dicté cette parole amère,
    Cette offense au malheur?

En est-il donc moins vrai que la lumière existe,
Et faut-il l'oublier du moment qu'il fait nuit?
Est-ce bien toi, grande âme, immortellement triste,
    Est-ce toi qui l'as dit?

Non, par ce pur flambeau dont la splendeur m'éclaire,
Ce blasphème vanté ne vient pas de ton cœur.
Un souvenir heureux est peut-être sur terre
    Plus vrai que le bonheur.

Eh quoi! l'infortuné qui trouve une étincelle
Dans la cendre brûlante où dorment ses ennuis,
Qui saisit cette flamme, et qui fixe sur elle
    Ses regards éblouis;

Dans ce passé perdu quand son âme se noie,
Sur ce miroir brisé lorsqu'il rêve en pleurant,
Tu lui dis qu'il se trompe, et que sa faible joie
    N'est qu'un affreux tourment!

Et c'est à ta Françoise, à ton ange de gloire,
Que tu pouvais donner ces mots à prononcer,
Elle qui s'interrompt, pour conter son histoire,
    D'un éternel baiser!

Qu'est-ce donc, juste Dieu! que la pensée humaine,
Et qui pourra jamais aimer la vérité,
S'il n'est joie ou douleur si juste et si certaine
    Dont quelqu'un n'ait douté?

Comment vivez-vous donc, étranges créatures?
Vous riez, vous chantez, vous marchez à grands pas;
Le ciel et sa beauté, le monde et ses souillures
    Ne vous dérangent pas.

Mais, lorsque par hasard le destin vous ramène
Vers quelque monument d'un amour oublié,
Ce caillou vous arrête, et cela vous fait peine
    Qu'il vous heurte le pied.

Et vous criez alors que la vie est un songe,
Vous vous tordez les bras comme en vous réveillant,
Et vous trouvez fâcheux qu'un si joyeux mensonge
    Ne dure qu'un instant.

Malheureux! cet instant où votre âme engourdie
A secoué les fers qu'elle traîne ici-bas,
Ce fugitif instant fut toute votre vie,
    Ne le regrettez pas!

Regrettez la torpeur qui vous cloue à la terre,
Vos agitations dans la fange et le sang,
Vos nuits sans espérance et vos jours sans lumière :
    C'est là qu'est le néant!

Mais que vous revient-il de vos froides doctrines?
Que demandent au ciel ces regrets inconstants
Que vous allez semant sur vos propres ruines
    A chaque pas du temps?

Oui, sans doute, tout meurt; ce monde est un grand rêve,
Et le peu de bonheur qui nous vient en chemin,
Nous n'avons pas plutôt ce roseau dans la main,
    Que le vent nous l'enlève.

Oui, les premiers baisers, oui, les premiers serments
Que deux êtres mortels échangèrent sur terre,
Ce fut au pied d'un arbre effeuillé par les vents
    Sur un roc en poussière.

Ils prirent à témoin de leur joie éphémère
Un ciel toujours voilé qui change à tout moment,
Et des astres sans nom, que leur propre lumière
    Dévore incessamment.

Tout mourait autour d'eux, l'oiseau dans le feuillage,
La fleur entre leurs mains, l'insecte sous leurs pieds,
La source desséchée où vacillait l'image
    De leurs traits oubliés.

Et sur tous ces débris joignant leurs mains d'argile,
Étourdis des éclairs d'un instant de plaisir,
Ils croyaient échapper à cet être immobile
    Qui regarde mourir!

— Insensés! dit le sage. — Heureux! dit le poëte.
Et quels tristes amours as-tu donc dans le cœur,
Si le bruit du torrent te trouble et t'inquiète,
    Si le vent te fait peur?

J'ai vu sous le soleil tomber bien d'autres choses
Que les feuilles des bois et l'écume des eaux,
Bien d'autres s'en aller que le parfum des roses
    Et le chant des oiseaux.

Mes yeux ont contemplé des objets plus funèbres
Que Juliette morte au fond de son tombeau,
Plus affreux que le toast à l'ange des ténèbres
    Porté par Roméo.

J'ai vu ma seule amie, à jamais la plus chère,
Devenue elle-même un sépulcre blanchi,
Une tombe vivante, où flottait la poussière
    De notre mort chéri ;

De notre pauvre amour, que dans la nuit profonde
Nous avions sur nos cœurs si doucement bercé !
C'était plus qu'une vie, hélas ! c'était un monde
    Qui s'était effacé !

Oui, jeune et belle encor, plus belle, osait-on dire,
Je l'ai vue, et ses yeux brillaient comme autrefois.
Ses lèvres s'entr'ouvraient, et c'était un sourire,
    Et c'était une voix.

Mais non plus cette voix, non plus ce doux langage,
Ces regards adorés dans les miens confondus;
Mon cœur, encor plein d'elle, errait sur son visage,
    Et ne la trouvait plus.

Et pourtant j'aurais pu marcher alors vers elle,
Entourer de mes bras ce sein vide et glacé,
Et j'aurais pu crier: « Qu'as-tu fait, infidèle,
    Qu'as-tu fait du passé? »

Mais non; il me semblait qu'une femme inconnue
Avait pris par hasard cette voix et ces yeux,
Et je laissai passer cette froide statue
    En regardant les cieux.

Eh bien, ce fut sans doute une horrible misère
Que ce riant adieu d'un être inanimé.
Eh bien, qu'importe encore? O nature! ô ma mère!
    En ai-je moins aimé?

La foudre maintenant peut tomber sur ma tête,
Jamais ce souvenir ne peut m'être arraché;
Comme le matelot brisé par la tempête,
    Je m'y tiens attaché.

Je ne veux rien savoir, ni si les champs fleurissent,
Ni ce qu'il adviendra du simulacre humain,
Ni si ces vastes cieux éclaireront demain
  Ce qu'ils ensevelissent.

Je me dis seulement : « A cette heure, en ce lieu,
Un jour, je fus aimé, j'aimais, elle était belle,
J'enfouis ce trésor dans mon âme immortelle,
  Et je l'emporte à Dieu ! »

ALFRED DE MUSSET.

SONNETS

I

Il est au sein des bois que j'ai tant parcourus,
Entre deux sentiers verts, une pointe inclinée,
Couverte de bruyère et de bouleaux ornée :
Lieu charmant, un de ceux qui m'arrêtent le plus.

Là, me trouvant un soir assis sur le talus,
Deux légères enfants à ma vue étonnée
S'offrirent, descendant la pente gazonnée,
Sans que nul pas suivît leurs pas inentendus.

Les bras entrelacés et d'un regard tranquille,
Admirant le feuillage ou l'occident mobile,
Elles passaient ainsi, calmes dans leur printemps.

Je les vis disparaître aux plis de la vallée,
D'où la brise, vers moi, rapportait par instants
Leur voix, leur fraîche voix, de rires émaillée.

II

— Irons-nous, disait-elle, en la forêt déserte,
Troubler, d'un pied discret, le sommeil des échos,
Et rêveurs, épiant les rêves des oiseaux,
Nous asseoir à l'écart et sur la mousse verte?

Ou plutôt, dans le parc, vers l'avenue ouverte,
Parmi les promeneurs qui s'y font un enclos,
De rêves, à la brune, attiser nos propos?
Choisissez : chaque route à nos pas est offerte.

— Allons où vous voudrez, disais-je. Elle insistait :
— Non, décidez. Alors ma bouche répétait,
Comme en riant, ces mots exhalés de ma flamme :

— Votre présence est tout; le reste est sans attrait.
Partout vous remplissez et mes yeux et mon âme :
Le désert est peuplé; la foule disparaît.

COMTE DE GRAMONT.

A ALBERT DURER

Un de nos amis, M. A. Busquet, avait demandé à M. Victor Hugo quelques vers ou quelques lignes pour ce volume. Voici la réponse du grand poëte :

« Marine-Terrace, 11 avril.

« Je m'empresse, monsieur, d'avoir l'honneur de répondre à votre gracieuse lettre. Vous le pressentez avec raison, je suis en effet gêné par mes engagements, pour ce que vous voulez bien désirer; mais ce que vous souhaitez de notre ami commun, Auguste Vacquerie, je le mets de mon côté à votre disposition. Vous pouvez choisir dans mes recueils une pièce qui puisse entrer dans votre publication si digne d'intérêt, et je vous envoie de tout cœur l'autorisation de publier cette pièce choisie par vous. Il me semble, par exemple, que les vers adressés à ALBERT DURER, et qui sont, je crois, dans les *Voix intérieures*, entreraient parfaitement dans votre cadre. Au reste, choisissez, et la pièce que vous désignerez sera vôtre. Le but que vous vous proposez suffirait pour appeler toutes mes sympathies, lors même qu'elles ne seraient pas déjà acquises depuis longtemps à votre esprit si élevé et si distingué.

« Recevez, je vous prie, l'expression de ma vive cordialité,

« Victor Hugo. »

A ALBERT DURER

Dans les vieilles forêts où la sève à grands flots
Court du fût noir de l'aune au tronc blanc des bouleaux,
Bien des fois, n'est-ce pas? à travers la clairière,
Pâle, effaré, n'osant regarder en arrière,
Tu t'es hâté, tremblant et d'un pas convulsif,
O maître Albert Dürer! ô vieux peintre pensif!

On devine, devant tes tableaux qu'on vénère,
Que dans les noirs taillis ton œil visionnaire

Voyait distinctement, par l'ombre recouverts,

Le faune aux doigts palmés, le sylvain aux yeux verts,

Pan qui revêt de fleurs l'antre où tu te recueilles,

Et l'antique dryade aux mains pleines de feuilles.

Une forêt pour toi, c'est un monde hideux.

Le songe et le réel s'y mêlent tous les deux.

Là se penchent rêveurs les vieux pins, les grands ormes,

Dont les rameaux tordus font cent coudes difformes ;

Et, dans ce groupe sombre agité par le vent,

Rien n'est tout à fait mort ni tout à fait vivant.

Le cresson boit ; l'eau court, les frênes sur les pentes,

Sous la broussaille horrible et les ronces grimpantes,

Contractent lentement leurs pieds noueux et noirs,

Les fleurs au cou de cygne ont des lacs pour miroirs ;

Et sur vous qui passez et l'avez réveillée,

Mainte chimère étrange à la gorge écaillée,

D'un arbre entre ses doigts serrant les larges nœuds,

Du fond d'un antre obscur fixe un œil lumineux.

O végétation ! esprit ! matière ! force !

Couverte de peau rude ou de vivante écorce !

Aux bois, ainsi que toi, je n'ai jamais erré,

Maître, sans qu'en mon cœur l'horreur ait pénétré,
Sans voir tressaillir l'herbe, et, par le vent bercées,
Pendre à tous les rameaux de confuses pensées.
Dieu seul, ce grand témoin des faits mystérieux,
Dieu seul le sait, souvent, en de sauvages lieux,
J'ai senti, moi qu'échauffe une secrète flamme,
Comme moi palpiter et vivre avec une âme,
Et rire, et se parler dans l'ombre à demi-voix,
Les chênes monstrueux qui remplissent les bois.

VICTOR HUGO.

Avril 1857.

L'HEURE DU BERGER

L'oiseau pour s'endormir vient de fermer ses ailes,
La lune jette aux flots un regard triste et doux,
Je vais, si je le peux, tromper les yeux jaloux,
La belle qui m'attend est belle entre les belles.

L'HEURE DU BERGER

La lune jette aux flots un regard triste et doux.
Homme, laissez parler les choses éternelles;
La belle qui m'attend est belle entre les belles,
Ses cils ont déchiré mon cœur comme des clous.

Homme, laissez parler les choses éternelles,
La fée en passant cueille une branche de houx,
Ses cils ont déchiré mon cœur comme des clous...
Et votre âme serait pendue à ses prunelles.

La fée en passant cueille une branche de houx,
Les vers luisants épars sèment leurs étincelles,
Et votre âme serait pendue à ses prunelles,
Enfants, si son regard était tombé sur vous.

AUGUSTE VACQUERIE

LES PAPILLONS

I

Le papillon ! fleur sans tige,
    Qui voltige,
Que l'on cueille en un réseau;
Dans la nature infinie,
    Harmonie
Entre la plante et l'oiseau!...

Quand revient l'été superbe,
Je m'en vais au bois tout seul :
Je m'étends dans la grande herbe,
Perdu dans ce vert linceul.
Sur ma tête renversée,
Là, chacun d'eux, à son tour,
Passe, comme une pensée
De poésie ou d'amour !

Voici le papillon *Faune*,
    Noir et jaune :
Voici le *Mars* azuré,
Agitant des étincelles
    Sur ses ailes
D'un velours riche et moiré.

Voici le *Vulcain* rapide,
Qui vole comme un oiseau;
Son aile noire et splendide
Porte un grand ruban ponceau.
Dieux! le *Soufré*, dans l'espace,
Comme un éclair a relui...
Mais le joyeux *Nacré* passe,
Et je ne vois plus que lui!

II

Comme un éventail de soie,
    Il déploie
Son manteau semé d'argent;
Et sa robe bigarrée

Est dorée
D'un or verdâtre et changeant.

Voici le *Machaon-Zébre*,
De fauve et de noir rayé;
Le *Deuil*, en habit funèbre,
Et le *Miroir* bleu strié :
Voici l'*Argus*, feuille morte,
Le *Morio*, le *Grand-Bleu*,
Et le *Paon-de-Jour* qui porte
Sur chaque aile un œil de feu !

Mais le soir brunit nos plaines;
    Les *Phalènes*
Prennent leur essor bruyant,
Et les sphinx aux couleurs sombres,
    Dans les ombres,
Voltigent en tournoyant.

C'est le *Grand-Paon*, à l'œil rose
Dessiné sur un fond gris,
Qui ne vole qu'à nuit close,
Comme les chauve-souris;
Le *Bombice* du troëne,

Rayé de jaune et de vert,
Et le papillon du chêne,
Qui ne meurt pas en hiver!...

III

Malheur, papillons que j'aime,
    Doux emblème,
A vous pour votre beauté!...
Un doigt, de votre corsage,
    Au passage,
Froisse, hélas! le velouté!...

Une toute jeune fille,
Au cœur tendre, au doux souris,
Perçant vos cœurs d'une aiguille,
Vous contemple, l'œil surpris :
Et vos pattes sont coupées
Par l'ongle blanc qui les mord,
Et vos antennes crispées
Dans les douleurs de la mort!...

GÉRARD DE NERVAL.

LA VIERGE AUX OISEAUX

Par un de ces beaux soirs d'automne
Où sur les feuillages rouillés
Le soleil pose une couronne
De pourpre et de rayons mouillés,
Berthe s'en va sur la colline,
Les doigts couverts de fin chamois,
A son cou blanc portant hermine,
Pour conjurer les premiers froids.

Et l'on entend de douces phrases
Jaillir en gerbes de son chant,
Dans les roses et les topazes
    Du soleil couchant.

Tournés vers la voûte céleste,
Ses yeux en reflètent l'azur,
Les biches ont le pied moins leste,
Les mules ont le pas moins sûr.
Comme un ormeau jauni qui plonge

Ses longs rameaux dans le saphir,
Dans l'ombre du soir qui s'allonge,
Vous verriez sa taille grandir.

Et l'on entend de douces phrases
Jaillir en gerbes de son chant,
Dans les roses et les topazes
   Du soleil couchant.

Elle mêle à sa chevelure
Le chêne d'or avec ses glands,
Et, dernier don de la nature,
Des arbrisseaux les fruits sanglants ;
Si bien qu'elle a comme un cortége
De grives, merles et pinsons,
D'oiseaux nourris pendant qu'il neige
Par ces fruits rouges des buissons.

Et l'on entend de douces phrases
Jaillir en gerbes de son chant,
Dans les roses et les topazes
   Du soleil couchant.

Or voilà ce qui nous arrive
De ces chants dispersés dans l'air :
« Dieu ! que le petit oiseau vive

« Et passe chaudement l'hiver !
« Préservez-le de la gelée
« Et des ouragans de la nuit,
« Afin qu'il revoie étoilée
« La branche en fleur où fut son nid. »

Et l'on entend de douces phrases
Jaillir en gerbes de son chant,
Dans les roses et les topazes
    Du soleil couchant.

La lune des cimes s'élance
Comme un croissant de diamants,
La nuit d'étoiles ensemence
Les vastes champs des cieux dormants :
La voix de Berthe dans l'espace
Se mêle aux cadences du ciel ;
Son ombre descend et s'efface
Au seuil du logis maternel.

On croit toujours ouïr ces phrases
Jaillir en gerbes de son chant,
Dans les roses et les topazes
    Du soleil couchant.

PIERRE DUPONT.

LE CHANT DU CHÊNE

De feuilles et de glands les branches sont couvertes,
Amis, chantons le chêne, honneur des forêts vertes :
Malheur à qui détruit ce géant des grands bois !
Bretagne, tu n'étais plus qu'ombrage autrefois.

Songez aux anciens dieux, songez aux anciens prêtres.
Sous les chênes sacrés sont couchés nos ancêtres ;
Ouvrez la dure écorce et vous verrez encor
La druidesse blonde et sa faucille d'or.

Arbres toujours sacrés ! chaque nuit sur leurs branches
Les morts vont en pleurant sécher leurs toiles blanches :
Et les joyeux lutins, autour de leur vieux tronc,
Les petits nains velus viennent danser en rond.

Un chêne de cent ans avec son grand feuillage,
Un Breton chevelu dans la force de l'âge,

Sont deux frères jumeaux, au corps dur et noueux,
Deux frères pleins de séve et de vigueur tous deux.

J'ai vu, près de l'Izol, un chêne dont la tête
Arrêtait le vent d'ouest, ce vent que rien n'arrête,
Et deux lutteurs de Scaer, si fermes sur leurs pieds,
Que leurs pieds dans la terre étaient comme liés.

Si la foudre abattait ce géant de Cornouaille,
Dans ses immenses flancs qu'un navire se taille,
A l'œuvre, charpentiers; puis venez, matelots!
Le roi de la colline est aussi roi des flots.

Sur le noble cadavre en foule qu'on se rue!
Façonnons des fléaux, des pieux, une charrue;
Mais d'abord élevons, à l'angle des chemins,
L'arbre où l'Expiateur laissa clouer ses mains.

Vous mettrez sur ma tombe un chêne, un chêne sombre,
Et le rossignol noir soupirera dans l'ombre :
« C'est un barde qu'ici la mort vient d'enfermer.
« Il chantait son pays et le faisait aimer. »

A. BRIZEUX.

TO THE HERMIT OF THE FOREST

Oh Fontainebleau! 'tis sweet to roam
Amidst thy dim, thy hallowed shades —
When 'neath thy forest's verdant dome
The parting daylight gently fades.

Each tree, like some historic page,
Enfolds a world of bygone lore,
The legends of a former age
Inscribed upon its branches hoar.

Yet thro' the forest vast and lone
In silent grandeur nature slept,
And o'er its rocks with moss o'ergrown,
Time's footsteps stealthily had crept.

TO THE HERMIT OF THE FOREST.

Each floweret reared its tiny head,
Unseen to bloom and lose its hue —
The moss its fairy goblets spread,
And none but fairies quaffed their dew.

Thus solitary still it lay,
A sealed volume read by few —
For who would venture forth to stray
Within its depths, without a clue?

Thine, Denecourt, was the chosen hand
By whom each winding maze was traced,
As Moses to the promised land
Led forth the Hebrews thro' the waste.

Thine was the task to call to life
The memories shrouded in the past —
By thee each rock, each dell is rife
With tale or legend duly class'd.

In thee all nature's worshippers
A new Columbus grateful own,
Whose heart no love of lucre stirs,
Who toils for honest fame alone.

Hail then, good Hermit, hail to thee!
By blood thy conquests are not bought —
Long may the hatchet spare each tree
With history's living archives fraught.

'Twas God who reared this leafy world
On which we feast our ravished look : —
But Denecourt has each myth unfurled,
And taught us how to read its book.

CLARA DE CHATELAIN

VISIONS DANS LA FORÊT

DÉDIÉ A PLATON

J'étais dans la forêt, rêvant au pied d'un frêne :
Une femme passa, fière comme une reine.
« Qui donc es-tu, lui dis-je en lui prenant la main,
Toi que j'ai vue hier, que je verrai demain,

Tantôt sous les cyprès et tantôt sous les roses,
Tantôt triste ou joyeuse en tes métamorphoses ? »

D'une voix fraîche et claire elle me répondit :
« Je suis un ange errant qu'on aime et qu'on maudit
Depuis des jours sans fin que je parcours la terre,
Pour moi-même je suis un étrange mystère;
Mais tu verras bientôt passer dans la forêt
Trois femmes qui toujours ont porté mon secret. »
Elle dit, et s'enfuit, plus vive et plus légère
Que la biche aux doux yeux qui court sous la fougère.

Je rêvais; cependant sur le même chemin
Une femme apparut; la neige et le carmin
Se disputaient l'éclat de sa jeune figure.
« Salut, toi qui souris, sois-moi d'un bon augure
Femme, dis-moi ton nom. — Mon nom est dans ton cœur. »
Elle dit, et s'enfuit avec un air moqueur.

Une autre la suivit, pâle et contemplative.
« Et toi, qui donc es-tu ? » Comme la sensitive
Qui craint d'être touchée, elle prit en passant
Un timide détour sous l'arbre jaunissant.
Mais je la poursuivis. « Qui donc es-tu, de grâce ?

Femme, dis-moi ton nom, ou je suivrai ta trace.
— Abeille du Très-Haut, je vais cherchant mon miel
Dans la mystique fleur que Dieu cultive au ciel. »

Une autre femme encor passa sous le vieux arbre.
En la voyant venir, je me sentis de marbre ;
Un hibou la suivait, un sinistre corbeau
Annonçait son passage ; une odeur de tombeau
S'exhalait de ses pas. « Ton nom ? — Je suis ta mère ;
Suis-moi, ferme ta bouche à toute source amère,
L'abîme où je descends n'est pas une prison ;
C'est le sombre chemin d'un plus grand horizon. »

Riantes visions et visions austères,
Fantômes éternels : La Vie et ses mystères !
L'Amour qui nous promène en ses mille Alhambras,
La Foi qui vers le ciel lève en priant ses bras,
La Mort qui nous guérit de la douleur de vivre
Et de l'Éternité nous vient ouvrir le livre.

ARSÈNE HOUSSAYE.

LA FORÊT ET LA MER

SONNET

— O mer ! vierge indomptée, ô bois, sombres ramées !
Quand je vois vos splendeurs, un prompt frissonnement
Envahit tout mon corps comme un désir d'amant ;
— La mer et la forêt sont mes deux bien-aimées !

Là, mes pères normands ont vécu librement,
— Par le souffle d'Odin, races enthousiasmées ; —
C'est leur âme qui pleure aux grèves embrumées ;
Dans les pins, c'est leur voix qui chante tristement !

— Aussi, quand je suis las des horreurs de la terre,
Vers les flots, vers les bois, — sauvage et solitaire,
Je cours me retremper dans leur isolement ;

Et, devant ma beauté, — prosterné, — loin des haines,
Je contemple la mer avec recueillement ;
— Ou je baise d'amour l'écorce des grands chênes !

JULES VIARD.

SOLEIL COUCHANT

La chaleur était forte. Aux feux de l'Occident
Le soleil retrempait son disque fécondant,
Fier encor, rejetant son manteau par derrière,
Sur le seuil, où reluit une pourpre dernière,
— Tête sans diadème et lente à s'effacer ! —
Tandis que dans un coin du ciel lourd de l'automne,
L'autre roi réveillé qui s'apprête et qui tonne,
La foudre, se rangeait pour le laisser passer !

La forêt arrêtait ses feuilles ondoyantes ;
Immobiles, sans bruit, les herbes haletantes
Brûlaient et flamboyaient à ses derniers rayons ;
Et la colline aussi, d'arbres échelonnée,
Et de rouges vapeurs bordée et couronnée,
Dressait ses peupliers en muets bataillons ;
Si qu'un vent étourdi les fouettant de ses ailes,
Jaillissaient aussitôt des milliers d'étincelles !

CHARLES MONSELET.

PROLOGUE D'UNE SATIRE

INTITULÉE

LE BATON DE HOUX

Que la forêt soit jaune, ou pourpre, ou verdoyante,
En rameaux nus et noirs, ou de givre éclatante,
Si l'on se plaît aux chants que chantent les forêts,
Il faut y pénétrer pour entendre de près.
Qu'il fasse jour ou nuit, qu'il survente ou qu'il tonne
En toutes les saisons, et surtout en automne...
Là, le poëte écoute! Il s'inspire et traduit
Les senteurs, les aspects, la couleur et le bruit...
S'il fait chaud, il s'étend! Quand il gèle, il va vite,
Et, s'il pleut, dans le creux d'un vieux chêne il s'abrite

Pâtres et bûcherons, vieux mendiants courbés,
Pliant sous le poids mort des branchages tombés,

Vous le laissez passer et rêver en silence...
Vous avez donc compris que c'est à vous qu'il pense!
Peut-être avez-vous lu, dans son œil irrité,
L'amour de la justice et de l'humanité,
Vous qui ne troublez point en ses saintes études
Ce dieu puissant et doux des vertes solitudes?
Loin des vendus qu'on voit ramper dans la cité,
C'est là qu'il peut encor croire à la liberté,
Et sous son talon droit écraser la vipère,
Qui d'abord fait bondir d'un sursaut en arrière,
Pâle et tout frémissant d'un long frisson nerveux,
Courant du plat des pieds jusqu'au bout des cheveux,
Pour, après, furieux, revenir sur la bête
Qui s'enroule ou qui fuit, mais qu'on vise à la tête!

. . . .

Là, son front éclairé par les grandes verdures
Se plisse au souvenir des publiques injures;
Là, tout son sang s'allume, et son poil s'est dressé
Des affronts du présent, des hontes du passé.
Sainte indignation! vivifiante flamme,
Pour venger l'opprimé, garde-toi dans son âme;
Terrible en tes ardeurs, comme le feu sanglant,
Qui dévora Gomorrhe et son peuple tremblant!

L'alouette a chanté ! Voici poindre l'aurore,
Les fraîcheurs du matin font les beaux vers éclore :
Les chênes frissonnants où la brise a fraîchi
Verseront leur rosée à ton front rafraîchi.
Va, beau lion sanglant, va lécher ta blessure
Sous les flots murmurants de la grande nature.

GUSTAVE MATHIEU.

LES DEUX CRÉPUSCULES

A FERNAND DESNOYERS

Mon cher Desnoyers, vous me demandez des vers pour votre petit volume, des vers sur la *Nature*, n'est-ce pas? sur les bois, les grands chênes, la verdure, les insectes, — le soleil, sans doute? Mais vous savez bien que je suis incapable de m'attendrir sur les végétaux, et que mon âme est rebelle à cette singulière Religion nouvelle, qui aura toujours, ce me semble, pour tout être *spirituel* je ne sais quoi de *shocking*. Je ne croirai jamais que *l'âme des Dieux habite dans les plantes*, et, quand même elle y habiterait, je m'en soucierais médiocrement, et considérerais la mienne comme d'un bien plus haut prix que celle des légumes sanctifiés. J'ai même toujours pensé qu'il y avait dans la *Nature*, florissante et rajeunie, quelque chose d'affligeant, de dur, de cruel, — un je ne sais quoi qui frise l'impudence. Dans l'impossibilité de vous satisfaire complétement suivant les termes stricts du programme, je vous envoie deux morceaux poétiques, qui représentent à peu près la somme des rêveries dont je suis assailli aux heures crépusculaires. Dans le fond des bois, enfermé sous ces voûtes semblables à celles des sacristies et des cathédrales, je pense à nos étonnantes villes, et la prodigieuse musique qui roule sur les sommets me semble la traduction des lamentations humaines.

C. B.

LE SOIR

Voici venir le Soir, ami du criminel ;
Il vient comme un complice, à pas de loup ; — le ciel
Se ferme lentement comme une grande alcôve,
Et l'homme impatient se change en bête fauve.

Oui, voilà bien le Soir, le Soir cher à celui
Dont les bras sans mentir peuvent dire : Aujourd'hui
Nous avons travaillé. — C'est le Soir qui soulage
Les Esprits que dévore une douleur sauvage,
Le savant obstiné dont le front s'alourdit,
Et l'ouvrier courbé qui regagne son lit.

Cependant des Démons malsains dans l'atmosphère
S'éveillent lourdement comme des gens d'affaire,
Et cognent en volant les volets et l'auvent ;
A travers les lueurs que tourmente le vent,
La Prostitution s'allume dans les rues ;
Comme une fourmilière elle ouvre ses issues ;
Partout elle se fraye un occulte chemin,
Ainsi que l'ennemi qui tente un coup de main ;
Elle remue au sein de la cité de fange,
Comme un Ver qui dérobe à l'Homme ce qu'il mange.
On entend çà et là les cuisines siffler,
Les théâtres glapir, les orchestres ronfler ;
Les tables d'hôte dont le Jeu fait les délices
S'emplissent de catins et d'escrocs, leurs complices,
Et les voleurs qui n'ont ni trêve ni merci
Vont bientôt commencer leur travail, eux aussi,
Et forcer doucement les portes et les caisses,
Pour vivre quelques jours et vêtir leurs maîtresses.

Recueille-toi, mon Ame, en ce grave moment,
Et ferme ton oreille à ce bourdonnement ;
C'est l'heure où les douleurs des malades s'aigrissent ;
La sombre Nuit les prend à la gorge, ils finissent
Leur destinée, et vont vers le Gouffre commun ;

L'hôpital se remplit de leurs soupirs ; plus d'un
Ne viendra plus chercher la soupe parfumée
Au coin du feu, — le soir, — auprès d'une âme aimée.

Encore la plupart n'ont-ils jamais connu
La douceur du foyer, et n'ont jamais vécu !

LE MATIN

La diane chantait dans les cours des casernes,
Et le vent du matin soufflait sur les lanternes.

C'était l'heure où l'essaim des rêves malfaisants
Tord sur leurs oreillers les bruns adolescents,
Où, comme un œil sanglant qui palpite et qui bouge,
La lampe sur le jour fait une tache rouge,
Où l'âme sous le poids du corps revêche et lourd
Imite les combats de la lampe et du jour;
Comme un visage en pleurs que les brises essuient,
L'air est plein du frisson des choses qui s'enfuient,
Et l'homme est las d'écrire et la femme d'aimer.

Les maisons, çà et là, commençaient à fumer.
Les femmes de plaisir, la paupière livide,
Bouche ouverte, dormaient de leur sommeil stupide;
Les pauvresses, traînant leurs seins maigres et froids,
Soufflaient sur leurs tisons et soufflaient sur leurs doigts.
C'était l'heure où parmi la faim et la lésine
S'aggravent les douleurs des femmes en gésine;
Comme un sanglot coupé par un sang écumeux,
Le chant du coq au loin déchirait l'air brumeux;
Un brouillard glacial baignait les édifices,
Et les agonisants dans le fond des hospices
Poussaient leur dernier râle en hoquets inégaux;

Les débauchés rentraient, brisés par leurs travaux.

L'Aurore grelottante en robe rose et verte
S'avançait lentement sur la Seine déserte,
Et le sombre Paris, en se frottant les yeux,
Empoignait ses outils, — vieillard laborieux

LE CRÉPUSCULE DU SOIR

La tombée de la nuit a toujours été pour moi le signal d'une fête intérieure et comme la délivrance d'une angoisse. Dans les bois comme dans les rues d'une grande ville, l'assombrissement du jour et le pointillement des étoiles ou des lanternes éclairent mon esprit.

Mais j'ai eu deux amis que le crépuscule rendait malades. L'un méconnaissait alors tous les rapports d'amitié et de politesse, et brutalisait sauvagement le premier venu. Je l'ai vu jeter un excellent poulet à la tête d'un maître d'hôtel. La venue du soir gâtait les meilleures choses.

L'autre, à mesure que le jour baissait, devenait plus aigre, plus sombre, plus taquin. Indulgent pendant la journée, il était impitoyable le soir; — et ce n'était pas seulement sur autrui, mais sur lui-même que s'exerçait abondamment sa manie crépusculaire.

Le premier est mort fou, incapable de reconnaître sa maîtresse et son fils; le second porte en lui l'inquiétude d'une insatisfaction perpétuelle. L'ombre qui fait la lumière dans mon esprit fait la nuit dans le leur. — Et, bien qu'il ne soit pas rare de voir la même cause engendrer deux effets contraires, cela m'intrigue et m'étonne toujours.

LA SOLITUDE

Il me disait aussi, — le second, — que la solitude était mauvaise pour l'homme, et il me citait, je crois, des paroles des Pères de l'Église. Il est vrai que l'esprit de meurtre et de lubricité s'enflamme merveilleusement dans les solitudes; le démon fréquente les lieux arides.

Mais cette séduisante solitude n'est dangereuse que pour ces âmes oisives et divagantes qui ne sont pas gouvernées par une importante pensée active. Elle ne fut pas mauvaise pour Robinson Crusoë; elle le rendit religieux, brave, industrieux; elle le purifia, elle lui enseigna jusqu'où peut aller la force de l'individu.

N'est-ce pas la Bruyère qui a dit : « Ce grand malheur de ne pouvoir être seul?..... » Il en serait donc de la solitude comme du crépuscule ; elle est bonne et elle est mauvaise, criminelle et salutaire, incendiaire et calmante, selon qu'on en use, et selon qu'on a usé de la vie.

Quant à la jouissance, — les plus belles agapes fraternelles, les plus magnifiques réunions d'hommes électrisés par un plaisir commun n'en donneront jamais de comparable à celle qu'éprouve le Solitaire, qui, d'un coup d'œil, a embrassé et compris toute la sublimité d'un paysage. Ce coup d'œil lui a conquis une propriété individuelle inaliénable.

CHARLES BAUDELAIRE.

FRAGMENT D'UNE LETTRE

ÉCRITE DE FONTAINEBLEAU

AOUT 1857

Me voilà encore une fois dans la forêt de Fontainebleau, seule avec mon fils qui devient un grand garçon et dont pourtant je suis encore le cavalier plus qu'il n'est le mien. Nous nous risquons sur toutes sortes de bêtes, ânes et chevaux plus ou moins civilisés qui nous portent, sans se plaindre, de sept heures du matin à cinq ou six heures du soir, au hasard de la fantaisie. Nous ne prenons pas de guides et nous n'avons même pas un plan dans la poche. Il nous est indifférent de nous éloigner beaucoup, puisqu'il est difficile de se perdre dans une forêt semée d'écriteaux. Nous nous arrangeons pour ne rencontrer personne, en suivant les chemins les moins battus et en découvrant nous-mêmes les sites les moins fréquentés. Ce ne sont pas les moins beaux. Tout est beau ici. D'abord les bois sont toujours beaux, dans tous les pays du monde, et ici, ils sont jetés sur des mouvements de terrain toujours pittoresques quoique toujours praticables. Ce n'est pas un mince agrément que de pouvoir grimper partout, même à cheval, et d'aller chercher les fleurs et les papillons là où ils vous tentent. Ces longues promenades, ces jours entiers au grand air sont toujours de mon goût, et cette profonde solitude, ce solennel silence à quelques heures de Paris sont inappréciables. Nous vivons d'un pain, d'un poulet froid et de quelques fruits que nous emportons avec les livres, les albums et les boîtes à insectes. Quelles noctuelles, quels bombyx endormis et comme collés sur l'écorce des arbres! Quelles récoltes! et quel plaisir de les étaler le soir sur la table! Nous ne connaissons personne à la ville. Nous avons un petit appartement très-propre et très-commode dans un hôtel qui est à l'entrée de la forêt et dont l'hôtesse, madame Duponceau, est une charmante hôtesse. J'y travaille le soir quand mon garçon ronfle, et ce gros sommeil me réjouit l'oreille. Je ne sais pas trop, moi, quand je dors, mais je n'y pense pas. Du reste, je vis de la vie rationnelle pour le moment; je vis dans les arbres, dans le soleil, dans les bruyères, dans les sables, dans le mouvement et le repos de la nature, dans l'instinct et dans le sentiment, dans mon fils surtout, qui se plaît à cette vie-là autant que moi, et qui m'en fait jouir doublement. Quelle belle chose que cette forêt! Sénancour l'a bien décrite dans certaines pages où il veut bien céder au charme qui s'empare de lui. Sa peinture large et bien tranchée est encore ce qui résume le mieux certains aspects. Mais il ne rend pas justice, dans toutes ses lettres, à ce beau lieu. Il le rapetisse comme s'il avait peur de le trop admirer. Il le voit à travers son spleen. Il veut qu'on sache bien que ce n'est pas vaste et accidenté comme la Suisse. A quel propos fait-il ce parallèle, je ne sais. Certes, en tant que montagnes, celles-ci ne sont pas des Alpes; mais, en tant que bois charmants, les grands pins de la Suisse n'ont pas les qualités propres à la nature de notre forêt : nature à la fois mélancolique et riante, et qui ne ressemble qu'à elle-même. On veut toujours comparer : c'est un tort qu'on se fait, c'est une guerre puérile à sa propre jouissance. Ce qui est beau d'une certaine façon n'est ni plus ni moins beau que ce qui est beau d'une manière toute différente. Pour moi, je passerais ma vie ici sans regretter la Suisse, et réciproquement. Là où l'on se trouve bien, je ne comprends pas le besoin du mieux. Je ne sais pas si le proverbe est vrai d'une manière absolue; je ne crois pas qu'il en ait la prétention, car les sentences sont toujours relatives. Mais, en fait de locomotion, de curiosité, de jouissance personnelle, je croirais volontiers que le regret ou le désir du mieux est un leurre de l'imagination malade. C'était bien le fait de Sénancour. Obermann est un génie malade. Je l'ai bien aimé, je l'aime encore, ce livre étrange, si admirablement mal fait : mais j'aime encore mieux un bel arbre qui se porte bien.

Il faut de tout cela : des arbres bien portants et des livres malades, des choses luxuriantes et des esprits désolés. Il faut que ce qui ne pense pas demeure éternellement beau et jeune, pour prouver que la prospérité a ses lois absolues en dehors de nos lois relatives et factices, qui nous font vieux et laids avant l'heure. Il faut que ce qui pense souffre, pour prouver que nous vivons dans des conditions fausses, en désaccord avec nos vrais besoins et nos vrais instincts. Aussi, toutes ces choses magnifiques qui ne pensent pas donnent beaucoup à penser. . . . .

GEORGE SAND.

SUR LA SOLITUDE

Au milieu des agitations du siècle, dans ces grands conflits d'idées et d'intérêts qui remuent les sociétés européennes depuis plus de soixante ans, ce serait un beau sujet pour quelque lutteur fatigué, — Chateaubriand à l'Abbaye-aux-Bois, ou Lamennais après la Constituante, — ce serait, dis-je, dans un tel temps et pour un tel homme, un beau sujet qu'un livre sur la solitude. La philosophie du désespoir est peut-être le dernier livre du penseur qui a trop vécu et la dernière lecture d'un peuple qui vieillit.

A tout autre point de vue, deux illustres malheureux, Zimmermann et Rousseau, ont laissé bien peu de chose à dire sur les sentiments qui naissent de l'isolement, sur ses inconvénients et ses avantages, sur la poétique des forêts. Ils ont épuisé la physiologie du sujet. Le bagage de ce qu'en jargon de littérature moderne on nomme « méditation » est aussi complet que possible. A moins d'être poëte badin ou feuille de rose, deux choses éternelles et sans conséquence, il est impossible de se poser impunément sur cette coupe déjà pleine de pensées.

Il m'est donc rarement arrivé de perdre mon temps à remettre au sas tant de vieilles idées si bien épurées déjà, si bien dites, et qu'on gâterait en les voulant nettoyer au goût du jour.

Dans les longues promenades à travers les bois j'ai plus joui que pensé, plus senti qu'analysé, hormis sur un point pourtant, sur un point fort sérieux, qui m'a toujours beaucoup intéressé et qui n'est peut-être pas indigne de l'attention d'un esprit spéculatif. Je veux parler de cet étrange et complexe sentiment qui domine l'homme dans la solitude, toutes les fois que son imagination n'est pas absorbée par quelque sujet particulier. Il n'est personne, je crois, qui n'ait éprouvé, en pénétrant sous les sombres arcades d'une forêt, un mélange de charme et d'horreur. Un sentiment analogue se passe en nous toutes les fois que nous nous isolons soit sur l'eau, soit en gravissant une montagne. La solitude, les bois, ne sont jamais complétement gais; les plus jolis rayons de soleil dans les feuilles n'empêchent pas que l'ombre verte tombe comme une mélancolie du dôme des grands arbres. Les poëtes riment dans les chemins déserts, les peintres peignent les roches et les halliers de Fontainebleau, des familles bourgeoises vont boire, manger et se réjouir sur l'herbe; on y voit des chasses royales à grand son de trompe et d'aboiements de meute; on y voit aussi ce qui vaut mieux, des amants qui fuient l'œil des passants et des gardes. Mais, ô rimeurs, ô peintres, ô amants ! m'expliquerez-vous, au détour du chemin, ce sinistre pendu, dont l'ombre s'allonge en travers de la route, et qui, lui aussi, est venu choisir l'aimable solitude des bois et le vert rameau d'un chêne pour cette triste cérémonie ?

On ne va donc pas au bois que pour y faire l'amour, que pour y chasser la rime ou le gibier. Il y a donc au fond des bois quelque volupté secrète, quelque joie funèbre et mystérieuse pour le malheureux lassé de frayer avec les humains ! Ah ! pour qu'on prenne le parti de se pendre à cette branche sous laquelle deux amants se sont assis, croyez-moi, il faut que la solitude ne soit pas tout grâce, tout bonté, tout béatitude ; il y a des heures où elle m'apparaît plus amère que la mort. Elle évoque à certains jours le spectre des mauvaises résolutions. Elle se dresse comme une ironie en face de la société vivante et agissante. Elle lui envoie dans ses sauvages parfums comme un soupir de sa haine. Enfonçons-nous au fond de la forêt, plus au fond encore, et quand nous nous sentirons bien seuls, quand rien ne nous rappellera la vie sociale de cet animal politique que l'on appelle l'homme, quand nulle idée de devoir ne descendra des pleurantes ramées, nous penserons peut-être qu'il est un moyen d'esquiver le problème qui lasse notre courage ; nous grimperons, égaré, blême, à cet arbre où, joyeux enfant, nous montions dénicher des pies, et, sous ce vain prétexte que nous manquons de gloire ou de monnaie, qu'une fille nous a trompés, nous attacherons la cravate que cette pauvre fille ourla peut-être un soir, nous y passerons un cou ridicule, et.... Mais, afin d'élever en le résumant le curieux sujet de ces réflexions, qu'il soit permis à ma paresse d'exprimer en quelques mots tracés ailleurs le sentiment double que nous éprouvons dans les bois, et qu'on pourrait nommer l'antinomie de la solitude :

« Deux instincts puissants luttent éternellement au fond de l'âme humaine : l'instinct sauvage indompté, le moi irrationnel, c'est-à-dire la révolte ; et l'instinct de l'association, du sacrifice, du devoir, c'est-à-dire la Loi.

« Quand du haut d'un monument nos regards glissent au-dessus de la ville et découvrent les campagnes, quand nous entrons dans une forêt, quand, sur la plage, nos yeux se perdent parmi les profonds horizons des mers, un soupir s'échappe de notre poitrine; on dirait que nous nous souvenons d'une condition antérieure, dont les sensations n'ont plus en nous qu'un écho affaibli ; nous voudrions prolonger cette vague réminiscence du premier homme, perpétuée dans toute l'humanité ; notre tête se relève d'un mouvement brusque et léger, la brute se réveille. Tout à coup un son lointain, le son d'une cloche, nous fait tressaillir : c'est la religion ; un roulement de tambour traverse les airs : c'est la patrie. Et si cela ne suffisait pas, la faim qui tord nos entrailles nous avertit que déjà la soupe fume sur la table, que les enfants impatients frappent les assiettes de leur cuiller, et que la ménagère inquiète est déjà deux fois venue regarder au seuil de la porte : c'est la famille.

« Alors nous inclinons cette tête rebelle, nous nous acheminons à pas lents vers le grand bercail; puis nous hâtons la marche, et, en rentrant dans la commune, l'homme social, le citoyen a complétement repris conscience de ses devoirs [1] ! »

Cette pensée ne serait pas complète, si nous n'ajoutions que, pour certains hommes, une course dans les bois est un calmant sans égal. Ceux-là sont des athlètes qui, dans le silence et l'isolement, savent puiser de fortes résolutions et rassembler leur vigueur défaillante. Mais pour quiconque ne sait pas dompter le mauvais esprit de la solitude, les bois voudront toujours dire : assassinat, viol ou suicide.

Puisque ces réflexions intimes autorisent la confidence des sentiments personnels, je ne crains pas de dire que les bois et autres beaux sites solitaires m'inspirent quelque sympathie secrète, mais peu de confiance; je ne les crois pas très-bonnes à l'homme fiévreux des sociétés contemporaines. Ce cas presque spécial, et au total assez étroit, se rattache, selon moi, à un principe général qui fait, à tort ou à raison, partie de mes croyances : « La lutte est entre la nature et la

---

[1] *Histoire de la seconde République française*, t. I, Introduction.

société, comme entre la liberté et le sacrifice. » Or je n'hésite pas à mettre le sacrifice au-dessus de la liberté.

Malgré ces bonnes raisons, ou, du moins, malgré ces raisons que je crois bonnes, s'il m'était donné de passer à l'application, je conserverais parmi les forêts celles qui avoisinent les grandes villes comme Paris. Napoléon conserva la Trappe pour les grandes infortunes. Par un motif analogue, et, ce me semble, plus large, il est à souhaiter que nos belles forêts des environs de Paris, celle de Fontainebleau surtout, demeurent éternellement debout près de cette seconde ville éternelle. C'est qu'il y a des jours où ce Paris est pire qu'une Thébaïde pour les âmes fatiguées; c'est qu'il y a des instants où nous sommes tellement épuisés des sollicitations de la vie factice, qu'il faut à tout prix aller respirer l'air et le silence des bois, comme des poitrinaires boivent du lait d'ânesse. Et puis, nous avons nos savants, nos poëtes, nos peintres, nos musiciens, nos amants, à qui ces bois sont nécessaires. Cela me paraît plus universel et plus humain que de conserver la Trappe à quelques mystiques infortunes.

Ajouterai-je que, pour un petit nombre d'âmes robustes et saines, les grands aspects de la nature sont un perpétuel *memento* qui ramène l'homme au profond, au social sentiment de l'égalité?

HIPPOLYTE CASTILLE.

LE BAS-BRÉAU

Muse des bois et des accords champêtres ; muse des idylles et des bucoliques, je t'invoque et je t'appelle à mon aide et à l'aide des bergers, des bergères et des peintres de Fontainebleau ! Comme un habile architecte décore le vestibule d'un superbe palais de colonnes dorées, la nature, bonne mère, a décoré Fontainebleau des plus beaux arbres de la création. On loue et l'on célèbre le château, ouvrage des rois; on ne peut trop louer la forêt, qui est l'œuvre de Dieu ! Elle a prêté son ombre propice à tant de rois, à tant de capitaines, à tant de beautés en leur printemps ! Elle a vu vivre et fleurir tant de grands artistes ! Elle a fourni le sujet de tant de chefs-d'œuvre ! Que de paysages commencés dans ces clairières, que d'idylles murmurées dans ces buissons ! Fontainebleau qui ne redoutait ni les révolutions ni les tempêtes ! l'abri immense inaccessible à l'hiver !

Il existe, Dieu merci, dans ce bas-monde une race

excellente d'hommes contents de peu, heureux de rien, qui ne changeraient pas contre la couronne de France la plume, la brosse, l'ébauchoir, le noble outil qui les fait vivre. Bonnes gens, faciles à vivre et faciles à mourir ! Un brin de soleil suffit à leur joie, une chanson les rend tout aises, un morceau de pain les fait riches, un sourire les fait glorieux ! O révolution, ô révolutionnaires, ô ambitieux de tous les étages, vous ne pouvez rien sur ces âmes indépendantes ! Elles vous regardent en pitié, elles vous méprisent; elles savent que vous passez vite, et tout leur souci, c'est de ne pas toucher de leur robe blanche votre manteau souillé ! Hurlez ! criez ! moquez-vous du monde...... ces amis dont je parle vous abandonnent le bruit, la déclamation, l'orage, la tempête; ils ne s'inquiètent guère que de vivre à l'abri de vos tumultes. Plus vous êtes superbes, et plus ils sont humbles! plus vous vous faites grands, et plus ils se font petits! Ils méprisent votre gloire, votre force, votre éloquence, vos splendeurs, vos fortunes, votre popularité, vos mensonges; ils aspirent à une lumière plus pure, à une gloire moins bruyante, à une popularité plus sereine; ils chantent d'autres cantiques, ils rêvent un autre soleil !

Ils vivent d'un travail facile, d'une pensée active et paresseuse tout ensemble; ils aiment le silence et l'espace, le mouvement mêlé au repos, le sommeil à l'ombre du saule, la méditation à l'ombre du hêtre; ils donneraient les Tuileries dévastées pour un chêne de la forêt de

Fontainebleau! un de ces arbres qui font dire au jeune homme : *Et moi aussi je suis peintre!* Ils sont pauvres, ils sont inquiets ; — la pauvreté et l'inquiétude, ces deux fléaux qui peuvent ruiner les plus grands peuples. — Mais ne les plaignez pas, l'art et la poésie apportent avec eux des consolations infinies!

Ce qu'ils demandent à l'heure présente, et ce qu'ils ont demandé à toutes les heures de leur vie, c'est que leur asile soit entouré de respect, c'est que leurs retraites ne soient pas livrées à la ruine. Ils admirent les vieux palais, les vieilles maisons, les antiques cathédrales, les ruines, tout le passé ami de la couleur et du drame..... respectez l'objet de leur culte! Ils aiment d'un amour infini les grands paysages : ne défaites pas leur fortune ; ils ont choisi, pour le rendez-vous de leur inspiration, les plus vieux arbres des plus vieilles forêts !..... Par grâce et par pitié, n'appelez pas la hache et la cognée afin de déraciner et de détruire ces vieilles écorces, l'objet innocent de leur amour.

Voilà tout ce qu'ils demandent et tout ce qu'ils veulent! Ils ont adopté la forêt de Fontainebleau comme un rendez-vous sacré cher au peintre, au poëte, au botaniste, au rêveur, et, les mains jointes, ils prient et supplient que tout au moins un petit coin de la vaste forêt soit respecté du bûcheron impitoyable. Hélas! on a déraciné la *mare aux Évées*, ce beau lieu digne de Claude Lorrain lui-même ; on a ruiné la *vallée de la Solle*, autrefois le rendez-vous des grandes chasses pittoresques, et voici maintenant que le *Bas-Bréau* est menacé à son tour! le *Bas-Bréau*, ce merveilleux rendez-vous des plus beaux arbres, ce pêle-mêle élégant, cette réunion des plus beaux enfants de la terre nourricière! Oui, et regardez à l'écorce de ces beaux arbres, l'écorce est touchée du marteau mortuaire! L'arbre est désigné à la prochaine cognée, et l'arbre, et les rameaux, et le feuillage où se repose en chantant l'oiseau du ciel, ne reverront pas le prochain printemps. Le printemps a perdu sa couronne, le mois de mai sa guirlande; l'automne a perdu son abri! Jeune homme que cette ombre sacrée abrite encore, entends-tu le gémissement de la branche agitée? « Hélas! dit-elle; hélas! disent toutes les feuilles de cette tête vénérable, *morituri te salutant*, nous te saluons et nous allons mourir! »

Déjà une première fois, et dans les embarras d'une royauté naissante, le *Bas-Bréau* fut menacé! Le roi venait de monter sur le trône que lui donnait la France, et il n'avait pas le temps de songer à ce bouquet de vieux arbres. Tout à coup il apprend (il l'a appris de la voix qui parle aujourd'hui) que le *Bas-Bréau*, cher aux artistes, allait être livré aux bûcherons. « O sire! lui disions-nous, nous savons que vos heures sont précieuses, que vos veilles sont sans relâche, et cependant accordez-nous une heure! Écoutez les plaintes du royal Fontainebleau! Prêtez l'oreille aux gémissements partis des entrailles mêmes de l'antique forêt de François 1er et de

Louis XIV! O sire! songez aux artistes que vous aimez et qui vous demandent la vie et la grâce de leurs domaines! Hélas! ils ne possèdent au monde entier que leur forêt de Fontainebleau! Ils y venaient enfants, portés par leurs mères, et ils jouaient au pied même du chevalet paternel; ils y sont venus jeunes gens, tête à tête avec leur premier tableau et leur premier amour! Maintenant que les voilà des hommes et que vos mains vénérables ont pris les rênes de l'État, sire, ils comptent bien profiter de la paix que votre sagesse doit donner à l'Europe pour accomplir les plus belles tâches de leur âme et de leur cœur! Ici est leur patrie, ici est leur fortune! A l'ombre de ces arbres ils espèrent trouver leur gloire! O roi! écoutez-les, et respectez les vieux chênes, l'honneur des forêts, la grâce du paysage, la leçon des artistes, leur repos et leur espoir! »

Ainsi nous parlions, et ce bon roi, parmi tant d'écueils qui couvraient la surface de ce royaume et qui montaient incessamment jusque sur les marches de ce trône à peine fondé, s'arrêta un instant en son labeur pour écouter Fontainebleau en larmes. Or il savait toute la forêt par cœur; il en pouvait nommer tous les arbres; il l'aimait comme Bourbon, il l'aimait comme roi! — « Le *Bas-Bréau!* dit-il, on veut toucher au *Bas-Bréau?* Je ne l'entends pas ainsi! Je ne veux pas que, moi régnant, tombent ces vieux arbres. Que mes artistes se rassurent. Je veux réparer Fontainebleau comme je veux réparer Versailles; qu'ils fassent des paysages tout à leur aise, et dites-leur qu'ils recevront ma visite au premier jour. » — Voilà comment fut sauvé le *Bas-Bréau*, et comment parlait ce bon prince; et comme on lui représentait que cette coupe d'arbres inutiles et arrivés à leur croissance devait rapporter un demi-million, tout autant : « On trouvera de l'argent autre part, disait-il ; respectons le *Bas-Bréau!* » C'est qu'aussi ils s'entendaient si bien, ce vieux roi et ces vieux chênes, frappés des mêmes tempêtes, exposés aux mêmes foudres ! Têtes chauves et vigoureuses! Nobles racines attachées au sol français!

Fontainebleau! Laissez-nous Fontainebleau, ou tout au moins la partie la plus aimée et la plus féconde! Respectez les arbres qui nous ont vus naître! Épargnez les modèles! épargnez l'école! Attendez au moins, s'il le faut absolument, et si ces beaux arbres sont destinés à la mort violente, attendez que nous soyons morts!

Ainsi se lamentent, ainsi prient et supplient, les mains jointes, tant d'artistes excellents, l'honneur du paysage moderne, restés fidèles à la France, à ses paysages, à ses aspects, à ses eaux, à son ciel, à ses arbres, à ses gazons, à cette grande, forte et sérieuse nature, qui a fondé parmi nous une si grande école de paysagistes! En même temps, aux artistes, leurs frères, se joignent les poëtes, les fantaisistes, les vagabonds, les pauvres diables, les amoureux, les voyageurs du train de plaisir! Toucher à ces merveilles de là-bas, y songez-vous? Jeter au feu ces ombrages et ces mystères, quelle faute!

La *roche qui pleure* en pleure à l'avance, et le *grand veneur* attristé, en son patois de fantôme, se dit à lui-même : « Où allons-nous? »

Nous allons aux roches pelées, aux mousses, aux lichens, au bouleau monotone, au tremble insaisissable, au saule rabougri, au terrain calciné, au gazon brûlé du soleil, au ruisseau sans eau, à la grotte sans mystère, au sentier sans ombre, au vallon aride, à la colline dépouillée, à tout ce qu'il y a de difforme et de hideux sous le soleil! Voilà où nous allons! disent les peintres, et les peintres les plus habiles : le mélancolique Cabat, le vigoureux Decamps, l'éclatant Diaz, l'éloquent Jules Dupré, Bertin le Penseur. Qui encore? Troyon, Théodore Rousseau, Francis, Isabey, Giraud. Les uns et les autres, ils ne veulent pas se consoler s'il faut renoncer à la forêt de leur adoption.

Eh quoi! vous avez à vos ordres la forêt entière, la *fontaine Nadon* et les *bains des Sables*, le *bois Gautier* et *Montandart*, les *Ventes-au-Diable* et la *Mal-Montagne*, *Vidosang* et *Montmerle*, *Bois-Ron* et *Lumière*, les *Epines-Vertes* et la *Grande-Bruyère;* vous avez la *vallée Jauberton*, et le *Mont Merle*, tout *Moret*, tout *Franchart*, les *rochers d'Arbonne*, les *Grands-Feuillards*, la *Mare-aux-Corneilles* et les *Ventes-Barbier;* vous pouvez couper les *Pommerayes* et la *Bécassière*, *Cassepot* et la *Madeleine;* la *Canche-Guillemette* elle-même vous tend ses bras chargés de feuillage, et vous ne pouvez pas accorder encore une grâce de vingt années à ce merveilleux *Bas-Bréau*, l'honneur de la forêt et la fortune du père Gane, lorsque s'ouvre aux artistes de septembre sa maison hospitalière de Barbizon !

JULES JANIN.

1850.

LA MARE AUX FÉES

Le plateau de la *mare aux Fées* doit sans doute son nom à quelque superstition légendaire, dont la tradition n'a pas été conservée. Souvent reproduit par la peinture, c'est assurément l'un des lieux les plus remarquables que renferme la forêt. Aussi l'on comprend que tous les artistes, non-seulement y viennent, mais encore y reviennent; car, à la vingtième visite, on peut encore découvrir une beauté nouvelle, un aspect nouveau, dans les mille tableaux d'un caractère différent, qui d'eux-mêmes se dessinent à l'œil, et peuvent à loisir se rattacher au tableau principal ou s'en isoler, comme dans ces merveilleux chefs-d'œuvre épiques où l'abondance des épisodes apporte de la variété sans répandre de la confusion dans la grandeur et dans la simplicité de l'ensemble. Peu de sites offrent en effet autant de variété, et surtout dans un espace aussi restreint, car le plateau se développe sur une superficie de moins de quatre hectares. De dix pas en dix pas, l'aspect se métamorphose comme par un brusque changement à vue, et, d'une heure à l'autre, suivant l'élévation ou la déclinaison du soleil, le tableau se modifie dans son ensemble et dans ses accidents, comme une toile dioramique exposée successivement aux différents jeux de la lumière. Toutes les écoles de paysage peuvent rencontrer là des sujets d'étude. A ceux qui aiment les gras pâturages normands, où les troupeaux se noient jusqu'au poitrail dans les hautes vagues d'une herbe odorante et douce, que la brise fait houler comme une onde, le plateau offrira le *dormoir* où viennent les vaches de Marlotte. A ceux qui préfèrent les lointains lumineux baignés de vapeurs violettes ou dorées, et les collines aux croupes boisées, et les vallons creux d'où s'élève un brouillard bleu, le plateau échancrera par un côté son cadre de verdure, et, par une brusque échappée, après les premiers plans de la forêt, océan de cimes éternellement agité comme une mer de flots, déroulera les plaines tranquilles qui s'enfuient vers la Brie, et que limite aussi loin que peut atteindre le regard la bande immobile de l'horizon. Ceux qui manient la brosse enragée de Salvator, le plateau les fera descendre par un ravineux escarpement au milieu des profondeurs solitaires de la *Gorge-aux-Loups,* qu'il domine dans son extrémité occidentale. Là, comme si la lutte du sol avec les éléments était encore récente, on peut suivre dans toutes les traces qu'il a laissées le passage du cataclysme qui dut ébranler des carrières et pousser devant lui les blocs arrachés de leurs entrailles, comme un ouragan soulève a son approche la poussière du chemin. En pénétrant dans cette gorge, on croirait visiter les débris de quelque Ninive inconnue. Les masses gigantesques de rochers semblent encore recevoir l'impulsion du bouleversement, et se poursuivre, s'escalader comme une armée de colosses en déroute. Les uns, inclinés dans un angle de vingt degrés, paraissent prendre un nouvel élan pour continuer leur course ; les autres, penchés au bord d'un ravin dans une attitude menaçante, inquiètent le regard par leur immobilité douteuse. Les arbres, comme s'ils étaient encore tourmentés par un vent de fin du monde, se courbent avec des mouvements qui les font ressembler à des êtres en péril et faisant des signaux de détresse ; les uns agitent leurs rameaux avec des torsions et des contorsions épileptiques ; les autres, comme des athlètes qui se provoquent à la lutte, avancent l'un contre l'autre une branche dont l'extrémité noueuse ressemble à un poing fermé. Les grands chênes séculaires, qui plongent peut-être leurs racines dans les limons diluviens, et qui jadis ont fourni la moisson du gui aux faucilles druidiques, ont seuls conservé leur apparence de force et de beauté primitives. Tassés sur leurs troncs formidables, ils ressemblent à des Hercules au repos, qui, ramassés sur leur torse, développent puissamment leur vigoureuse musculature.

C'est au point central du plateau que se trouve la mare, ou plutôt les deux mares formées sans doute par l'accumulation des eaux pluviales qu'ont retenues les bassins naturels creusés dans les rochers. Ce roc immense règne en partie dans toute l'étendue du plateau. Disparaissant à des profondeurs irrégulières, il reparait à chaque pas, éventrant le sol par une brusque saillie. Aux fantastiques rayons de la lune, on se croirait encore sur quelque champ de bataille olympique, où des cadavres de Titans mal enterrés pousseraient hors de terre leurs coudes ou leurs genoux monstrueux. Ce qui permet de supposer que cet endroit est situé au-dessus de quelque crypte formée par une révolution naturelle, c'est que le sabot d'un cheval ou seulement la course d'un piéton éveille des sonorités qui paraissent se prolonger souterrainement. A l'entour des deux mares, et profitant des accidents de terre végétale, ont crû les herbes aquatiques et marécageuses, où les grenouilles chassent les insectes, où les couleuvres chassent les grenouilles. Dans toutes les parties que les eaux de la double mare ne peuvent atteindre par leurs irrigations, les terrains se couvrent à peine d'une végétation avare : gazon ras et clair-semé, où la cigale ne peut se cacher à l'oiseau qui la poursuit; pâles lichens couleur de soufre, qui semblent être une maladie du sol plutôt qu'une production; créations éphémères d'une flore appauvrie; plantes maladives sans grâce et sans couleur, dont la racine est déjà morte quand la fleur commence à s'ouvrir, qui redoutent à la fois le soleil et la pluie, qu'une seule goutte d'eau noie, qu'un seul rayon dessèche. Au bord de la grande mare, deux énormes buissons, surnommés les Buissons-aux-Vipères, enchevêtrent et hérissent leurs broussailles hargneuses, mêlant aux dards envenimés des orties velues l'épine de l'églantier sauvage et les ardillons de la ronce grimpante, qui va tendre sournoisement parmi les pierres les lacets de ses lianes dangereuses aux pieds nus. Terrains lépreux ou fondrières, eaux croupissantes, arbustes agités incessamment par des hôtes venimeux, — tel est l'aspect de la mare qui donne son nom à l'endroit; mais cette aridité et cette désolation prêtent encore un relief puissant aux splendeurs du cadre qui les environne. Qu'une vache se détache du troupeau et vienne boire à cette eau croupie; qu'une paysanne s'agenouille au bord pour laver son linge ou plutôt pour le salir; qu'un bûcheron vienne aiguiser sa cognée sur le roc, et ce seront autant de tableaux tout faits que le peintre n'aura qu'à copier. Aussi la *mare* aux *Fées* est-elle de préférence le lieu choisi par les artistes qui vont à Fontainebleau dans la belle saison : ceux qui habitent les confins éloignés de la forêt y viennent souvent; ceux qui résident dans les environs y viennent toujours.

(*Scènes de campagne.* — Adeline Protat.)

HENRY MURGER.

VISION DANS LA FORÊT

Les esprits satiriques savent rarement chanter la nature : pour eux les côtés plaisants de l'homme se dessinent seulement dans la chambre noire de leur cerveau. La nature, n'ayant pas de côtés grotesques, trouble les esprits satiriques par sa grandeur pleine de calme, par sa tranquillité et son recueillement, qui font qu'on a pu comparer la forêt à une cathédrale. Conduisez dans la forêt un de ces êtres moqueurs, et il sera sans doute impressionné par les immenses verdures, les chants des oiseaux et les fraîcheurs rafraîchissantes qui lui feront oublier sur l'instant l'atmosphère morbide des grandes villes ; mais, le premier moment passé, l'esprit satirique reprendra son vol vers les sujets familiers qui ont pincé ses lèvres de bonne heure ; et là où vous le croirez s'enthousiasmer sur un site pittoresque, il sera occupé à creuser des souvenirs qui n'auront rapport ni aux arbres, ni aux plantes, ni à la verdure.

L'an passé, en Suisse, en face des montagnes neigeuses, je me surpris à songer au défilé du boulevard des Italiens entre quatre et cinq heures du soir ; c'était une procession de jeunes élégants, la canne à la main, le lorgnon à l'œil, la figure verte, la cravate bleu-ciel, un petit filet de moustaches retroussées impertinemment, qui allait et venait et paralysait la vue de la nature alpestre. Je sentais cette singulière maladie, je me révoltais contre moi-même. Vains efforts ! mes yeux étaient incapables de regarder autre chose que ces jeunes élégants ridicules qui paradent devant les bourgeois à la porte de Tortoni.

La nature a un langage mystérieux qui ne s'apprend pas à la première leçon : ceux qui ont été élevés de bonne heure à la campagne, qui n'ont jamais quitté les champs, étudient ce langage en suçant le lait de leur nourrice ; mais l'habitant des villes se sent petit, rapetissé et ignorant au milieu des solitudes des forêts ; il lui faut dépouiller son bavardage et sa jactance, il a bien des épreuves à subir avant d'être admis à communier avec la nature. Toute ironie doit disparaître pour faire place à un sentiment de mélancolie réfléchie, douce et immense à la fois, qui puisse s'harmoniser avec la sagesse de ces vieux arbres couverts de mousse, qui semblent les mentors de la forêt.

Je partis pour Fontainebleau avec le secret sentiment d'un malade à qui on a ordonné le climat de Nice comme dernier remède, et qui s'en va emportant au fond du cœur le triste pressentiment qu'il en reviendra plus délabré. Je craignais de ne pas arriver à déchiffrer ce livre de la nature pour lequel les études m'ont manqué.

Sans doute la volonté entre pour beaucoup dans l'homme ; mais il ne suffit pas de dire : Je veux apprendre à parler allemand d'ici à demain matin, pour se réveiller le lendemain parlant allemand.

Il en est de même de la nature : sans doute nous devrions la comprendre de tout temps ; mais quand la civilisation nous a bouché l'entendement des choses naturelles, pour y substituer la science factice des choses convenues, d'usages de la société, de lectures inutiles, alors ce sont des combats sans nombre, des replis sur soi-même, des puits qu'il faut creuser, des plongeons au dedans de nous-mêmes, pour dépouiller l'homme des villes et retrouver bien loin, caché comme au fond d'une prison, maigre et garrotté, l'homme de la nature, que nous tenons enfermé aussi criminellement que ces parents dénaturés qui jettent leurs enfants dans des galetas, privés de nourriture.

Je passai deux jours dans la forêt : la première journée, le ciel était voilé, et toute la nature était habillée d'un manteau gris, délicat, un peu brumeux et mélancolique. J'appliquai mes sens à saisir la forme des arbres, la coloration des plantes, à écouter les bruits des insectes, des oiseaux, à aspirer les fraîcheurs embaumées ; mais, vers les deux heures de l'après-midi, le soleil perça les nuages, et des rayons brillants et gais allèrent tomber, j'ose à peine l'avouer, sur un gros pâté.

Un énorme pâté, à côtes vernies, qu'un bourgeois de la rue Grenétat avait acheté rue Montorgueil, suivi de sa femme et de son enfant.

Tous les trois partis de l'embarcadère du chemin de fer de Fontainebleau, où il y avait une foule énorme qui profitait d'un train de plaisir.

Depuis un mois ces bourgeois rêvaient d'aller manger un pâté dans la forêt de Fontainebleau : *pâté* et *forêt* s'étaient soudés dans leur esprit comme la *Roche-qui-tette* s'est soudée à un arbre. Était-ce l'amour de la nature qui les entraînait, ou l'amour du pâté ? Allaient-ils en forêt pour manger du pâté, où mangeaient-ils du pâté pour voir la forêt ? c'est ce qu'il est difficile de décider.

Dans le train de plaisir, les bourgeois avaient pris mille précautions pour le pâté, de peur qu'il ne fût écrasé par de turbulents voyageurs serrés les uns contre les autres. Des êtres mal élevés fumaient de grosses pipes au grand désespoir des bourgeois, qui craignaient qu'une odeur malsaine de tabac ne s'attachât à la croûte de leur pâté. La bourgeoise s'était plainte inutilement devant ses grossiers compagnons de route que la fumée de tabac l'incommodait; mais l'un d'eux avait riposté que c'était justement pour corriger l'odeur du waggon, et que *cela sentait horriblement le pâté.*

Enfin les bourgeois arrivent à Fontainebleau; ils se dirigent vers la forêt.

Mais, tout à coup, l'honnête commerçant de la rue Grenétat pousse un cri à faire rentrer tous les chevreuils, tous les lapins et tous les oiseaux de la forêt.

— Malheureuse! s'écrie-t-il, tu as oublié le pâté!

Telle fut la vision qui m'assaillit en pleine forêt, et qui ne me quitta plus, vision soufflée par le démon qui se tient caché dans l'encrier de Paul de Kock, et je n'ai pas le courage de dire tous les détails capricieux de cette farce bourgeoise qui se jouait dans l'intérieur de mon cerveau, et qui, à partir de ce moment, me cacha les arbres, la verdure, le soleil.

CHAMPFLEURY.

UN CONCERT DANS LA FORÊT

Je m'étais égaré..... — J'étais enlacé de montagnes, de vallons, de précipices, de bois; j'avais à choisir entre vingt sentiers croisés, sentiers trompeurs, tracés à dessein par une main inconnue; ils aboutissaient tous à des rochers taillés à pic comme des remparts, et dont les touffes de saxifrages, agitées au vent, semblaient rire de mon embarras. Le soleil était près de se coucher; je ne pouvais m'orienter sur son cours; de hautes collines me dérobaient l'horizon du couchant.

Avançant, reculant, et surtout m'arrêtant, je me trouvai compromis dans un massif de pins grêles, qui paraissaient avoir été écaillés par des doigts de fer; cela me fit frémir. Je me demandai la raison de mon frémissement, et je ne me répondis pas. Mon silence m'alarma davantage; je tâchai de me rappeler une chanson. J'en sais mille; pas une ne me vint à l'esprit; je n'avais dans l'oreille que le chant du cor de l'ouverture de Weber et l'épouvantable unisson de *ré bémol* d'*Euryante* : « *Chasseur égaré dans les bois.* » Le jour tombait; il y avait même en face de moi une gorge béante déjà noire comme à la nuit : l'aspect du lieu devenait toujours plus satanique. Si j'avais l'honneur d'être Berlioz, je volerais à la nature la symphonie qu'elle exécutait alors pour moi, dût-elle m'attaquer en contrefaçon. Les instruments étaient peu nombreux, mais ils versaient une large harmonie; les aiguilles des pins frissonnaient, les saxifrages murmuraient avec mélancolie, les feuilles jaunes et sèches tourbillonnaient à la brise, le grillon exécutait son nocturne, la montagne tirait des accords de toutes les cavernes; un pin gigantesque, en inclinant et relevant un de ses longs rameaux dépouillés, ressemblait à l'*Habeneck* de cet orchestre mystérieux des bois. Dans cette ravissante ouverture du drame de la nuit, il n'y avait pas une fausse note, pas un accord contre les règles, pas une erreur de composition; la nature orchestre supérieurement ses œuvres musicales; elle combine avec un art incomparable tous les sujets qui exécutent ses partitions inédites. Peu lui importe d'avoir des auditeurs; elle se fait jouer pour son plaisir d'égoïste, elle se complaît à son ouvrage, elle s'applaudit et ne fait lever le rideau qu'à l'heure où la campagne est déserte, où les villes s'illuminent de clartés pâles, où les pauvres humains s'enferment entre quatre murs tapissés de paysages pour échanger entre eux les longs bâillements de la veillée et les paroles nauséabondes qu'ils appellent les charmes de la conversation.

Oh! que j'aurais bien voulu être enfermé, ce soir-là, entre ces quatre murs dont je parle avec dédain. Le jour était mort; je comptais sur la lune; mais la lune ne devait se lever que le lendemain avec le soleil. C'est bien la peine d'avoir une lune! Je ne demandai qu'une faveur au crépuscule, le dernier de ses rayons pour me montrer le bon sentier. J'aurais bien prié Dieu, mais j'avais peur d'offenser le démon; à coup sûr, je marchais sur ses domaines, et je respecte toujours l'autorité régnante dans les pays que je visite. De pins en pins, de buissons en buissons, j'atteignis les limites de la terre végétale; un arceau brisé dans sa clef de voûte était devant moi : c'était mon Rubicon; je me recommandai aux patrons de l'alcôve de ma mère, et je franchis l'arceau. J'étais entré dans un puits, mais un puits assez large pour boire un jeune lac; il y faisait presque jour, parce que le soleil avait tellement aiguisé ses rayons sur les immenses parois des rochers, que la fraîcheur de l'ombre n'avait pu éteindre encore tant de parcelles lumineuses incrustées pendant le jour : ce que je dis là est, je crois, une erreur en physique, mais je ne crois pas à la physique. Ce puits était formé de rochers circulaires à pic, comme un colisée naturel; à droite et à gauche, je voyais des galeries étagées, qui avaient l'air d'attendre des spectateurs; après l'arceau, il y avait une jolie petite caverne tapissée de lierre, avec deux siéges proprement taillés : c'était comme un bureau pour déposer les cannes et les parapluies. Un vieux pin rabougri murmurait des plaintes contre ce bureau, et, dans mon état de trouble, il me sembla que ce vieux pin me demandait mon billet. J'entrai hardiment, d'un pas d'auteur, et je courus à l'avant-scène; là, c'était à faire frémir les deux Ajax. Une large et haute voûte minait le pied de la montagne; des tentures de lierre noir couvraient cette voûte et lui donnaient l'aspect d'une chapelle funéraire : au centre montait un catafalque qui avait pris la forme d'un aqueduc; le sol était jonché de hideux débris.

J'entendis un bruit de pas derrière moi; je n'osai regarder; les cailloux du sentier grinçaient sous des pieds ferrés. Au hasard, je risquai un œil de ce côté; c'était un bûcheron. « Mon ami, lui dis-je, où est le chemin qui conduit à la ville? »

Citation empruntée à l'*Eglogue de Mœris.* Le bûcheron ne me répondit pas, mais de sa main il me désigna un sentier suspendu au flanc d'une montagne. Je n'avais pas encore remarqué cette montagne; le sommet était abominable à voir; il montait au ciel dans une forme révoltante et qu'on ne peut décrire : c'était comme une impudique pensée de granit lancée au ciel pour arrêter le vol des sorcières. Des coups de tonnerre avaient détaché de cette masse d'énormes blocs gisant à mes pieds; oh! c'est qu'il doit s'être passé là des choses qui appellent la foudre en plein azur; un chêne poitrinaire s'est réfugié là comme un ermite en méditation, à l'abri du vent, sous la montagne. Des pins échevelés semblent descendre des grottes du pic, comme une troupe de bandits qui courent au voyageur. Toutes les harmonies de ce lieu sont dolentes; il y a dans les crevasses des rochers des oiseaux non classés par l'ornithologie; ils chantaient aux chauves-souris des airs sombres comme une absoute. La nuit arrivait noire, mystérieuse, toute pleine de confidences que la gamme de la brise glisse à l'oreille à travers les touffes de cheveux. Je levai les yeux au ciel pour me réjouir aux étoiles; une seule constellation luisait sur un fond obscur, la grande Ourse, magnifique fauteuil d'étoiles renversé à demi, comme si le Dieu du ciel venait d'être détrôné par Satan. Je me mis alors à marcher dans la direction des sept étoiles; mon chemin s'éclaircissait peu à peu. Je sortis du puits, tout joyeux de n'avoir pas été surpris par le coup de minuit dans cet horrible amphithéâtre où tant de scènes allaient être jouées par des acteurs de l'enfer. Une lueur de foyer humain m'annonça la campagne cultivée.

Quelques années après, sous la lune d'avril, à onze heures du soir, je revins accompagné de cent musiciens et artistes, et de trois fourgons d'instruments de cuivre. J'avais fait un appel à tout un orchestre d'amis, et on m'avait répondu avec zèle. Ce fut une fête comme il n'y en aura plus sur cette fade planète.

Vous avez entendu l'ouverture de *Freyschütz* à l'Opéra, au Conservatoire, à Favart; c'est une pastorale, un menuet que vous avez entendu. Mes musiciens s'assirent sur des siéges de roche dans la voûte tapissée de lierre et de nids de chauves-souris. Nous avions apporté une énorme cloche fêlée sur un fardier; on la suspendit sous la voûte; elle sonna minuit pendant un quart d'heure; nos oreilles saignaient. La montagne est creuse, elle sonna comme la cloche : à chaque coup, les réseaux de lierre se crispaient comme une toile d'araignée. Il y eut beaucoup de plaintes dans l'air, plaintes exprimées dans cette langue que la nuit parle, et qui ressemblaient à de sourdes protestations d'êtres invisibles qui se révoltent contre une usurpation de localité. L'ouverture de *Freyschütz* commença. Je m'étendis sur un lit de cailloux plats antédiluviens. Weber avait travaillé pour cette nature. A peine le cor eut-il fait invasion dans le jeu de l'orchestre, que tous les objets environnants prirent un caractère de funèbre physionomie; les montagnes ouvrirent leurs caverneuses oreilles, et le souffle de l'air anima le clavier de leurs mille échos; les pins parlaient aux mousses des pics, les collines aux herbes de la plaine, les grillons aux chênes verts; tous ces murmures, toutes ces plaintes de la nuit, emportaient au ciel l'infernale harmonie de Weber. Je regardai les musiciens; ils avaient les cheveux hérissés comme des feuilles d'aloès.

Nous craignions de manquer de trombones : il en vint six pour attaquer l'évocation de *Robert*. Des voix se demandaient : « Quels sont ces musiciens? » Personne ne les connaissait. On disait derrière moi : « Ce sont des musiciens de la ligne. » Je me retournai pour voir qui disait cela : c'était une feuille de lierre ou personne. Le chef d'orchestre, qui était tout en feu et ne prenait garde qu'à sa partition, cria :

— Musiciens, à vos places ! Êtes-vous là, monsieur B....?

Le jeune artiste s'avança pour chanter l'invocation; il était pâle comme un démon incarné.

— Ne chantez pas, lui dis-je, cela vous fera mal.

— Impossible, me répondit-il, je suis sous l'obsession de l'art; il faut en finir avec Meyerbeer, il faut voir clair dans ses notes.

— Ce sera une terrible nuit, n'est-ce pas?

— Terrible ! Avez-vous bien compris l'ouverture de Weber?

— Très-bien.

— Demain, au jour, nous saurons la musique.

— Oui, ce lieu est le Conservatoire du démon.

Ce chaleureux jeune homme, artiste tout âme et conviction, appuya fortement ses pieds sur le sol humide de la caverne, et dit au chef d'orchestre :

— Je suis prêt.

Je crus que la montagne entière s'était faite trombone ou qu'elle s'écroulait. B....., avec sa magnifique voix, dit : « *Nonnes! qui reposez......* » et resta court. Le chef d'orchestre s'écria, tourné vers les six trombones :

— Que diable avez-vous dans le corps?

Les trombones sourirent et parlèrent bas aux contrebasses, qui ne répondirent pas.

Tous mes musiciens étaient profondément artistes; la solitude, le lieu, la nuit, avaient d'abord un peu agi sur leurs nerfs; mais ensuite ils se jetèrent de verve, tête première, en pleine symphonie, et ce fut alors un concert dont l'exécution foudroya la montagne. Une seule bougie jaune brûlait sur le pupitre du chef, comme le treizième cierge qu'on éteint aux ténèbres du vendredi saint; on ne voyait que le visage des musiciens : leurs instruments étaient dans l'ombre. Toutes ces têtes agitées de convulsions ressemblaient à des têtes de possédés se débattant sous l'exorcisme. Quand le jeune chanteur eut laissé tomber dans l'abîme le dernier *Relevez-vous!* tous les regards cherchèrent des fantômes dans le noir espace. Il s'en trouva qui se voilèrent les yeux à deux mains, car ce qu'ils entrevoyaient était insupportable à la paupière. Sur un rocher à pic, tendu comme un immense linceul, on vit passer une liasse d'ombres rouges que la lune même n'osa pas regarder; car elle prit le premier nuage venu et se couvrit les yeux comme nous. Et, quand éclata le duo, que de choses inouïes furent entendues! que de choses invisibles furent vues! que d'émotions gaspillées dans les coulisses de carton et retrouvées ici! *Auras-tu le courage d'y pénétrer, seul, sans pâlir?* A cette formidable demande, le jeu funèbre des trombo-

nes jeta partout dans les vallées de lamentables points
d'interrogation ; toutes les plaintes des abbayes ruinées
tombèrent des nues sous la caverne comme à un rendez-vous de notes déchirantes ; l'air fut inondé de toutes les vibrations des lieux désolés ; nous entendîmes
des coups sourds de fossoyeurs, des roulements de balanciers dans le squelette des clochers gothiques, des
vagissements de nouveau-nés dévorés par des guivres,
des paroles de fantômes aux oreilles de Job, des grincements de marbres tumulaires, des mélodies d'épitaphes
où la brise chantait la partie du ci-gît, des frôlements
d'herbes grasses, des battements d'ailes de phalènes,
des soupirs de goules, des éclats de timbre fêlé, des
cris de vierges vampirisées, des déchirements de suaires, des cliquetis d'étincelles de chats noirs, des bruits
de ferraille de spectres galériens, des trios lointains
d'orfraies, de grands-ducs et d'hyènes ; nos mains se
collaient sur nos oreilles, mais le flot subtil de ces
harmonies nous envahissait par tous les pores. Toute
notre chair s'était faite oreille, et absorbait les retentissantes émanations de l'air. Oh! qu'il en coûte de sonder les profonds mystères de la musique!

Les musiciens étaient couchés, pâles, sur leurs instruments ; l'intrépide chef d'orchestre les réveilla de
sa voix entraînante.

— Allons! allons! s'écria-t-il, les chœurs? où sont
les chœurs? Place, place au finale de *Sémiramis! Qual
mesto gemito!*

Le cuivre n'eut pas besoin d'annoncer le *guido* funèbre; le funèbre cri de Ninus sortit de la montagne comme d'une pyramide babylonienne haute de mille coudées. Toutes les impressions de terreur, ralenties depuis le meurtre d'Abel, coururent autour de nous avec les redoutables notes de Rossini; nous tremblâmes avec tous ceux qui avaient tremblé; à chaque coup de tam-tam sur la porte de la tombe, la montagne s'entr'ouvrait en laissant évaporer par une crevasse je ne sais quelle forme vaporeuse à tête couronnée. Je regardai en dehors de la caverne; c'était une véritable nuit de Babylone. Les roches saillantes, les pics gigantesques, les collines amoncelées, les arceaux granitiques, tout ce paysage grandiose, éclairé fantastiquement par les étoiles, ressemblait à cette architecture infinie créée par Martinn, le Byron de la peinture. On ressentait au cœur tous les frissons de l'épouvante et l'exaltation irrésistible de la volupté; la grande énigme de la musique se révélait à nos sens claire et sans voile; cette langue insaisissable de notes fugitives, cette langue qui ne dit rien et dit tout, et dont les villes ne connaissent encore que l'alphabet seul, oh! comme elle était comprise de nos sens dans cette nuit de révélations! La gamme s'était matérialisée. La partition n'était plus un recueil d'hiéroglyphes; toutes les idées métaphysiques du maître inspiré prenaient un corps, une figure, un relief d'animation, et on les embrassait avec délices comme un vol de femmes aériennes,

on les repoussait comme des spectres hideux, on les
écoutait avec ravissement ou terreur, comme la voix
d'une amie ou le cri d'un démon. Le chœur babylonien
était terminé, et la vallée le chantait encore ; les mille
échos, pris au dépourvu par la rapidité du chant final,
avaient des flots de notes en réserve à rendre à l'orchestre muet. La montagne, les bois, les pics, les cavernes, ces puissants choristes, continuaient l'hymne que
les faibles voix humaines avaient achevé ; jamais Rossini n'eut des interprètes plus grands, plus dignes de
lui : le chef d'orchestre, l'œil en feu, la poitrine haletante, l'archet levé vers la montagne, semblait conduire encore l'orchestre des échos. Puis un grand cri
se fit entendre ; jamais les hommes n'ont entendu pareil cri depuis la nuit formidable où les cieux voilés
laissèrent tomber sur la terre ces mots : « *Le grand
Pan est mort!...* »

MÉRY.

DU PAYSAGE HISTORIQUE

La forêt de Fontainebleau a, de tout temps, inspiré les peintres du paysage historique. Quoiqu'il soit de mode aujourd'hui de décrier leur école, nous avouerons tout d'abord notre prédilection pour cette grave et noble forme de l'art. Nous préférons le *lucus* sacré où voyagent les faunes à la forêt où travaillent les bûcherons, la source grecque où se baignent les nymphes à la mare flamande où barbotent les canards, et le pâtre demi-nu qui pousse de sa houlette virgilienne ses béliers et ses chèvres dans les voies géorgiques du Poussin au paysan qui monte, en fumant sa pipe, dans le petit chemin de Ruysdael.

On a reproché au paysage historique de guinder pédantesquement la nature, de corriger avec le pédantisme d'un scoliaste son texte libre et sublimement confus ; on l'a accusé d'être quelque chose comme un jardin de racines grecques en peinture : ceci regarde le paysage académique, que personne n'abhore plus que nous, et qui n'a aucun rapport avec le paysage historique. Poussin, le Guaspre et Aligny n'ont rien de commun avec Valencienne, Bidault et M. Desgoffes.

Je pose en fait qu'il n'est pas un seul des paysages du Poussin ou du Guaspre qui n'ait son type exact dans la réalité, sinon dans son ensemble, du moins dans chacune des parties qui le composent. Ces chênes, aux attitudes sculpturales, qui semblent faire des gestes avec leurs branches, comme si la Dryade antique respirait dans leur tronc et se mouvait dans leur feuillage, je me suis assis à leur ombre dans la campagne romaine; ces montagnes qui couronnent l'horizon comme une harmonieuse architecture, ce sont celles que les voyageurs prennent de loin, en Grèce, pour des ébauches colossales de temples ou de théâtres; ces grandes cascades qui tombent à flots égaux comme de la bouche arrondie d'un vase, les Apennins et les Alpes en recèlent de pareilles dans leurs profondeurs. Il est certain que cette convocation des formes les plus solennelles et les plus rares de la nature ne se rencontre pas tous les jours, et que le hasard rassemble rarement dans le même horizon l'élite des arbres, des eaux et des montagnes; mais, si l'on admet que l'art est l'interprétation et non pas la simple reproduction de la réalité, de quel droit interdirait-on au paysagiste la recherche du style, de la beauté, de l'idéal? Pourquoi donc lui défendrait-on de composer un massif comme un peintre d'histoire compose un groupe, et de choisir ses arbres dans la forêt comme un sculpteur choisit ses modèles dans la foule? Mais si nous reconnaissons la légitimité, et même, jusqu'à un certain point, la prééminence du paysage historique, c'est à la condition qu'il ne serait pas idéal au point de n'être pas réel. Quelque épique que soit la tournure d'un chêne, encore faut-il qu'il soit fait de séve, d'écorce et de feuillage, et l'eau qui tombe de l'urne penchée d'une naïade n'est pas dispensée pour cela d'être fluide, limpide, transparente, aquatique enfin; sans quoi je lui préférerais celle que versent les *manne-ken-piss* ou les tuyaux de bois des lavoirs.

Poussin, le Guaspre et tous les grands paysagistes historiques sont aussi vrais que les peintres réalistes de l'école flamande. Ils restaient peut-être dans leurs ateliers tant qu'il ne s'agissait que de coordonner les lignes, de balancer les plans, de tracer en quelque sorte la géométrie de leurs paysages; mais c'était de la contemplation intime et assidue d'une campagne qu'ils rapportaient la couleur, la vie, la chaleur, l'air, la lumière qui les remplissent. Ils inventaient la pensée de leurs tableaux; mais c'était à la nature qu'ils allaient en demander la métaphore. Aussi, pour ne parler que des deux grands maîtres que nous venons de citer, les paysages du Poussin sont d'une précision de vérité aussi littérale que ceux de Wynants, et Guaspre est souvent aussi fin que Hobbéma.

Les paysages académiques, eux, au contraire, s'interdisent comme une hérésie toute espèce de rapports avec la nature qu'ils ne connaissent que par les gravures des maîtres qu'ils parodient en les pastichant. Écrire une feuillée, peindre un terrain, donner aux eaux de la transparence et au ciel de la profondeur, tout cela est pour eux chose triviale et incongrue, contraire au grand style et aux saines traditions de l'école. Un paysage mythologique qui se respecte et qui tient à garder son décorum doit être monochrone, gris pneumatique, et n'admettre la nature qu'en grande tenue d'académie.

PAUL DE SAINT-VICTOR.

LANTARA

Mathurin-Simon Lantara, sur qui l'histoire ignorante ne nous a laissé que peu de documents, naquit, dit-on, en 1745, à Fontainebleau probablement ; je dis probablement, car certains biographes le font naître aussi bien à Montargis. Quoi qu'il en soit, sa véritable patrie est bien la forêt de Fontainebleau, et c'est à ce titre que sa place est marquée dans notre volume. C'est en effet au milieu de cette végétation puissante, au milieu de ces splendeurs, de ces enchantements, de ces beautés toujours neuves, que Lantara vécut sa jeunesse solitaire et contemplative. Son souvenir y est désormais éternellement lié. Dormir sur les mousses, errer à travers les bruyères roses et grises; écouter la source qui chante au lointain; poursuivre, par les mêmes sentiers embaumés, l'idéal insaisissable et le coucou, oiseau moqueur qui vous appelle de tous les côtés à la fois; admirer chaque soir, le cœur ému, les yeux humides, à l'heure ou la rosée commence à perler sur les herbes, les chaudes perspectives du soleil couchant ; se promener, par les belles nuits d'été, dans l'ombre mystérieuse des grands bois ; boire par tout son être la large harmonie du silence et rêver au clair de la lune dans une atmosphère trempée de parfums : telle fut la première moitié de sa vie. C'est à cette existence buissonnière que Lantara puisa ce sentiment du vrai, quoique idéalisé, qui anime ses compositions: lointains vaporeux rayés de lumière, ciels rêveurs, couchants de soleil tout empourprés, granits ternes et grisâtres; car Lantara a saisi la forêt dans tous ses aspects, sous toutes ses formes, rochers arides, terrains brûlés, frais paysages et majestueux horizons.

C'est par là encore qu'il se rapproche du grand

Claude Lorrain. Moins élevé, moins épique, il saisit, il touche davantage ; ses paysages familiers vous émeuvent. On admire Claude, on aime Lantara. C'est que Lantara fut peintre comme Hégésippe Moreau fut poëte, c'est-à-dire d'instinct, ou plutôt il fut peintre et poëte tout à la fois.

Son père était un mauvais peintre d'enseignes qui lui donna les premières notions du dessin ; mais la science, ou plutôt l'ignorance du bonhomme n'aurait pas mené loin le fils, s'il n'eût porté en lui-même l'amour inné de l'art. C'est de Lantara qu'on peut dire, et véritablement cette fois, qu'il fut l'*élève de la nature*. Ce qui frappe avant tout dans son œuvre, ce qui en fait la grandeur et la beauté, c'est l'impression. Sa peinture est de celles qui persuadent. Jamais, en effet, Lantara ne fit *poser* la nature devant lui. Avant de la traduire avec les yeux du peintre, il en jouissait avec l'âme du poëte. La plupart des paysagistes de l'école moderne, en quête de la réalité, ne l'ont cependant pas comprise. Trop scrupuleux amants de la vérité, s'ils ont trouvé un motif, ils le copient religieusement : tout est à son plan, tout est exact ; les groupes sont fidèlement massés, les nervures des arbres minutieusement dessinées, l'anatomie est parfaite, et cependant c'est un cadavre ! il y manque la vie, ce je ne sais quoi d'ému et de sympathique qui fait qu'on voit l'âme de l'artiste à travers l'œuvre ; et cela tient précisément au servilisme du procédé.

Lantara peignait de mémoire. Il allait à travers la campagne, il s'en emplissait le cœur et les yeux, pleurant d'admiration devant les grands spectacles de la nature; puis, un jour, n'importe quand, n'importe où, en plein ciel, dans son galetas, à l'étable, sous l'impression du souvenir, il reproduisait de verve, d'abondance, les effets qui l'avaient touché; tranquilles clairs de lune, levers de soleil radieux, fraîches aubes. Il ne prenait la palette que lorsque la poésie, longtemps contenue, débordait d'elle-même. Alors il s'y laissait aller, sûr que son sentiment ne le tromperait pas, car il savait *par cœur*. Jamais l'expression ne fut plus juste, toutes les teintes et les demi-teintes du matin, du jour et du soir, toutes les gradations et les dégradations de la lumière; la nature était son amoureuse, il la voyait les yeux fermés.

Il existe une légende, d'après laquelle Lantara, au temps de son enfance, aurait gardé des chèvres dans la forêt Chèvres ou vaches, peu importe. M. Denecourt vous fera voir dans ses domaines, un recoin charmant, qui s'est appelé toujours la *Dormoir de Lantara*.

Il y a, du reste, dans ce fait de Lantara chevrier, quelque chose de simple et de touchant qui plaît à l'esprit. On aime à se représenter le pâtre de génie s'écoutant lui-même dans la grande solitude. Cette légende n'a donc rien qui dépare la figure rêveuse de Lantara, car Lantara fût un rêveur avant Jean-Jacques, ce qui prouve que Jean-Jacques n'a pas inventé la rêverie, comme on l'a sottement prétendu.

C'est sans doute pressé par cette vague inquiétude de l'esprit que Lantara vint à Paris, tout jeune encore, au beau milieu du règne de Louis XV, inconnu de tous et sans autre ressource que son talent. Malheureusement Lantara était paresseux, si l'on doit donner le nom de paresse à cette soif constante d'idéal qui le dévorait. Nous l'avons déjà dit, Lantara travaillait peu, il regardait. Lorsque, poussé par la faim, il était enfin contraint de secouer sa paresse si chère, il peignait où il se trouvait, ce qu'on lui demandait, pour n'importe quoi. C'est ainsi, dit Alexandre Lenoir qui l'a connu personnellement, « qu'il faisait volontiers un paysage pour un gâteau d'amandes, une tourte ou tout autre pâtisserie. Le limonadier Dalbot, placé près du Louvre, a obtenu une belle suite de dessins de Lantara, avec les bavaroises et le café à la crème qu'il lui donnait à ses déjeuners. » Il lui arriva souvent, dans des circonstances pressantes, de peindre des enseignes de cabaret pour acquitter la note de ses repas. De là lui est venue sa réputation d'ivrogne, aujourd'hui proverbiale, et que le vaudeville n'a pas peu contribué à lui faire. Chose triste à dire, Lantara ne fut longtemps connu que par un vaudeville joué en 1809, de Picard, Barré, Radet et Desfontaines, intitulé *Lantara ou le peintre au cabaret*. La pièce avait obtenu un grand succès et les airs en étaient devenus populaires. On peut voir dans tous les vieux vaudevilles des couplets avec cette rubrique : *Air de Lantara.* Cela suffit, et désormais, pour longtemps encore peut-être, Lantara fut et ne sera qu'un ivrogne, quoique rien ne vienne confirmer l'assertion des quatre vaudevillistes. Alexandre Lenoir dit en propres termes : « Il aimait mieux une bavaroise au chocolat ou au lait qu'une bouteille de vin. » Un autre de ses biographes va plus loin encore : « Ses goûts, dit-il, étaient simples comme ceux de l'enfance, c'était un la Fontaine dans son genre ; dès longtemps devenu faible, délicat et mélancolique, les petits gâteaux et quelques gouttes de café pouvaient seuls stimuler son appétit, et ce fut en quoi consista toujours sa principale nourriture. » Après cela, que Lantara ait aimé le vin, je n'y vois pas grand mal, bien au contraire ; il me semble même qu'un artiste comme lui, amoureux du beau et par suite du bon, deux termes identiques, devait être homme à savoir l'apprécier. D'ailleurs les rigoristes ont oublié que le cabaret était de mode dans son temps. Au dix-septième siècle les plus fins esprits le fréquentent et s'y donnent rendez-vous ; au dix-huitième la coutume est loin d'en être passée. Le vice imaginaire de Lantara a servi de prétexte à une foule de déclamations et de tirades plus ou moins morales. On a dit de lui, comme d'Hégésippe plus récemment, que l'ivrognerie l'avait réduit à la misère et conduit à l'hôpital. La médiocrité seule a trouvé son compte à propager cette calomnie.

Lantara était une organisation primitive, simple et

bonne, pleine de naïveté, qui prit de la vie le côté contemplatif, et en supporta vaillamment les aspérités. Mais le *vulgus* ne comprendra jamais les intraduisibles voluptés que l'art prodigue *à ceux qui font vœu d'être siens*. Lantara, en arrivant à Paris, était venu se loger dans un misérable galetas, situé rue du Chantre. Il avait tellement puisé, dans sa liaison familière avec la forêt de Fontainebleau des habitudes de liberté, que dans le reste de sa vie il lui fut impossible de s'asservir à toute espèce de contrainte. Son talent avait été entrevu et deviné par quelques rares personnes, sa vie excentrique les avait étonnées. Un grand seigneur, M. de Caylus, résolut de le tirer de la misère. Lantara se laissa faire naïvement. Bien logé, bien nourri, bien vêtu, il fut mis à même de se livrer au travail sans souci des préoccupations matérielles. Il ne put supporter ce bien-être inaccoutumé. Ses habitudes de *bohême*, mot qui n'était pas encore usité dans le sens que nous lui donnons aujourd'hui, reprirent le dessus ; il dit adieu au grand seigneur et revint dans son grenier de la rue du Chantre reprendre sa douce paresse et sa liberté, vivant au jour le jour, attendant son pain quotidien du Dieu qui nourrit les petits des oiseaux.

Placé volontairement en dehors de la vie officielle, il réussissait rarement à vivre de son travail. Outre sa paresse invétérée, sa grande naïveté y contribuait singulièrement, naïveté pleine de bonhomie, mais qui n'était pas exempte, cependant, d'une certaine dose de malice. Nous rapportons l'anecdote suivante, quoique bien connue, parce qu'elle met en relief un côté saillant de son caractère.

Un amateur lui avait commandé un tableau dans lequel devait se trouver une église. Lantara, qui ne savait pas dessiner les personnages, se garda bien d'en mettre un seul. L'amateur fut charmé de la fraîcheur et de la vérité du paysage, mais il se plaignit de l'absence de figures.

— Monsieur, lui répondit naïvement Lantara, elles sont à la messe.

— Eh bien! reprit l'amateur, j'achèterai le tableau quand elles en seront sorties.

Lantara se remit à l'œuvre : ne sachant comment esquiver la difficulté, il imagina de camper au fond du tableau, sur la lisière d'un bois, un villageois vu de dos, s'efforçant, dans une posture toute rabelaisienne. Ce n'était pas précisément une figure.

— Voyez, dit Lantara à son homme, toutes les personnes sont sorties de la messe et sont retournées aux champs ; la preuve, c'est que voici encore là-bas un retardataire.

L'amateur sourit et paya.

Si cette anecdote n'est pas vraie, elle constate du moins un fait authentique. Lantara ne faisait jamais ses figures. Dans les tableaux où il s'en trouve, elles sont dues à l'obligeance de quelques camarades, soit Demarne, soit Taunay. On assure même que Joseph Vernet fut heureux de lui prêter le concours de son talent.

Malheureusement les amateurs étaient rares. Lantara manquait souvent du strict nécessaire. Atteint depuis longtemps d'une maladie de langueur, il fut contraint d'entrer à la Charité, qu'il connaissait déjà, hélas! Mais ce fut la dernière visite qu'il y rendit. Entré à midi le 22 décembre 1778, à six heures il était mort.

Sa mort passa inaperçue comme sa vie. A peine était-il connu de quelques artistes. Diderot, son contemporain, ignorait jusqu'à son nom. On est presque tenté d'en vouloir à l'auteur des lettres sur le Salon, mais on lui pardonne bien vite cet oubli involontaire, quand on songe que Lantara, retiré dans ses rêveries, n'essaya jamais d'attirer le bruit sur son nom, et n'exposa rien publiquement. De plus il avait peu produit. A peine est-il resté de lui une vingtaine de toiles authentiques, qui, complétement dédaignées, se vendaient encore, il y a peu d'années, à des prix fabuleux de modicité. Le Louvre ne possède de ce maître qu'un seul tableau ; il représente un soleil couchant plein d'harmonie et de lumière. Il excellait aussi à rendre les effets de lune. Il a encore laissé un assez grand nombre de dessins sur papier bleu, avec des rehauts de crayon blanc, qui sont dispersés de ci, de là. La postérité tardive commence à rendre à Lantara la justice qui lui est due. Dans ces dernières années l'opinion s'est émue, les connaisseurs se sont mis à rechercher ses ouvrages.

Mais Lantara, dont beaucoup de gens parlent et que peu connaissent, est encore plus célèbre par son ivrognerie supposée que par son talent, tant il est difficile chez un peuple routinier comme le nôtre d'extirper un préjugé. Cependant les tableaux que Lantara donnait au limonadier Dalbot pour une bavaroise au chocolat, se vendent aujourd'hui douze cents et même quinze cents francs. La justice est boiteuse, dit Homère, elle vient à pas lents, mais elle vient.

Il n'y a que les morts qui vont vite.

AMÉDÉE ROLLAND.

LE CHASSEUR D'OMBRES

I

Je lisais, il y a peu de jours, un livre tout plein d'une majestueuse grandeur : c'est l'*Histoire des Forêts*, une histoire qui pourrait être celle de la barbarie et de la civilisation. Forêts antiques, forêts vierges, forêts alpestres, forêts maritimes, forêts du monde entier, les voilà toutes dans le livre savant dont je parle; c'est un spectacle étrange, qui vous donne des étonnements, des éblouissements et des terreurs. On s'émeut, on admire, on tremble, on s'arrête pour écouter, on a peur d'entendre, on se trouve bien faible et bien humble, on se sent disparaître dans l'immensité de ces ombrages, de cette splendide végétation, de ces masses arborescentes de tous les pays.

Par malheur, au fond de ces forêts, l'histoire, l'esprit des siècles, le souffle des idées, l'influence des événements, n'ont rien laissé de visible : la grande créature de Dieu est absente! Je suis de l'avis d'un critique spirituel, qui a écrit à propos de ce livre : « On ne fait point assez de rencontres dans ces *forêts*; rien n'y manque, sauf l'homme, l'homme qui seul peut donner une expression, de la vie et de la poésie à ces bois; l'homme, fût-il seulement sabotier, bûcheron ou charbonnier... J'ai besoin de le voir et de l'entendre. »

Si vaste ou si étroite que soit une forêt, il faut que les génies familiers de l'histoire viennent la peupler et l'*enchanter*; il faut que la voix du passé lui donne des échos; il faut que l'on y surprenne la trace de l'humanité; il faut que l'on y découvre des secrets, des trésors et des merveilles d'autrefois, à demi cachés dans la poussière, dans le feuillage et dans la poésie. Je vous demande un peu ce que signifie une grande et belle forêt, sur la terre ou dans un livre, quand on s'y promène sans pouvoir saluer un souvenir historique, sans toucher aux monuments et aux siècles, sans jamais entrevoir au fond des massifs les fantômes de la tradition, les revenants de l'histoire?

Je connais un pauvre rêveur, un savant, un poëte, qui serait bien étonné, bien confus, bien indigné, s'il lisait l'*Histoire des Forêts* que je viens de lire; il ne manquerait pas de s'écrier, en jetant au feu un pareil livre, comme s'il y jetait une branche morte, une branche stérile : « Des végétaux de toutes les sortes, des voûtes de rameaux, des graminées gigantesques, des fourrés, des taillis, des futaies, luxuriante verdure et magnifiques arbres partout!... Mais aucun mort qui ressuscite dans ces forêts; aucun brin de poussière humaine qui se soulève à votre approche; aucun fantôme qui se glisse dans le feuillage; aucune ombre qui traîne sa robe blanche à travers les gazons! Des arbres, encore des arbres, toujours des arbres!... Mais ne faut-il pas bien autre chose que des arbres pour faire une forêt? »

II

Le rêveur, et peut-être le fou dont il s'agit, se laisse vivre tout doucement dans le parc de Fontainebleau, dans une petite maison qui ressemble à une vaste bibliothèque, sur la lisière qui touche à l'église d'Avon. Fontainebleau est un séjour fort triste pour tout le monde, excepté pour lui : il s'y trouve à merveille, avec sa science, avec sa sagesse, ou plutôt avec sa folie.

Quand je dis qu'il n'a point de tristesse et qu'il se laisse vivre tout doucement, je me trompe : il pleure plus d'une fois; lorsqu'une certaine image du passé voile ses yeux mouillés de larmes, il croit entrevoir sous ses pieds un abîme qui est une tombe. C'est là une grande intelligence qui arrive à la folie, en se plaisant dans une grande douleur. Ce poëte naïf et désolé se nomme Pierre Marcou; on l'a surnommé le *Chasseur d'ombres*. J'ai là, devant moi, une lettre qu'il m'adressait, il y a peu de jours. Voici cette lettre, qui laisse deviner déjà la singulière extravagance d'un homme intelligent, et qui explique le surnom étrange qu'on lui a donné :

« Venez donc visiter, dans un jour de peine, ce coin de terre qui est si beau! Dieu lui a prêté des paysages, des décorations, des spectacles admirables; l'homme lui a prêté des souvenirs, des monuments et des chefs-d'œuvre. La poésie a chanté dans tous les temps avec l'amour, avec la gloire, avec l'infortune, avec le génie, dans ce palais, dans ce parc, dans cette forêt, dans cette immense zone de verdure, qui est un appendice historique à l'histoire de votre Paris!

« Venez donc admirer, dans un jour de désœuvrement, dans une matinée de paresse, le mystère, le bruit, le silence, la splendeur, l'obscurité, les arbres et l'herbe fraîche de ma forêt! On y peut faire les plus aimables et les plus utiles rencontres : pas plus tard qu'hier, j'ai rencontré la Poésie, qui se moquait de la *Henriade* au pied de deux chênes que l'on appelle *Henri IV* et *Sully*; j'ai rencontré l'Amour, qui batifolait dans la *mare aux Èves*; j'ai rencontré l'Histoire, qui s'asseyait gravement à la *table du roi*; j'ai rencontré la Chanson, la muse de Désaugiers, qui fredonnait en chancelant tout près de la *grande treille*; j'ai rencontré le Roman, qui demandait à la *vallée de Franchart* ses secrets les plus terribles; j'ai rencontré la Pénitence, qui pleurait sur le seuil de *l'ermitage de la Madeleine;* enfin, j'ai rencontré la Peinture, qui s'arrêtait à chaque pas, dans cette forêt féerique, pour contempler des toiles mobiles, des tableaux prodigieux, qui ont passé par le pinceau de Dieu et par la palette du soleil.

« Voici l'automne : venez vite! Voici la saison, le temps, le mois, qui conviennent le mieux à la forêt de Fontainebleau. Elle commence à perdre un peu de son orgueil, elle s'humanise, elle a déjà des feuilles mortes et des accès de mélancolie, elle se désole parfois, et l'on croirait qu'elle pleure, quoiqu'elle n'ait rien de commun avec les saules pleureurs. On y voit revenir des ombres que je connais bien, des ombres qui s'étaient enfuies pendant l'été, à cause du bruit et de la foule : elles s'y promènent de nouveau, elles glissent, elles jouent, elles dansent comme des nymphes, aux sons d'un orchestre invisible qui chante, avec les brises du soir, une belle symphonie inédite. Oui, voilà bien tous les génies familiers de la forêt, qui reparaissent au-dessus de leur grande tombe. J'ai reconnu mes glorieux fantômes, mes revenants illustres, que la lumière des étoiles couronnait d'une douce auréole! On m'appelle un *Chasseur d'ombres* en riant, en se moquant de moi peut-être, parce qu'il me plaît de guetter, d'attendre ou de poursuivre à travers la forêt ces images mystérieuses, ces apparitions charmantes, ces voyageurs qui arrivent de si loin, ces absents qui reviennent de la mort, ces vivants d'autrefois qui sortent un instant de leur tombeau et de leur histoire! Venez vite; nous chasserons ensemble... La chasse aux ombres! Je trouverai peut-être le fantôme que je cherche et que j'appelle en pleurant; je ne vous l'ai pas dit encore... Mais voilà deux ans que je me désole à l'attendre! Il y a donc des ingrats et des infidèles dans la mort comme dans la vie! »

III

Pierre Marcou ne se sentait pas de joie, un soir de la semaine dernière, en me recevant dans sa jolie maisonnette, en me montrant ses livres, ses médailles, ses reliques, ses tableaux, ses meubles, sa servante et son lévrier. Il semblait bien heureux d'une visite qui flattait sa faiblesse. Il me remerciait à chaque instant d'avoir accepté son invitation, d'avoir donné au *Chasseur d'ombres* un compagnon crédule, qui daignait chasser avec lui.

Le temps était superbe, ce soir-là, pour la chasse aux ombres : un ciel doucement éclairé; des nuages qui voilaient parfois les étoiles, pour leur prêter un peu de mystère; des vapeurs légères, transparentes, qui passaient et s'agitaient dans toute la forêt; une solitude attristante, presque terrible, et qui avait un charme secret; un silence qui donnait des rêves à l'imagination; de loin à loin, un murmure d'oiseaux qui n'avaient plus la force de chanter, pour avoir trop aimé pendant le jour; çà et là, des caquetages d'arbres encore tout verts, qui se moquaient des feuilles jaunes de leurs voisins; dans les massifs, à travers la découpure du feuillage, des clartés capricieuses, qui ne faisaient que paraître et disparaître, comme si une puissance invisible avait voulu improviser des variations de lumière sur un rayon de la lune.

A sept heures, au seuil même de la forêt, Pierre Marcou me dit tout bas en ôtant son chapeau :

— Voici une ombre!

J'essayai de faire l'esprit fort et de railler; je voulus rire... et, chose étrange! je devins sérieux tout de suite; je me laissai gagner par cette folie qui m'invitait gravement à devenir fou : à mon tour, j'ôtai mon chapeau, et je saluai.

— Quelle est cette ombre? demandai-je à Pierre Marcou.

— Une femme spirituelle, me répondit-il en marchant; une belle vieille dame, qui se nommait mademoiselle Thévenin. Elle passa plus de vingt ans à Fontainebleau; elle y mourut l'an dernier. Depuis sa mort, je la rencontre ce soir pour la première fois; elle s'ennuie déjà dans l'autre monde! Mademoiselle Thévenin nous a laissé le souvenir d'une vie brillante, incertaine et romanesque; elle personnifiait avec beaucoup d'agrément une variété galante de cette jolie famille que l'on pourrait appeler les *éphémères*. Elle était, par une équivoque alliance, la belle cousine de Sophie Arnould et de Guimard, ces terribles Danaïdes qui jetaient à pleines mains l'or, l'argent, l'esprit et le cœur dans des gouffres insatiables, dans le luxe, dans le caprice, dans le plaisir et dans l'orgueil!

IV

— Mademoiselle Thévenin n'est pas seule... J'aperçois l'ombre de son ombre... un fantôme désolé qui se souvient encore d'avoir été un amant malheureux. Ce pauvre amant, trahi et toujours fidèle, s'était réfugié à Fontainebleau, dans une grande résidence de la rue de Ferrare; il était riche, millionnaire, et il vivait avec une servante dans une vaste et mystérieuse solitude. Il vit s'effondrer, sans sourciller, les étages de la maison qu'il habitait, et qui avait commencé par ressembler autrefois à une élégante et galante demeure. Il sciait chaque jour les plus beaux ormes de ses vastes jardins. Il jetait de la cendre sur les allées de son parc. Il voulait s'ensevelir tout vivant dans une véritable thébaïde. Quand il sortait de son désert, ce n'était jamais que pour aller au tribunal; ces jours-là, il disait à sa vieille servante : « Je vais entendre les hommes se lamenter, se disputer et s'insulter pour quelques sous; je vais renouveler ma petite provision de mépris et de haine contre les peuples civilisés ! »

Quand on est riche, opulent, millionnaire, instruit, spirituel, on ne se condamne à vivre ainsi tout seul, misérablement, que parce que l'on n'a point réussi peut-être à vivre *deux*; l'avarice elle-même est quelquefois une généreuse passion rentrée.

Pendant plus de quarante ans, le malheureux original dont je parle ne cessa point un seul jour de lire et de commenter, sans doute pour la plus grande tristesse de son cœur qui savait se tourmenter, le *Misanthrope* de Molière; il écrivait souvent des commentaires, avec de l'encre rouge, sur les marges d'une superbe édition de cette comédie, et parfois il montrait

à sa servante la couleur de son encre, en s'écriant :
« Voilà mon sang ! »

Il m'est arrivé d'ouvrir et de feuilleter ce livre, cette brochure ; j'y ai trouvé des observations qui trahissent un cœur blessé, un cœur qui saigne encore en se souvenant, à l'ombre et dans le silence. Assurément, c'est un amour bien malheureux, bien désolé, qui a écrit les phrases suivantes sur les marges d'un exemplaire du *Misanthrope* :

« Le plus grand homme de ce monde ne pèse pas autant qu'une dentelle dans la main d'une femme.

« Les robes nouvelles d'une coquette sont les échantillons de son indifférence.

« Il y a des femmes qui poussent la coquetterie jusqu'à ne point aimer l'amour qu'elles nous inspirent ; elles dédaignent leur propre ouvrage.

« C'est surtout avec les femmes que la pauvreté est un vice ; je suis devenu riche trop tard.

« Les femmes ont quelquefois des larmes qui ne sont seulement pas salées ; on ne sait point où elles prennent ces larmes factices.

« Aux yeux de bien des femmes, les absents sont des morts qui peuvent revenir ; quand ils reviennent, elles leur en veulent beaucoup d'être revenus.

« J'ai connu un homme courageux, résolu, plein de force et d'esprit, qui avait une faiblesse bien singulière, une faiblesse qui touche terriblement à la niaiserie, à la lâcheté. Quand il souffrait, quand il se sentait malade, il attachait autour de son cou, en guise d'écharpe, un mouchoir bleu qui lui rappelait un amour d'autrefois; en voyant et en touchant ce mouchoir, il se souvenait, bon gré, mal gré, de la femme qu'il avait aimée, et il lui semblait que ce souvenir devait porter bonheur à sa santé! Triste! triste! triste!

« Est-ce qu'il n'y a point, çà et là, quelques niais, quelques misérables, quelques sublimes imbéciles, qui ont porté secrètement des amulettes d'amour entre leur peau et leur chemise?... Demandez à ces idiots si le talisman les a défendus contre la femme qui le leur avait donné?...

« Quand un homme amoureux s'avise de pleurer, ses larmes commencent par plaire à la femme qui le désole : on les prend pour une flatterie, on les accepte comme un éloge; si de pareilles larmes coulent trop souvent, elles déplaisent, elles finissent par inspirer de l'horreur à la femme qui les fait couler; elles ne sont plus qu'un reproche, — qu'elle a sans doute mérité.

« Il y a des hommes amoureux et obstinés qui attendent, toute leur vie, le retour du cœur d'une femme. Quelle plaisante et misérable histoire que celle de ces pauvres amants dédaignés, qui attendent un cœur en voyage! Alceste a dû attendre fort longtemps, dans son *endroit écarté*, le cœur de Célimène; l'*endroit écarté* d'Alceste était sans doute le creux d'un orme.

« Après tout, pourquoi donc imiter Alceste? Pourquoi donc haïr tout le monde, sous le prétexte de bien aimer une seule personne? Alceste est vraiment trop bon : il passe sa vie à lutter contre la ruse et le mensonge; il s'oublie, et il oublie tout, devant la beauté; il ne songe qu'à triompher de l'esprit à force de cœur; il se met en colère contre le sonnet à Philis; il s'amuse à gronder, à sermonner, à maudire une pécheresse incorrigible; au lieu de vivre, il a aimé! Il faut peut-être lui pardonner : il s'agite, mais c'est un dieu caché qui le mène, — un dieu qui a deux petites ailes empoisonnées. Décidément, il faut ressembler à Philinte, un homme poli, froid, dur et brillant comme le marbre. »

Dans les petits commentaires dont il s'agit, le misanthrope de la rue de Ferrare paraît beaucoup se préoccuper de la fin probable de Célimène; il se demande souvent comment a pu finir la coquetterie de cette femme, et il se répond à lui-même dans ces mots qu'il a écrits sur le dernier feuillet de la comédie : « Célimène a fini par épouser cet horrible Philinte, après la mort d'Éliante. »

La Célimène de ce pauvre philosophe, de ce commentateur sentimental, était mademoiselle Thévenin, et il adorait sa Célimène! Oh! gouffre du cœur humain, qui n'est peut-être qu'un ruisseau!

Chose étrange, — mademoiselle Thévenin, aux premiers jours, aux premiers soirs de la vieillesse, se réfugia précisément dans un hôtel de la rue de Ferrare, tout près de ces mystérieuses masures habitées par un homme qui l'avait autrefois adorée! Alceste et Célimène se promenaient sans le savoir dans la même rue, presque dans les mêmes jardins, l'un maudissant toujours le passé, l'autre lui souriant encore !

Un mur chancelant, une tenture de charmille déchirée, séparaient le bourreau et la victime, la coquetterie et la passion du temps passé : si la passion avait frappé sur le mur avec le bout de sa canne, si la coquetterie avait frappé sur le rideau de verdure avec le bout de son éventail, — quelle surprise, quelle honte, quelle tristesse, et sans doute quelle joie secrète, de se retrouver ainsi, bon gré, mal gré, aux rayons du soleil couchant! Que de reproches, de confidences, de questions, de plaintes, de soupirs! Mademoiselle Thévenin aurait bien ri, peut-être, en voyant pleurer ce revenant, ce fantôme de sa jeunesse; mais j'imagine que la coquetterie repentante aurait fini par prêter son plus beau mouchoir de dentelle à la passion, au regret, à la jalousie, pour essuyer les dernières larmes d'un vieillard.

Le vieux misanthrope et la vieille coquette moururent l'an dernier, presque en même temps, le même jour : le fantôme d'Alceste poursuit l'ombre de Célimène !

V

Pierre Marcou m'entraîna par la main, avec une façon de mystère, à petits pas, en s'arrêtant parfois pour écouter, jusque dans une clairière où se trouve l'église d'Avon. Il se cacha derrière un grand arbre qui couronne le porche de l'église : sa main tremblait dans la mienne; il s'agitait, il s'impatientait, en regardant tour à tour le ciel et la terre; le *Chasseur d'ombres* se tenait à l'affût, et il attendait avec une secrète inquiétude quelque bel oiseau de la mort, un fantôme trop attendu! Je lui dis à voix basse, en souriant :

— Vous ne voyez rien, vous ne voyez personne?

— Je l'attends depuis deux ans! s'écria Marcou en continuant de regarder autour de lui avec de grands yeux effarés; elle se plaît donc beaucoup là-bas, loin de moi, dans le silence, dans la poussière, dans la terre, dans la nuit?

— De qui parlez-vous donc?

— Vous le savez bien!... je parle de ma fille! Elle m'avait pourtant promis de revenir... Mais, que voulez-vous? une fille de quinze ans!... Cet âge est sans mémoire et sans pitié pour les pauvres pères! Tout le monde l'adorait dans ce bon pays; eh bien, elle a oublié tout le monde Je vais vous dire combien elle était adorée. Un soir elle tomba malade dans ma maison de Fontainebleau : le lendemain, des amitiés et des mains inconnues vinrent jeter sous les fenêtres de ma fille une immense jonchée fleurie, pour abriter son oreille contre le bruit des voitures et des passants; et, tant que dura le mal, tant que dura la vie, la jonchée fleurie fut renouvelée chaque jour ! En pareil cas, chez les riches, on répand, à grands frais, une vilaine litière de paille; ma fille, la fille d'un homme de rien, avait chaque matin, sous sa croisée, des gerbes éblouissantes, des tombereaux de gazon et de fleurs !...

> Et quand mon enfant fut morte,
> Un prêtre, au seuil de la porte,
> Jeta de l'encens au feu ;
> Et les anges, de leurs ailes,
> Sur des palmes immortelles,
> Portèrent son âme à Dieu !

Je laissai Pierre Marcou se souvenir et s'attendrir avec un chagrin mêlé d'orgueil. La chasse aux ombres dura trois heures, et il ne m'arriva plus une seule fois de sourire.

— Emmenez-moi !... emmenez-moi ! reprit Marcou en me tendant les deux mains, en ayant presque l'air de me supplier ; je vois rôder autour de l'église une ombre indiscrète, un fantôme fâcheux, qui m'interpelle tous les soirs en riant à l'heure où je viens attendre ma fille. Cette ombre est incorrigible ; elle joue, elle s'amuse, elle rit toujours, absolument comme si elle était encore la fille du Régent !

— La comtesse d'Egmont peut-être ?

— Non... la duchesse de Charollais. Elle se souvient d'avoir fait ses premières dévotions à Fontainebleau : elle quitte volontiers son ancienne abbaye de Chelles pour venir folâtrer dans cette forêt. Elle fut, à coup sûr, l'abbesse la plus singulière de France et de Navarre : une abbesse jeune, jolie, originale, audacieuse, qui raffole de la musique et de la danse, qui adore les chiens et les chevaux, qui tire des feux d'artifice en plein couvent, qui joue aux bergeries de trumeau avec des danseuses de l'Opéra, qui chasse à pied et à cheval dans tous les bois du voisinage, et qui réveille ses religieuses à coups de pistolet !

— Avouez du moins que voilà une abbesse dont la figure, le caractère et l'esprit ne vont pas trop mal au monde un peu hasardé de la Régence ?

— Taisez-vous... J'aperçois Christine de Suède ! Quoiqu'elle ait une grande tache de sang à sa robe, je la préfère presque à la duchesse de Charollais ! Christine souilla la majesté d'une résidence royale, en faisant assassiner son écuyer dans le palais de Fontainebleau, au fond de la *galerie des cerfs*. Mazarin osa reprocher cette mort, cet assassinat, à la reine de Suède, qui se contenta de lui répondre en le traitant de faquin, de *faquin illustrissime !* Elle m'est apparue bien souvent dans la forêt : elle rôde autour d'un tombeau ; comme elle se croit seule devant Dieu, elle s'agenouille sans orgueil, et je crois qu'elle prie sans colère! Mais elle a beau prier... il lui arrive de se souvenir, avec une joie féroce, du crime horrible qu'elle a commis. Je l'ai surprise plus d'une fois dépliant une petite feuille de papier, et lisant à haute voix sa fameuse lettre à Mazarin, une lettre qui commençait ainsi :

« Apprenez, tous tant que vous êtes, valets et maîtres, petits et grands, qu'il m'a plu de tuer un homme. Je ne dois aucun compte de mes actions à des fanfarons de votre sorte. Christine se soucie fort peu de votre cour, et encore moins de vous. Mon honneur l'a voulu : je me suis vengée. Ma volonté est une loi; vous taire est votre devoir. Bien des gens, que je n'estime pas mieux que vous, feraient très-bien d'apprendre ce qu'ils me doivent avant de faire tant de bruit pour *rien!* »

— N'avez-vous jamais rencontré l'ombre de Monaldeschi, l'amant de Christine?

— Je la rencontre quelquefois dans les massifs d'Avon, tout près de l'église; elle se cache de son mieux : elle a peur du fantôme de la reine! Au moindre bruit dans le feuillage, Monaldeschi se réfugie dans la petite chapelle qui lui sert de tombeau.

En ce moment, les arbres s'agitèrent autour de nous; il me sembla que l'on sautillait sur les feuilles mortes; je crus entendre je ne sais quels murmures, des sons confus et doux, étranges et mélodieux; on parlait à voix basse, ou plutôt on chantait du bout des lèvres, et je m'imaginai que ce pouvait être le chant ordinaire des fantômes. Pierre Marcou entendait comme moi, sans doute, cette agitation, ce sautillement, ces mélodies, ces demi-mots, ces demi-soupirs, ces demi-notes, ces murmures, qui babillaient et fredonnaient à la fois. Il me dit, en secouant avec sa canne les branches d'un arbre :

— Ce ne sont que des fées qui jouent avec les nymphes; allons plus loin !

Les fées invisibles de Fontainebleau me rappelèrent le livre dont je parlais il y a un instant; j'essayai de flatter l'imagination poétique du *Chasseur d'ombres* avec un peu de mémoire et de science.

— Vous avez peut-être raison, lui répondis-je, il y a des fées dans toutes les forêts : « Raymondin rencontra Mélusine dans celle du Colombier, en Poitou; c'est dans celle de Léon, en Bretagne, que Gugemer trouva la fée qui joue un si grand rôle dans sa mystérieuse aventure; c'est dans une autre forêt que Graelent vit la fée qui l'enleva de son séjour d'Avallon ; on connaît les féeries de la forêt de Brecheliande, où résidait l'enchanteur Merlin; en Lorraine, un petit bois porte le nom de *Haie des Fées*; la *Roche aux Fées* se trouvait jadis dans la forêt du Teil; c'est au pied des arbres que les fées aiment surtout à se montrer. »

Pierre Marcou me remercia par un sourire qui avait

de la joie et de l'étonnement; ma crédule science l'avait étonné, sans doute, et ravi. Après les fées, les ombres arrivèrent en foule autour de nous.

VI

— Qui donc saluez-vous avec tant de respect autour de la table du roi?

— Vous le voyez bien!... Je salue ce gracieux cortége de fantômes, ces ombres qui se préparent à s'asseoir sur l'herbe pour y parler encore de leur pouvoir, de leur noblesse, de leur courage, de leur génie et de leur beauté d'autrefois; c'est la cour tout entière de François I*er*! Voilà d'abord le roi chevalier, et puis le connétable de Montmorency, le marquis de Mantoue, la duchesse d'Angoulême, Léonard de Vinci, Éléonore d'Autriche, madame de Chateaubriand, Clément Marot, Marguerite de Navarre, le Primatice, la duchesse d'Étampes, Diane de Poitiers, et bien d'autres illustres représentants de ce beau seizième siècle qui laissait voir, à ses horizons, Léon X et Luther, Henri VIII et Philippe II, François I*er* et Charles-Quint!

— Il me semble que Charles-Quint est un grand

souverain du palais de Fontainebleau? Son ombre devrait être là, parmi les fantômes de la cour de François Ier!

— Ouvrez donc les yeux, et regardez! Il n'est point difficile de reconnaître celui qui faisait dire aux peuples de son vaste empire : « *Au moindre de ses mouvements, la terre tremble!* » L'ancien empereur et roi porte encore aujourd'hui son dernier vêtement de la vie, une robe de moine! Quand il se croit bien seul dans la forêt, il se souvient de ses travaux monastiques, et il continue à fabriquer de petites horloges; ces horloges, qui vont toujours mal, lui rappellent le divin horloger de ce monde qui marche toujours, et alors il s'incline, il se prosterne, il s'humilie! En ce moment, le souverain oublie le moine : il fait de l'esprit, de la politique et de la galanterie avec la duchesse d'Étampes. J'imagine qu'il recommence à remercier la belle duchesse du service que ses beaux yeux daignèrent lui rendre, à la cour de François Ier, dans le palais de Fontainebleau. Vous savez que, sans madame d'Étampes, c'en était fait peut-être de ce colosse impérial, qui pesait sur l'Espagne et sur l'Allemagne, en écartant ses pieds par-dessus la France! Un diamant tomba du doigt de l'empereur aux pieds de la duchesse, et Charles-Quint s'en alla combattre dans les Flandres, en se moquant de la faiblesse du roi. Mais laissons là les rois, les empereurs et les duchesses; occupons-nous de cet homme... de cette ombre qui se donne la peine de raisonner avec Triboulet. Peintre, architecte, sculpteur tout à la fois, il fut le véritable créateur du palais de Fontainebleau !

— Le Primatice ?

— François Ier a besoin d'un grand artiste, d'un artiste qui n'ait point de rivaux à redouter dans ce siècle des grandes choses de l'art, et le Primatice arrive en France pour y improviser des tours de force, des merveilles, des chefs-d'œuvre, tout un monde rempli de lumière, de mouvement, d'invention, de hardiesse, de grâce, de vigueur, de noblesse, de génie ! Que vous dirai-je de cette tâche immense, si courageusement entreprise et si noblement achevée ? Les portes du palais vous sont ouvertes : vous y trouverez à chaque pas, à chaque regard, des statues, des meubles, des ornements, des tableaux, des mosaïques, des plafonds chargés d'or et de couleur, des fantaisies merveilleuses, des odyssées en peinture, des fables racontées par un pinceau, toutes les magnificences tombées de l'esprit et de la main du Primatice ! Ainsi métamorphosés par une collaboration glorieuse, par le génie et la royauté, les *Déserts* de Louis IX abritèrent pendant une belle partie du siècle de François Ier toutes les grandeurs qui régnaient en France et en Europe, les princes puissants, les soldats héroïques, les artistes célèbres, les savants illustres, les poëtes heureux et les femmes d'élite ! Je viens de nommer Louis IX : eh bien ! marchons encore..... nous irons saluer l'ombre du roi saint Louis au pied d'une petite colline que l'on appelle la *Roche qui pleure*.

VII

L'ombre de saint Louis se fit attendre. Pierre Marcou ne trouva rien de mieux à faire, en attendant la venue du royal fantôme, que de me raconter l'histoire d'une apparition et d'un miracle. Il commença par me dire et par me jurer que son histoire était vraiment historique ; il prit la peine de me citer textuellement deux ou trois pages d'un vieux livre qui n'a jamais été imprimé.

— Un jour de l'année 1239, Louis IX se promenait au bras de son fils dans cette forêt, qui n'était pas encore percée pour la chasse. Il voulut se reposer un instant ; il alla s'asseoir au pied d'une petite montagne, autour de laquelle il n'y avait que de la désolation et du silence. Il eut peur de ce coin de terre, dédaigné par les hommes, oublié par Dieu ; il se releva bien vite, et au même instant il crut entendre le bruit d'une goutte d'eau qui tombait sur le sable : il tourna les yeux vers le sommet de la montagne, et il aperçut un homme, un homme qui pleurait en chancelant. Une voix terrible, formidable, cria soudain à cet homme désolé, à ce voyageur épuisé : « *Marche! marche!* »

— Était-ce donc le Juif errant? le Juif errant à Fontainebleau!...

— Le Juif du Calvaire marcha et disparut; alors, par un enchantement céleste, le rocher qu'il avait mouillé de ses pleurs laissa tomber une goutte d'eau qui devait être éternelle, une larme que l'on peut voir se détacher encore du sommet de la *Roche qui pleure*. Après une pareille rencontre et un pareil miracle, Louis IX se hâta de purifier la résidence d'un roi chrétien, en y fondant un hôpital et deux chapelles. Il daigna visiter avec toute sa cour la *Roche qui pleure* : il s'agenouilla; il écouta longtemps le bruit de cette goutte d'eau, qui était, pour son indulgence, une larme tombée des yeux d'un coupable; il pria pour l'homme maudit en songeant que le pécheur qui avait pleuré s'était repenti. C'est peut-être le souvenir de ce prodige, de cette goutte d'eau, de cette larme, qui attire plus d'une fois l'ombre du roi saint Louis dans la solitude de ses *Déserts*.

Pierre Marcou poussa un cri de joie, à demi étouffé par un secret sentiment de respect; il frappa légèrement sur mon épaule, et il me dit en me montrant du doigt la colline merveilleuse, le rocher du Juif errant :

— Vous jouez de bonheur... J'aperçois le fantôme de Louis IX! Et, pour que rien ne manque à votre bonne fortune, saint Louis n'est pas seul : je reconnais, auprès du pieux monarque, des ombres qui n'ont pas la coutume de lui faire cortége, des hôtes du palais de Fontainebleau, des souverains qui ne personnifient pas précisément dans l'histoire la dévotion, la piété, l'enthousiasme religieux : Henri IV, Louis XIII, le cardinal de Richelieu, Louis XIV et Louis XV; suivez mon regard et ma main... les voyez-vous?...

— Je les vois, et même je les entends! Saint Louis murmure une prière pour le triomphe de la religion. Henri IV se rappelle tout haut sa dernière entrevue avec le duc de Biron, un serviteur équivoque dont il fit abattre la tête ; le cinquième acte du drame se joua presque tout entier dans le palais de Fontainebleau ; le bourreau ne frappa le traître que dans l'enceinte de la Bastille. Louis XIII se raconte à lui-même, assez tristement, le front incliné, avec un sourire mélancolique, une brillante cérémonie qui eut lieu dans cette résidence royale : la création de quarante-neuf chevaliers de l'ordre du Saint-Esprit. Le cardinal de Richelieu improvise un cruel chapitre d'histoire, une impitoyable scène de comédie, sur les incidents comiques et sérieux de sa fameuse *journée des dupes*. Louis XIV se fait assez modeste pour se vanter d'avoir donné au palais de François Ier un appartement composé de cinq pièces, et tout rempli de ces petites merveilles que l'on appelle des meubles de Boule. Cet appartement était la profane retraite de madame de Maintenon. Enfin, le roi bien-aimé, Louis XV, oublie le *Parc-aux-Cerfs*, pour se souvenir d'avoir épousé à Fontainebleau Marie Leczinska, la fille de Stanislas, roi de Pologne.

— C'est bien ! me répondit sévèrement Pierre Marcou ; mais vous n'avez point parlé, ce me semble, à propos de Richelieu, d'une sombre apparition que fit un jour ce ministre dans la forêt de Fontainebleau. La forêt vit passer, en 1642, une espèce de chambre mobile, une immense litière portée par dix-huit gardes du corps. Cette chambre contenait un lit, une table, une chaise, un médecin et un ministre ; le médecin était assis, le ministre était couché : ce ministre n'était rien moins que le cardinal de Richelieu, qui s'en allait mourir à Paris.

Je m'inclinai, pour rendre hommage à la science historique de Pierre Marcou ; le *Chasseur d'ombres* oublia ma faute : il se reprit à me sourire. et la chasse continua.

VIII

— Marchez doucement, sur la pointe des pieds, me dit Pierre Marcou ; ne troublez point... n'effrayez point ce joli fantôme qui joue là-bas, devant nous, au milieu du sentier : c'est l'ombre d'une belle enfant que la mort a rendue raisonnable; elle était folle dans la vie! Quand elle m'aperçoit, le soir, dans la forêt, elle se cache, elle s'enfuit... Elle a honte de sa folie, la plus singulière et la plus poétique folie de ce monde!

— Comment se nommait cette folle?

— Elle se nommait Jeanne; elle était notre voisine dans le village d'Avon; elle avait seize ans tout au plus; au temps où elle avait encore sa raison, elle adorait ma fille.

— Puisqu'elle adorait votre fille, parlez-moi de Jeanne...

— C'est toute une histoire; la voici bien simplement. Le premier peut-être dans le pays, je devinai la folie de Jeanne, une folie qui commença par être calme, chaste, réservée, sentimentale, presque muette, comme la mélancolie. Jeanne ne comptait plus dans la grande famille de ce monde; elle n'était encore une créature humaine que pour les yeux et le cœur de sa mère. Les paysans se moquaient de Jeanne. Le chien du logis la regardait avec dédain. Les oiseaux eux-mêmes venaient la braver : ils avaient la confiante audace de se poser sur sa tête, avec un petit ramage de mépris.

On consulta un médecin célèbre; le savant recommanda trois remèdes fort innocents, les seuls qui réussissent parfois en pareil cas : le temps, le grand air et la liberté. On permit donc à la folle de courir dans la forêt, de sourire, de se taire et de pleurer.

On espérait beaucoup, pour la jeune malade, de la douceur, de l'influence du printemps qui se faisait bien attendre; le printemps fut de retour enfin, et la folie de Jeanne prit tout à coup un caractère nouveau : au lieu de sourire, la folle se mit à rire tout à fait; au lieu de se taire, elle se mit à babiller bien ou mal avec tout le monde; au lieu de négliger sa parure, elle demanda chaque jour ses belles hardes du dimanche; elle s'endimancha de son mieux; elle devint coquette : sa coquetterie était presque raisonnable.

Un soir, elle dit à sa mère :

— J'ai vu le soleil !

Sa mère lui répondit en l'embrassant :

— Hélas ! Jeanne, le soleil s'est montré aujourd'hui assez beau, assez éclatant, pour que chacun ait pu le voir et l'admirer !

— Oui, répliqua la folle... mais je l'ai vu de près, comme je vous vois en ce moment... et il m'a parlé !

— Et qu'a-t-il daigné te dire, ma pauvre fille?

— Il m'a dit qu'il m'aimait... il m'a promis de se marier avec moi !

— A quand la noce, Jeanne?

— Dès que ma corbeille de mariée sera faite... Et c'est le printemps qui la fera !

N'était-ce point là une ravissante folle? Il semblait à Jeanne que le radieux fiancé, l'éblouissant époux rêvé par sa folie, avait commandé à la nature entière l'écrin magnifique et les superbes présents de la mariée;

elle se plaisait à regarder tous les biens de la terre, toutes les beautés du ciel, tous les trésors naturels de ce monde, comme une richesse qui devait lui appartenir : à ses yeux, le printemps était un artiste admirable, un magicien infaillible, que le soleil avait chargé de lui fournir une merveilleuse corbeille de mariage!

Une pareille hallucination, qui me paraît, à vrai dire, une extravagance bien douce et bien consolante, servit à rendre Jeanne un peu plus folle, mais aussi un peu plus heureuse. Elle vivait joyeusement, orgueilleusement, dans l'attente de ce qu'elle appelait, comme toutes les demoiselles à marier, le plus beau jour de la vie; elle rêvait délicieusement de son amour, de son bonheur, de sa puissance, de son futur époux qui était encore occupé dans le ciel.

La folie de Jeanne avait des caprices charmants, des traits de caractère incroyables. Quand elle avait ramassé le matin de l'herbe, des fleurs, de petites branches, — c'était le soleil qui lui avait envoyé un bouquet; lorsqu'elle entendait le chant des oiseaux, — c'était le soleil qui lui faisait donner une sérénade; si un rayon de lumière pénétrait dans sa petite chambre à travers les rideaux, — c'était le soleil qui lui adressait un regard et une caresse! Un jour, de grand matin, on trouva cette bienheureuse Jeanne, qui posait sa jolie bouche sur des fleurs encore mouillées de rosée; on l'interrogea : elle répondit qu'elle recueillait les larmes du soleil..... Le soleil venait de la quitter, en pleurant, pour aller éclairer le monde! Si le soleil l'avait écoutée, le monde n'aurait pas vu clair, ce jour-là.

Jeanne, qui était l'amoureuse bien-aimée du soleil, imagina, sans le vouloir, sans le savoir, de célébrer son bonheur, ses espérances, son avenir et son amour; elle procéda à la façon des simples amoureux d'ici-bas, des poëtes sensibles de la terre, et, un jour qu'elle se croyait seule dans sa chambre, au coucher du soleil, elle se prit à chanter les paroles suivantes sur un air qui avait quelque chose de vraiment céleste :

>Moi, la pauvre délaissée,
>Que le monde a repoussée,
>Oui, je suis la fiancée
>Du soleil qui m'aime tant!
>Chaque rayon de lumière,
>Qui vient du ciel à la terre,
>M'apporte avec du mystère
>Un baiser de mon amant!
>Chaque feuille, chaque rose,
>Chaque fleur nouvelle, éclose
>Sous les caresses du jour,
>Jusqu'au papillon qui vole,
>Tout est pour moi sa parole,
>Son regard et son amour!

>Et je m'endors, encensée
>Par Dieu même, et sa pensée

Me berce jusqu'au réveil...
Car me voilà fiancée,
Oui, fiancée au soleil !

Quand la nuit est moins profonde,
Il me quitte pour le monde
Qu'il réveille et qu'il inonde
A grands flots d'or éclatant !
Et moi, la bouche posée
Sur les fleurs de ma croisée,
Je cueille et bois la rosée...
Pleurs qu'il verse en me quittant !
Et de sa part, pour me plaire,
Les oiseaux viennent me faire
Des chants qui ne cessent pas,
Jusqu'au soir où dans ma couche
Le soleil revient, se couche,
M'embrasse et dort dans mes bras !

Et puis, je rêve, encensée
Par Dieu même, et sa pensée
Me berce jusqu'au réveil..
Car me voilà fiancée,
Oui, fiancée au soleil !

Jeanne mourut avec toute sa belle folie, en souriant à son *fiancé*, dans un jardin, sur un véritable lit de fleurs ; elle mourut bien fière et bien heureuse, les yeux fixés sur le soleil couchant, qui venait, disait-elle, à sa rencontre!

Au moment où ma fille lui ferma les yeux, il n'y avait plus de soleil. Un petit enfant, qui connaissait la folie de Jeanne, se prit à dire en regardant la morte : « Les voilà mariés..... Ils sont ensemble! »

IX

« Tenez, me dit le *Chasseur d'ombres*, voici une autre belle folie d'amour..... Regardez bien ce fantôme qui joue avec un couteau ensanglanté!..... Il a beau essuyer ce couteau avec sa bouche..... le sang reparaît toujours! Ce petit malheureux a commis un grand crime, un crime abominable..... Mais, vous le dirai-je bien bas?..... je ne peux m'empêcher de lui sourire et de lui pardonner..... presque! L'histoire de Maclou Gérard est romanesque, poétique et touchante; je m'en vais vous la raconter. Oh! oh! il me salue encore comme tous les soirs!..... Je lui rends son salut, parce qu'il a aimé!.....

« Ce Maclou Gérard, reprit le *Chasseur*, n'était qu'un simple villageois; mais ce villageois n'avait pas toujours vécu dans la petite ferme de son père : rien en lui n'appartenait aux coutumes, à l'ignorance, à la grossièreté du village.

« A l'âge de dix ans, Maclou Gérard fut installé dans l'opulente demeure d'un homme très-charitable, dans le château de M. de Laborde, un des plus riches propriétaires du département. D'abord, le protecteur résolut de faire de son petit protégé une créature utile et fidèle, un de ces hommes de confiance qui s'attachent pour toujours aux intérêts et aux affections d'une famille, un de ces domestiques si rares, si précieux, qui naissent, qui vivent et qui meurent dans l'intimité officieuse, dans la servitude paternelle du logis; un peu plus tard, l'excellent M. de Laborde eut pitié de cet enfant qu'il aimait déjà d'une douce affection, d'une tendresse véritable, et il se promit, la main sur le cœur, de laisser tomber sur son avenir les bienfaits de l'éducation, de l'intelligence mondaine et de la fortune.

« Maclou Gérard devint l'enfant gâté de la maison, c'est-à-dire un grand personnage qui marchait avec orgueil, en commandant à tout le monde, bras dessus, bras dessous avec mademoiselle de Laborde, la jolie fille de son bienfaiteur.

« Mademoiselle Marie de Laborde avait justement le même âge que Maclou Gérard; ils furent élevés ensemble dans le château, avec les mêmes soins, sous la surveillance des mêmes maîtres, et ils s'aimèrent tout de suite comme un frère et une sœur, en attendant le jour de leur majorité amoureuse.

« A seize ans, mademoiselle Marie de Laborde était une personne charmante, et Maclou Gérard était, sans contredit, un jeune homme plein d'esprit, un jeune homme vraiment distingué : le paysan avait cédé la place à un fils de famille bien élevé ; Maclou savait parler le grec et le latin beaucoup mieux que le curé du village lui-même ; il connaissait la peinture et la musique ; il dansait aussi bien que danseur du monde, et il tournait les vers badins à la manière des poëtes d'autrefois.

« M. de Laborde devina, un peu tard, la faute qu'il avait commise en élevant si haut un pauvre diable, et il essaya de réparer sa sottise avec une sottise nouvelle, qui avait quelque chose d'étrange et de passablement odieux... — L'amour mutuel des deux enfants n'était plus un mystère pour personne ; déjà les commères donnaient à mademoiselle Marie le nom et le titre de madame Maclou Gérard ; le magister, le médecin, le bedeau, le percepteur, tous les esprits forts de l'endroit, s'amusaient à marier, de confiance et par anticipation, la fille d'un opulent propriétaire avec le fils d'un misérable fermier ; hélas ! ces bonnes gens allaient trop vite : leurs secrètes pensées, leurs sympathies, leurs espérances, avaient compté sans la fortune, sans l'injustice et sans l'orgueil de M. de Laborde !

« Au lieu de sourire et de tendre la main à son élève, à son ami, à son protégé, M. de Laborde se prit à crier, à jurer, à tempêter contre Maclou Gérard ; il lui rappela son humble origine, son installation au château, son enfance, son éducation gratuite, et il osa lui reprocher son ingratitude. De l'ingratitude ! mon Dieu !... parce qu'il rendait hommage à la beauté, à la sagesse et au mérite d'une jolie fille de seize ans ! Enfin, M. de Laborde insulta Maclou Gérard comme l'on insulte d'ordinaire un faquin ou un vagabond, et puis il le chassa du logis comme l'on chasse un valet insolent ou un serviteur infidèle !

« Ce n'est pas tout ; M. de Laborde lui imposa les conditions suivantes, que Maclou Gérard accepta sans protester, sans murmurer, sans avoir le courage de se plaindre :

« — Monsieur, lui dit le maître impérieux, vous irez habiter, dès ce soir, la nouvelle ferme que je donne à votre père, bien loin d'ici, à trois grandes lieues du château.

« — Oui ! répondit aussitôt le malheureux Maclou Gérard.

« — Vous ne chercherez jamais à revoir ma fille.

« — Jamais.

« — Vous ne remettrez jamais le pied dans ce village.

« — Jamais.

« — J'exige plus encore de votre repentir et de votre soumission...

« — Vous plaît-il que je meure ?

« — Non, vous vivrez... c'est votre affaire ! seulement vous ne dépasserez jamais la lisière de la forêt.

« — Jamais.

« — S'il vous arrive, tôt ou tard, de rencontrer Marie..... mademoiselle de Laborde, vous me promettez de ne point lui parler, de ne point la regarder?

« — Je serai aveugle, je serai muet.

« — Allez donc..... je vous pardonne.

« Le soir même, Maclou Gérard se dépouilla de ses beaux habits d'emprunt, qu'il devait à l'orgueilleuse générosité de M. de Laborde; il se hâta de revêtir le grossier accoutrement de son village, et le lendemain le jeune poëte du château se réveilla paysan, dans la triste et obscure habitation de son pauvre père.

X

« Durant le premier mois de son séjour dans la ferme, Maclou Gérard s'efforça de suivre les modestes conseils de sa conscience : il se condamna, de gaieté de cœur, à toutes les privations, à tous les travaux, à toute la rudesse de la besogne villageoise. Il avait le talent de manier une plume : il se mit, sans hésiter, à manier une bêche. Il avait appris à labourer, jusquelà, le domaine de l'histoire et de la poésie : il se mit bravement à pousser la charrue dans le désert stérile des bruyères. Il s'était assis autrefois à la table des bienheureux de ce monde : il daigna s'asseoir sur un escabeau, et il consentit à manger à la gamelle avec ses camarades, avec ses égaux. Il avait vu de près le bonheur, et il ne craignit point de sourire à l'infortune ; il avait fait les songes les plus magnifiques, et il se consola des tristesses du réveil en attendant des jours meilleurs et en espérant de nouveaux rêves !

« Il n'en fut pas ainsi bien longtemps : malgré toute sa résolution, malgré tout son courage, Maclou Gérard se laissa vaincre, et il mourut en vivant toujours, si je puis le dire, dans cette lutte des regrets contre les devoirs, de l'amour contre la pauvreté et de l'imagination contre la conscience ! — Bientôt sa force et sa volonté s'épuisèrent à la peine et à la fatigue ; son père commença à s'inquiéter du repos et de la vie de ce malheureux enfant. Maclou Gérard devint inquiet, morose et chagrin ; il était abattu jusqu'à la faiblesse ; il se troublait sans raison ; il tremblait sans motif ; il parlait aux arbres, aux animaux et aux fleurs ; souvent il s'avisait de rire et de pleurer tout à la fois ! — Un jour, Maclou Gérard trouva qu'il était plus facile de mourir que de souffrir, et il résolut de se brûler la cervelle : par bonheur, un souffle mystérieux glissa tout doucement sur la poudre, et la poudre mortelle s'envola ; une main invisible poussa l'arme qu'il tenait dans ses mains, et l'arme roula sous ses pieds :

Gérard était fou, — et la folie empêcha le suicide.....

« Certes, la folie de Maclou Gérard n'était point une démence furieuse, une de ces monomanies homicides qui en veulent, à chaque instant, à la sûreté et à la vie des personnes. Non! l'extravagance de ce jeune homme était calme, tranquille, douce, triste et résignée. Il se mit à babiller tout seul, à babiller peut-être avec un interlocuteur invisible, avec un ange, avec un dieu ou avec une charmante femme qu'il avait adorée ; il se mit à s'éloigner, en secret, de la maison de son père, et il s'enfonçait le jour et la nuit dans ces sombres forêts qui couvrent, j'allais dire qui peuplent l'immensité de cet admirable pays. Maclou Gérard était fou à la façon des maniaques et des mélancoliques; chez lui, les sentiments parlaient plus haut que les idées; le cœur avait absorbé l'esprit; enfin, le malheureux ou le bienheureux fou puisait dans son malheur assez de raison pour être libre, assez de folie pour sentir encore et ne plus penser! — Il était si peu ce que l'on appelle un homme raisonnable, que les jeunes filles de l'endroit l'embrassaient en souriant, sans rien désirer et sans rien craindre de ses innocentes caresses ; il était si bien ce que l'on appelle un fou, qu'il se vantait d'entendre tous les matins des oiseaux qui parlaient la langue latine : ces oiseaux arrivaient, à tire-d'aile, du beau siècle d'Auguste, et ils gazouillaient les plus jolis vers d'Horace et de Virgile; il était si bien ce que l'on appelle un insensé, que les enfants, les vilains enfants du village, le poursuivaient sans cesse de leurs clameurs, de leurs injures et de leurs frondes. On lui disait de valser à la mode de la ville, et le pauvre malade se prenait à tournoyer en cadence, en ayant l'air d'entraîner dans ses bras, de presser sur son cœur, une belle valseuse absente pour tout le monde, présente pour lui seul; on lui disait de chanter, et soudain il se prenait à fredonner une chanson qu'il avait composée dans un accès de folie qui était sans doute un doux souvenir, un doux reflet de ses anciennes rêveries de poëte!...

« Voici cette chanson :

> Qui, le matin, à la chasse,
> De son nid s'il voit sortir
> Un petit oiseau qui passe,
> Dans sa main le fait venir?...
> Oui, c'est Maclou l'innocent,
> Maclou, le fou du village,
> Oui, c'est Maclou le sauvage,
> Qui pleure et rit en chantant!

> Et le soir, dans nos familles,
> Qui sait faire, à ses chansons,
> Pleurer les petites filles,
> Rire les petits garçons?...
> Oui, c'est Maclou l'innocent,
> Maclou, le fou du village,
> Oui, c'est Maclou le sauvage,
> Qui pleure et rit en chantant!

Quand, de son aile brillante,
Un papillon fuit tout fier,
Ainsi qu'une fleur volante,
Qui va le cueillir dans l'air?...
Oui, c'est Maclou l'innocent,
Maclou, le fou du village,
Oui, c'est Maclou le sauvage,
Qui pleure et rit en chantant!

« Un insensé qui déraisonne en prose et qui écrit des vers à peu près raisonnables, n'est-ce point là le spectacle mystérieux d'un phénomène fort étrange?

« Eh, mon Dieu! l'inspiration poétique n'est-elle pas un accès de fièvre, une ivresse, un véritable délire? — Les songes ne viennent-ils point du ciel, à l'insu de l'homme qui s'endort et qui rêve? Pourquoi la poésie ne viendrait-elle pas de la même façon aux malheureux qui ressemblent à Maclou Gérard, à ces infortunés dont l'esprit s'affaisse tout à coup, et dont la raison sommeille? — Une école religieuse a voulu voir dans la folie un éblouissement causé par le mirage de quelque vision céleste : en pareil cas, nous a-t-on dit, c'est Dieu lui-même qui daigne visiter un homme, et qui l'aveugle en l'inondant des flots de son étincelante lumière... Eh bien! Maclou Gérard, visité par Dieu peut-être, avait conservé, des splendeurs et des harmonies de la visite divine, un peu de sentiment, d'enthousiasme, d'extase et de poésie!

XI

« La folie de Maclou Gérard dura deux ans.

« Un jour, mademoiselle Marie de Laborde, que vous n'avez point oubliée, apparut tout à coup dans la maison de Maclou Gérard : sans doute, elle eut bien de la peine à reconnaître son ami, son frère, son amoureux d'autrefois, dans ce jeune homme si faible et presque mourant, dans ce pauvre diable qui la regardait bouche close, avec toute l'apparence de l'ébahissement et de l'idiotisme. Mademoiselle de Laborde n'avait ignoré ni le désespoir, ni la douleur, ni la folie de Maclou Gérard; mais jamais elle n'avait deviné le désolant spectacle qui l'épouvantait en ce moment. Pâle, chancelante, éperdue, à force d'émotion et de terreur, Marie s'agenouilla sur le carreau de la chambre, et, comme une coupable qui s'humilie, qui demande grâce, elle baissa tristement la tête, et se prit à pleurer!..... Alors, Gérard se leva en souriant; il s'approcha de la jeune fille; à son tour, il se prosterna devant elle, et, du bout de ses lèvres émues, de ses lèvres tremblantes, il s'efforça d'essuyer ou de recueillir quelques larmes!...

« — Vous me reconnaissez donc? lui demanda vivement mademoiselle de Laborde; eh bien, tant mieux!... car je viens vous voir, vous parler et vous sauver, entendez-vous?... Mais d'abord, viens çà, près de moi... que je t'embrasse et que je te gronde! Je t'embrasserai parce que je t'aime, et je te gronderai parce que je te déteste!...

« — Pourquoi? répondit Gérard à voix basse et en se laissant embrasser.

« — Je vais te le dire : l'autre jour, je m'étais égarée; j'avais tant couru que j'arrivai, sans m'en apercevoir, sur la limite de la forêt; bientôt j'aperçus un jeune homme au beau milieu d'une prairie, de ce côté du village : autour de lui, sur sa tête, à ses pieds, partout, voltigeaient des oiseaux qui n'avaient point peur et qui chantaient! J'appelai aussitôt : « Maclou! Maclou!..... » Mais l'ingrat me regarda sans mot dire; les oiseaux s'envolèrent, et il disparut avec eux!...

« — C'est vrai!...

« — Écoute-moi bien, ami; tu ne sais pas?... l'on veut me marier! Oui, l'on veut m'obliger à devenir la femme d'un grand seigneur que j'ai vu deux ou trois fois seulement dans les réunions de la ville; c'est un homme très-poli, très-empressé, très-galant; il me regarde, il me salue et m'admire; il m'adresse à chaque instant des flatteries qu'il appelle des éloges; il me dit qu'il m'aime, qu'il m'adore, qu'il se meurt d'amour pour moi... enfin, c'est un homme tout à fait ridicule;

tout à fait insupportable, et je le hais! Es-tu content?...

« Maclou Gérard ne répondait rien à toutes ces charmantes paroles; il se contentait de regarder Marie, de l'écouter, de lui sourire, et mademoiselle de Laborde continuait toujours à parler :

« — Sois tranquille, va! mon père veut me marier le plus tôt possible; mais je ne suis pas sûre de le vouloir, et tout n'est pas dit sur l'époque probable de mon mariage avec M. de Lachapelle. . D'ici là je tâcherai de mettre à profit un grand projet, qui intéresse notre bonheur, et qui réussira, je l'espère! Désormais je viendrai te voir en secret, souvent, très-souvent; un de nos amis, un médecin célèbre, te visitera chaque jour, par mon ordre; grâce à lui, grâce à son dévouement et à ses lumières, tu ne souffriras plus; tu recouvreras ta force, ton courage, ton esprit et ta raison d'autrefois; bon gré, mal gré, il faudra que mon père consente à te recevoir au château; il te pardonnera, il te rendra son estime, son amitié, toute sa bienveillante protection; je t'aimerai, tu m'aimeras toujours n'est-il pas vrai? Et nous serons heureux! — Il est déjà tard, ami : séparons-nous; adieu, à revoir; à demain! Et moi qui allais oublier... Vraiment, je suis folle! Tiens, Maclou, voici un petit présent, un petit souvenir, que j'ai acheté à ton intention.....

« — C'est un couteau! balbutia Gérard.

« — Oui, un joli couteau, avec ton chiffre et le

mien ; tu vois ; il a une chaîne d'argent, et, de cette façon, tu pourras l'attacher à ta boutonnière.....

« — Hélas! répondit le pauvre fou, un pareil présent, c'est une chose terrible, à ce que l'on assure, pour toutes les affections de ce monde ; quand on nous le donne, un couteau ne manque jamais de porter malheur!... Il ne faut pas me le donner : il faut me le vendre... Prenez donc cette petite pièce de monnaie ; vous m'avez vendu un couteau : je vous l'ai payé, et nous sommes quittes !

« — A la bonne heure! on me disait qu'il était fou... mais je le trouve tout à fait raisonnable!

« — Vous plaît-il que je vous accompagne... à distance?

« — A distance?... A mon bras, Maclou, au bras de ton amie et de ta femme! Viens vite, et que le ciel nous conduise toujours ensemble!

XII

« Il était environ six heures du soir ; Maclou Gérard et Marie se mirent en route, et bientôt ils arrivèrent bras dessus, bras dessous, au petit sentier de la Gaffe : la Gaffe est une espèce de torrent qui roule dans un vallon. Le petit sentier dont je parle est si étroit, si étroit, que deux personnes pourraient à peine y marcher de face, et Maclou Gérard eut le soin de faire passer devant lui mademoiselle Marie de Laborde.

« — Halte-là! s'écria tout à coup l'insensé en s'arrêtant au milieu de ce difficile passage; quel est cet homme qui a nom M. de Lachapelle?

« — Vous le savez bien, Maclou, c'est le mari que mon père me destine!

« — Comme votre main tremble!..... Est-ce que vous avez peur?

« — Moi?... Quelle idée!... J'ai froid, voilà tout.

« — Vous voulez donc épouser ce misérable millionnaire?

« — Je vous l'ai déjà dit : jamais!

« — Vous mentez! vous l'épouserez demain, ce soir, cette nuit..... s'il me plaît de vous accorder mon consentement..... Et, par malheur, je le refuse! Vous n'épouserez pas M. de Lachapelle!

« — Je l'espère bien!

« — Et même vous ne le verrez plus!

« — Vous vous trompez, Maclou : il habite le château depuis quelques jours, et je le verrai sans doute avant une heure.

« — Vous ne rentrerez plus au château!

« — Qu'est-ce à dire, mon ami?...

« — Vous m'avez trompé, vous m'avez abandonné, et je suis forcé de vous punir !

« — Mon Dieu ! mon Dieu !... laissez-moi !...

« — Vous m'avez apporté un couteau, et je suis forcé de m'en servir !

« — Maclou ! Maclou ! laissez-moi... ou je crie !

« — Personne ici pour vous entendre.

« — Au secours !... mon père, au secours !...

« — Vous secourir !

« — A moi ! à moi !... je suis perdue... l'on m'assassine... je me meurs !

« — Oui, oui, criez toujours, et mourez !

« Au même instant, Maclou Gérard frappa d'un coup de couteau mademoiselle Marie de Laborde ; il la poussa ensuite sur le bord du sentier, et la jeune fille alla rouler et disparaître dans le torrent.

« Voici le comble de la folie : le meurtrier se prosterna aussitôt la face contre terre ; il regarda bien attentivement au fond de la vallée, au fond du précipice ; il se mit à ramasser de petites pierres, à cueillir de petites fleurs, et il les jeta, une à une, dans les eaux de la Gaffe, en murmurant d'une voix sourde :

« — Marie ! voulez-vous encore épouser M. de Lachapelle ? Voilà déjà votre bouquet de mariée !

« — Marie ! à quand la noce ? Voilà déjà les perles de votre parure !

« — Marie ! voilà des bijoux, des colliers, des étoffes

précieuses, des parfums, tous les trésors de votre corbeille de mariage.....

« Et le malheureux continuait à jeter, dans le gouffre du torrent, de l'herbe, des cailloux et de la poussière!

« Par bonheur, un homme, un ange gardien, avait suivi les deux amoureux : c'était le brave Gérard, précisément le père de l'assassin ; Gérard se précipita dans la Gaffe... et, Dieu merci! mademoiselle Marie de Laborde vit encore. Elle se porte bien ; elle a tout oublié ; elle a épousé le grand personnage qui lui faisait horreur. Quant à Maclou, vous le voyez : c'est un mort qui se souvient d'avoir voulu tuer une femme avec un petit couteau. Jamais je ne l'ai vu babiller avec les ombres de la forêt... Je me trompe, il babille quelquefois avec un autre fou, un autre idiot, un autre innocent du pays. Bon! les voilà tous deux..... Ils se tendent la main! Je me demande ce qu'ils peuvent se dire... Ils ont pourtant l'air de se comprendre! »

XIII

Cet autre fou n'avait qu'un seul nom que lui avait donné sa mère : l'*Innocent*. La pauvre mère disait de son fils que c'était *un joli enfant, âgé de trente ans*.

L'Innocent était grand, élancé, bien fait : il avait le corps d'un beau jeune homme. Son intelligence était mal venue, faible, chancelante : c'était l'esprit d'un enfant malade. Chez lui, l'idiotisme avait tué les sentiments et les idées de son âge : il vieillissait comme tout le monde ; mais son caractère, ses goûts, ses habitudes, avaient gardé toute la simplicité, toute l'innocence de la vie enfantine. La folie avait dit à l'enfant : « *Tu n'iras pas plus loin !* » L'enfant avait obéi, sans le savoir, à cette voix impérieuse, et le pauvre idiot donnait chaque jour, suivant une expression de sa mère, le triste et plaisant spectacle des *enfantillages d'un homme.*

Dans le village d'Avon, où on l'avait placé chez une vieille parente, l'Innocent faisait la chasse aux oiseaux avec un peu de sel dans la main ; il découpait sérieusement des images ; il cherchait des nids ; il inventait des jeux pour les filles, et il jouait bravement au soldat avec les garçons. Il sautait à la corde ; il gambadait avec les petits chiens ; il dessinait des bonshommes sur tous les murs du village ; il s'attelait, dans la campagne, à la ficelle d'un cerf-volant ; parfois il allait à l'école avec des écoliers qui avaient l'âge de son esprit ; il fallait souvent l'arracher aux amusements des bambins pour lui faire la barbe.

L'Innocent avait une grande passion bien innocente : il adorait la musique ! Une petite mendiante, une petite musicienne, venait tous les dimanches dans le pays pour chanter. en s'accompagnant de la guitare, à la porte des guinguettes. Dès qu'elle prenait son instrument, l'idiot s'asseyait devant elle : il écoutait la guitariste en rougissant, en tremblant de plaisir; il songeait à peine à essuyer ses grosses larmes; il tressaillait, il s'agitait, il avait la fièvre; il se pendait, si on peut le dire, aux cordes de la guitare et aux doigts qui les faisait chanter; enfin, au dernier son de l'instrument, il se relevait tout d'un coup, sur la pointe des pieds, les regards tournés vers le ciel, comme s'il eût essayé d'atteindre la note disparue en la suivant des yeux, du geste, de l'oreille et du cœur.

Lorsque l'Innocent fut mort, tous les petits garçons et toutes les petites filles du village voulurent l'accompagner jusqu'à sa dernière demeure. Ces petits êtres n'avaient rien encore de la cruelle petitesse des hommes : on devinait aisément qu'ils savaient regretter un ami, un *enfant*, un de leurs semblables; ils étaient bien tristes, ils ne disaient mot, ils ne songeaient plus à jouer.

XIV

Marcou me précédait silencieusement dans un petit sentier qui conduit au massif d'Avon; il rêvait assurément au fantôme bien-aimé de sa fille, à cette ombre charmante qui fuyait le monde, à cette âme oublieuse qui dédaignait la folie de son père. Le bruit lointain d'une fanfare fit tressaillir tout à coup ce pauvre rêveur ; il s'arrêta, baissa la tête comme pour mieux écouter, et me dit en se tournant vers moi :

— Je n'entends que le bruit des trompettes ; le vent aura sans doute emporté le bruit des tambours ! Chaque soir, à la même heure, tambours et trompettes annoncent aux fantômes de la forêt l'apparition d'une ombre glorieuse, l'ombre du premier empereur ! Venez çà, sur ce tertre..... nous la verrons passer.

L'ombre de l'empereur passa probablement tout près de nous. Pierre Marcou agita son chapeau au-dessus de sa tête ; ses yeux étincelaient ; sa bouche, qui ne disait mot, avait l'air de pousser des cris d'enthousiasme.

— Où peut aller ainsi l'empereur ? demandai-je à Pierre Marcou ? où va-t-il, chaque soir, à la même heure, à travers cette forêt ?

— Il s'en va secrètement dans le palais de Fontainebleau : il prend sans doute quelque plaisir à revoir la *galerie de François I*ᵉʳ, où il épousa, dans tout l'éclat de sa puissance et de sa gloire, une archiduchesse d'Autriche ; l'allée de l'étang, où il se promena avec un pape ; le jardin anglais, qu'il fit dessiner par l'architecte Hurtaut ; la petite chambre où il signa son abdication, et cette cour du Cheval-Blanc, où il salua la grande armée, pleura sur son drapeau, baisa l'aigle impériale, embrassa le général Petit, et légua au monde entier le souvenir des *adieux de Fontainebleau.* J'ai vu tomber et s'abîmer dans les gouffres de l'histoire bien des grandeurs souveraines; j'ai vu, çà et là, dans l'étude et dans la contemplation des siècles, bien des chutes profondes, des infortunes éclatantes, des douleurs infinies; j'ai aperçu des rois écrasés sous les débris du trône, des grands hommes de guerre qui succombaient dans la bataille en devinant la victoire, d'illustres innocents qui mouraient de la main du bourreau, des princes exilés par leurs peuples, des martyrs qui s'en allaient vers Dieu par la route de l'échafaud; mais rien dans les livres, rien de solennel, de douloureux et de terrible ne m'a plus ému, plus effrayé, plus remué, que le spectacle de ce dénoûment d'une tragédie impériale!

Pierre Marcou ne songeait plus à sa fille: il vivait tout entier dans l'histoire et dans la mémoire de l'empereur; il ne pensait qu'à ce demi-dieu tombé, qui avait été une des grandes impressions de son enfance, et qui était encore une des grandes émotions de sa vie.

— J'étais bien jeune, reprit-il en essuyant une larme... Je n'étais qu'un enfant à l'heure suprême dont je parle; eh bien! je sentis au fond de mon cœur le retentissement de ce baiser que la gloire attristée venait de donner à un drapeau, à une aigle, à une armée, à une nation. Aussi, jugez de ma joie lorsqu'un beau matin, à mon réveil, j'entendis parler de la résurrection de l'empereur! Oui, l'empereur avait brisé son sépulcre de l'île d'Elbe; il avait trompé la vigilance de ses gardes; il avait retrouvé ses apôtres... ses amis fidèles; il s'était de nouveau montré au peuple; il avait traversé la France : il avait frappé, la veille encore, à la porte du palais de Fontainebleau! — Et le jour où l'on parlait de la sorte, l'empereur était déjà aux Tuileries, sur son trône!... Plus tard, je me suis demandé bien souvent si c'était là une fable, un roman, un poëme ou une histoire!

Singulier rapprochement dans les idées, dans les souvenirs, dans les illusions d'un pauvre visionnaire..... Nous avions fait à peine trente pas dans le sentier, après le *passage* de l'empereur, lorsque Pierre Marcou s'avisa de reconnaître deux ombres qu'il rencontrait rarement dans la forêt. ...

— Allons! s'écria-t-il en me donnant l'exemple de la justice et du respect, saluez deux grands noms et deux grandes infortunes; saluez un roi qui se nommait Louis-Philippe et un prince qui se nommait le duc d'Orléans! C'est véritablement Louis-Philippe qui a ressuscité l'admirable création de François Ier et du Primatice; c'est la royauté de 1830 qui a rendu au palais de Fontainebleau, avec une prodigalité patiente et habile, tous les caprices, toutes les fantaisies poétiques du seizième siècle, et la sévère majesté de la cour de Henri IV, et l'élégance du règne de Louis XIII, et la noblesse de Louis XIV, et jusqu'aux brillantes ferrures forgées par les mains de Louis XVI! Tout a repris sa place d'autrefois : les portes, les plafonds, les parquets, les meubles, les vitraux, les chefs-d'œuvre, l'or, le marbre, la pierre, la couleur, l'écaille, l'argent, l'émail, l'ivoire, les richesses et les merveilles de trois siècles sont là, devant vous, pour les menus plaisirs de la royauté de tout le monde! Ne soyez pas injuste, et saluons encore ces deux ombres malheureuses!

XV

Nous reprîmes le chemin d'Avon. En s'avançant vers la petite église dont j'ai déjà parlé, Pierre Marcou semblait oublier à chaque pas les empereurs, les rois, les princes, tous ces fantômes illustres qu'il appelait les revenants de l'histoire. Il recommençait visiblement à se souvenir de sa fille et à ne chercher que son ombre. Il voulut s'arrêter, pour la seconde fois, sous le porche de l'église; il s'agenouilla, il se prosterna, il colla sa bouche sur la fente d'une dalle, comme pour mieux appeler ou embrasser son enfant.

— Je me trompe, murmura-t-il en relevant la tête..... ce n'est point à la terre qu'il me la faut demander... c'est au ciel!...

Il tourna les yeux vers le ciel, en adressant à Dieu

une prière muette, une secrète prière qui avait pour moi un langage merveilleux, des regrets qui suppliaient dans les regards, des paroles navrantes qui s'échappaient en larmes.

Quand il eut cessé de prier ainsi, Marcou s'appuya sur ma main pour se relever. Une fois debout, il regarda longtemps l'église, les pierres et les arbres ; il se remit à marcher, en disant à l'ombre de sa fille que le ciel ne lui envoyait pas encore :

— A demain!

Je ne m'étonne plus que Pierre Marcou s'imagine entrevoir tant de fantômes autour de lui : il porte au fond de son cœur une tombe entr'ouverte, et il y regarde toujours son enfant.

LOUIS LURINE.

CE QU'ON TROUVE DANS UNE FORÊT

Lorsqu'on est las d'entendre le vain bourdonnement de la ruche humaine, je ne sais pas d'antidote plus efficace contre ce spleen social que les solitudes ombreuses d'une forêt. Jean-Jacques, le misanthrope, y trouva plus d'une fois la guérison des nausées que lui donnait la grand' ville.

Perdu dans les hautes futaies, ou enseveli dans les épais taillis, vous êtes, en effet, délivré du spectacle de ces animaux à deux pieds et sans plumes, comme dit Platon, qui font la roue, jouent de l'épine dorsale, calomnient, jugent, rampent, adorent, selon que le vent souffle de l'est ou de l'ouest, ménagerie de singes indécents. Il faut que vous cherchiez bien, que vous arpentiez le bois de long en large pour rencontrer sous vos pas une vipère qui fuira prestement à votre approche, honteuse de ne pouvoir plus lutter contre l'homme ni contre la femme. Pauvres innocentes vipères ! celles qui portent habits noirs et chapeaux roses ont des morsures autrement venimeuses !

Mais en compensation de cet inoffensif désagrément du reptile, qui tourne au mythe dans la plupart des forêts de la France, la nature vous fait respirer ses aromes les plus âcres et rassérène, par de suaves impressions, votre âme souillée dans les luttes honteuses du cirque social.

Ne craignez donc pas de tacher votre pantalon neuf, monsieur, ou de verdir votre belle robe de soie, madame ; étendez-vous sur l'herbe verte et drue de cette profonde clairière. Ne vous semble-t-il pas déjà que les miasmes impurs qui troublaient votre imagination se dissipent, que votre vue intérieure s'éclaircit, que les lunettes de votre conscience sont nettoyées? Les préoccupations mondaines s'évanouissent, le saint dialogue de l'homme et de la nature commence.

Tout à l'heure, à l'aspect des coteaux, des vallons et des collines fuyant sous un ciel infini, vous oubliiez la vie dans le rêve vague, et maintenant vous méditez en écoutant les voix mystérieuses de la forêt qui passent avec le vent à travers les ramures des grands arbres et les herbes des sentiers fleuris, cantique au Créateur chanté par l'air, l'oiseau, l'insecte, le brin de verdure, par tous les hôtes et tous les atomes du bois!

Un monde de travail, d'amour et d'harmonie berce votre pensée comme un tendre mère... Le soleil perce une trouée dans les massifs et vient chasser l'ombre dans laquelle vous êtes couché ; la verte feuille tressaille pudiquement aux baisers de la brise; un audacieux rossignol danse sur votre tête et interrompt son éternelle chanson pour lisser son bec à la branche ; entre vos jambes une légion de fourmis s'acheminent gravement au grenier d'abondance, chargées de lourds fardeaux de fétus; une république de cirons, diminutifs de bûcherons, travaillent le pied moussu d'un chêne ; une araignée guette, enveloppée de sa toile, l'étourdi moucheron ; des fils de la vierge balancent leur blanche toison dans les airs et s'accrochent aux ronces des buissons ; puis ce sont des symphonies interminables de gazouillements, de susurrements, d'appels mystiques d'oiseau à oiseau, d'insecte à insecte, de fleur à fleur, car dans la nature les hommes sont fort heureusement les seuls êtres qui ne puissent pas s'entendre, sans doute parce qu'ils ont l'art de parler et d'écrire ! Les plus petits incidents de cet univers en raccourci de la vie animale et végétale vous émeuvent, vous captivent à ce point que vous laisseriez descendre sur le bois les voiles gris du crépuscule, si un mirage du paradis terrestre ne venait vous ressusciter à l'humanité.

Regardez ! c'est la transfiguration d'Adam et d'Ève avant la chute. Le plaisir essaime ses roses rouges sur leur visage, le ciel est dans leur cœur, les fleurs et les feuilles sous leurs pieds. Ils marchent enlacés et souples comme deux lianes, ponctuant leurs jeux et leur conversation d'amour par des baisers mignons ou retentissants, selon l'exigence de la phrase. Il faut bien parler français, même dans les bois ! Suivons-les. Ils s'arrêtent pour inscrire sur l'écorce du bouleau le serment de mutuelle adoration.... Mais la femme fait une ingénieuse réflexion. Ève est toujours ingénieuse! Le bouleau prend nouvelle peau tous les ans, et c'est à peine si un écolier saurait lire son nom l'année prochaine. Et bien vite de courir à se rompre le cou aux rochers de Franchard, car j'ai oublié, ma foi, *lapsus calami !* de vous indiquer le décor de l'article, la forêt de Fontainebleau. Cette fois ils gravent sur la pierre le terrible serment de fidélité ; ils prennent le ciel, l'eau, les arbres, les rochers, les oiseaux, les fleurs, à témoin de l'éternité de leur flamme ! Quel spectacle ! L'homme, cette vanité montée sur une faiblesse, la femme, cette faiblesse montée sur une vanité, la passion de chair et de sang défiant la durée du roc !

Passe encore pour invoquer ses grands dieux. Si les Alceste naïfs vous remémorent votre parole d'honneur ou s'avisent de mettre votre mémoire en défaut, vous leur cassez la tête, et tout est dit ! Passe encore pour écrire son serment sur une feuille volante ; le vent emporte la feuille et le serment, comme chante je ne sais plus quelle vilanelle en grande vogue dans les salons de Paris, et tout est dit ! Passe encore pour stéréotyper la foi jurée sur un arbre. Quand il vous fait honte, on l'abat de la cognée, et tout est dit ! Mais le roc, insensés ! dur comme la conscience de l'honnête homme, éternel comme la création, vous ne le pulvériserez pas. Et son *mané thecel pharès* indestructible sera le châtiment de votre forfaiture !

Avalanches pétrifiées de Franchard, grand livre accusateur des légendes et des romans d'amour, que sont devenus les comédiens qui ont osé demander l'immortalité à votre panthéon de granit ? Nous retrouverions les noms de bon nombre d'entre eux en feuilletant les funèbres registres de la Morgue de Paris. Quoi ! la Seine, la corde, l'asphyxie, voilà la fin de ce poétique début ? Le suicide a dénoué de ses doigts glacés la chaude idylle des bois ? Quant aux vivants, n'en parlons pas.... ça fait trop de mal de parler des vivants ! Eh ! mon Dieu, oui ! Rosine a bu l'eau de la Seine, parce que son beau jeune homme de la forêt de Fontainebleau a dû la sacrifier à une position sociale. Il fallait faire une fin, un mariage, épouser une âme vierge et une dot. Et le roc de Franchard, parjure ! Et la clairière du Rond-Point, traître ! Mais pas de colère, Juliette venge Rosine. Théodore finit sa vie dans la débauche, en raillant de ses lèvres mouillées d'amertume son amoureuse de vingt ans, qui a trouvé un riche *protecteur*, en dépit des roches de Franchard et des pelouses foulées de Fontainebleau. Suicide pour suicide, je préfère celui de Rosine. L'eau de celle-ci vaut mieux que l'eau-de-vie de celui-là. — Bah ! c'est la vieille histoire, dit en riant la commère du quartier. — Tout est pour le mieux dans le meilleur des mondes possibles, ajoute l'immortel Pangloss.

Ah ! cœurs jeunes, cœurs amoureux, cœurs vrais, cœurs honnêtes, cœurs simples, cœurs dévoués, que vous passez vite et que vous devenez miraculeux ! Pour vous ressemer, faudra-t-il donc aller chercher votre graine à Franchard ?... Après tout, à quoi bon le cœur, je vous le demande, si l'industrie, si les arts, si les sciences marchent ! Qu'importe l'homme, cette machine du bon Dieu, si les autres machines progressent ?... Il y a compensation, d'après la théorie philosophique du père Azaïs.

Que ces noires pattes de mouche ne vous effarouchent pas, fols poëtes, fols enthousiastes, fols amoureux, menteurs de bonne foi, croyants d'une heure ! Passez toujours devant le rêveur triste du bois, présentez-lui le mirage du paradis terrestre, pour qu'il emporte au logis sombre une provision d'espoir et de courage, et qu'il réponde à l'orphelin ébahi devant sa gaieté insolite : Enfant, c'est que je reviens de la forêt !

BENJAMIN GASTINEAU.

L'AMANT DE LA FORÊT

On a trop répété que nous vivons à une époque de doute. Ce mot lui-même n'est pas juste. Hélas ! douter, c'est croire encore ; douter, c'est effeuiller les croyances, comme fait l'ingénue des pétales d'une marguerite, afin d'y chercher le dernier mot du destin ; douter, c'est hésiter, c'est s'arrêter, c'est retourner à la foi, et par la foi à la nature immortelle, à Dieu créateur. Notre âge n'est pas l'âge du doute, bien s'en faut : c'est l'époque de l'affirmation, de l'affirmation mathématique; la vérité n'est plus cette belle femme sans voiles qui grelotte au fond d'un puits, ni même cette lumineuse émanation du beau et du bien que recherchait l'antiquité. Non, c'est une petite personne bien froide, bien sévère, immatriculée à son numéro d'ordre, qui se prouve par une équation algébrique et ne permet pas la discussion. Elle est ou elle n'est pas ; mais, quand on l'affirme, on la prouve. Les petits garçons de cinq ans ne croient plus aux vieilles lunes que le bon Dieu serre avec soin dans ses armoires quand elles sont usées. Ils apprennent la *cos-mo-gra-phie !*

Le temps est dur aux rêveurs, c'est l'âge de fer : non pas que cette magnifique époque dans laquelle nous avons le malheur de vivre n'ait pas sa grandeur, elle aussi. L'époque des chemins de fer, de la télégraphie électrique, de la photographie, est certainement appelée à tracer un lumineux sillon dans l'histoire de l'humanité. Mais que voulez-vous ? Il y a des esprits têtus pour lesquels la légende était un besoin comme le sol et l'eau, qui fleurissent comme les giroflées sauvages sur le sommet des vieilles tours (dont vous ne voulez plus même pour faire des signaux télégraphiques), qui verdoient dans les forêts, chantent avec les ruisseaux, bruissent avec le vent, savent la langue que chantent le merle, le bouvreuil et la fauvette, conversent avec les fleurs du marais, ces belles fleurs à l'odeur si pénétrante, sont heureux de la rencontre d'un insecte, déjeunent d'une aube enflammée et soupent d'un coucher de soleil. Ce sont les paresseux, dites-vous, les originaux, les inutiles. Chers inutiles d'une époque utilitaire, vous êtes la joie de mes yeux et le rafraîchissement de ma pensée! vous êtes la tradition, la légende vivante, la poésie rêvée et souvent la poésie parlée. Vous êtes la mystérieuse tribu iératique qui, dans la terre civilisée des Pharaons, au milieu des merveilles de Thèbes et de Memphis, a pris soin des saints vases et entretenu le feu qui brûlera le buisson d'Horeb. L'amour de la nature vous a marqués d'un sceau commun, indélébile. Vous vous reconnaissez soudain à certains signes, avant même que vous ayez parlé ; vous êtes de la même famille, vous pouvez rompre le pain de l'intelligence, vous êtes tous les fils de la nature, de cette nature immuable que nous n'aimerons jamais assez, et que les Romains appelaient leur mère : *Alma tellus !*

Parmi ces hommes *légendaires*, — j'emploie cette exploie à dessein, — race qui disparaîtra si le progrès continue, il n'en est pas dont la physionomie m'ait plus frappé que celle d'un homme dont je ne vous dirai le nom que plus tard. Qu'il me suffise de l'appeler quelque temps encore l'*Amant de la forêt de Fontainebleau*. La première fois qu'il me fut présenté, je fus frappé de l'aspect rugueux de ce chêne humain, plein de douceur et de sérénité. C'est un homme d'un âge indécis et flottant, ou plutôt qu'importe l'âge, puisqu'il est encore dans la frondaison. Il porte sur un corps solide, plusieurs fois ébranché au printemps, une tête abri des bonnes pensées et des convictions inébranlables. Ses jambes de paysan, arquées avec force, tiennent par de vigoureuses racines au sol natal. Comme la double bifurcation d'un arbre, elles se réunissent à peu de distance de terre pour offrir un large point d'appui au corps robuste et sain du bonhomme. Oh! je ne crains pas que cette épithète l'offense; la bonhomie sent son terroir gaulois. C'était la grande qualité française. Demandez au bonhomme la Fontaine.

L'*Amant de la forêt* n'offre pas au physionomiste de grands problèmes à résoudre. C'est une tête calme et simple et reposée comme la nature. La douceur du ciel bleu est au fond de ce regard observateur et timide; la bienveillance égaye d'un sourire les coins de cette bouche ouverte aux bonnes paroles. Le front est large, à plans unis. Quelques rides légères, comme de petites ondes sur un lac tranquille, courent d'une tempe à l'autre; mais ce n'est pas l'orage des passions qui les a fait bouillonner. Dans la tranquille existence que mène cette âme éprise de verdure et de fleurs, il n'y a pas de place pour les mauvais instincts. Tout au plus le spectacle de la méchanceté lui arrache-t-il quelques plaintes vite réprimées. Hélas! il n'y a plus de déserts où l'homme de bonne foi puisse se retirer. J'ai trouvé un cottage dans chacun des flots épars au milieu des lacs de Killarney, qui jadis servirent d'asile aux saint Dunstan, aux saint Columban, à tous les pieux cénobites de *l'île des saints*. Là où s'élevait la prière, on entend aujourd'hui le piano!

Il y a vingt ou vingt-cinq années, l'*Amant de la fo-*

rêt arriva un beau matin dans cette ville de Fontainebleau, chère aux artistes, par une des avenues de cette forêt qu'il ne devait plus quitter. Comme Pétrarque à l'aspect de Laure, il comprit tout de suite, au premier regard, que son sort était fixé, qu'il ne devait plus songer à quitter ces beaux arbres, cette grandiose nature dont son cœur était épris à toujours. Son âme d'ancien soldat s'ouvrit aux saintes et pures émotions de la tendresse pour une terre qu'il n'avait pas vue jusqu'à ce jour ; car, je le répète, il avait été soldat. Mais est-il profession qui dispose mieux à l'amour ? Les plus glorieux capitaines ont été les plus grands amants. Bref, la forêt le prit tout entier avec les mille séductions de ses rochers, de ses chênes, de ses solitudes peuplées de bruyères et de lézards. Elle l'attira avec la chanson des mélèzes, ses plaintes d'orgue gigantesque sous les pins, la houle de ses vastes ondes ; les perspectives de verdure à vol d'oiseau ravissaient cette âme enthousiaste, qui n'avait encore contemplé que des perspectives de baïonnettes ; de petits coins de bois parfumés de la senteur éclose sous la pluie fraîchement tombée le mettaient hors de lui. C'était comme un enfant qui vient de découvrir sur son nid l'oiseau qui couve, ou plutôt c'était un amoureux qui prend possession de ce troisième degré de l'amour dont parle André le chapelain, dans son livre *de Arte amatoria*. Il avait la jouissance des embrassements les plus intimes.

De ce jour, le rêveur ne s'appartint plus. Vie et fortune, la forêt le prenait et l'accaparait. Elle lui rendit mille joies en échange de sa tendresse et de son or; car il fallut que le modique avoir du soldat, cette obole amassée avec tant de patience et de courage, vînt s'engloutir, comme une pierre, dans l'abîme où l'entraînait la charmeresse. L'*Amant de la forêt* devint presque son entreteneur. Qu'importe ! est-ce que l'amour ne vit pas seulement de sacrifices ? Le jour où le phénix ne se brûla plus sur le bûcher, ce ne fut plus le phénix, ce fût le canard de la mythologie. Mais au moins cet or servit à parer la forêt, à la rendre attrayante aux yeux les plus indifférents, et lui, comme il était heureux chaque fois qu'il adressait un nouvel hommage à la préférée !...

Un jour, on ne sait pas pourquoi, l'*Amant de la forêt*, pris de je ne sais quelle manie voyageuse, fit mine de vouloir s'éloigner. Ce jour-là, on vit se renouveler le prodige qui signala la mort de Daphnis : « Les lauriers eux-mêmes le pleurèrent ; ils le pleurèrent aussi, les myrtes, le Ménale couvert de pins, et les pierres du glacial Lycœus le pleurèrent également. » La forêt ne voulait plus se consoler, parce que son amoureux n'était plus là. Mais un beau jour on le vit revenir plus vite qu'il n'était parti, plus épris que jamais ; et les bûcherons commencèrent à se raconter une histoire pareille à celles qui se murmurent dans le Hartz, à la lueur d'un feu de tourbe et de bruyère sèche :

En Poméranie, un garçon saunier avait une femme

avec laquelle il ne restait qu'à contre-cœur, parce qu'il la savait magicienne. Résolu de la quitter, il prétexta un voyage dans la Hesse pour voir ses amis ; mais sa femme ne voulait pas le laisser partir, car elle craignait qu'il ne revînt pas. Il partit néanmoins. Après quelques jours de marche, un bouc tout noir vient derrière lui sur la route, se glisse entre ses jambes, l'enlève et le ramène, non par la grand'route, mais en droite ligne, à travers les fourrés et les clairières, les prés et les forêts, par-dessus les terres et les eaux, et dans l'espace de quelques heures, le dépose, éperdu, tremblant, suant, hors de lui-même, à la porte de son logis. Sa femme, en le voyant, lui dit d'un ton moqueur : « Te voilà donc revenu, vaurien ? Qui te ramène si vite ? » Lui, savait quoi répondre s'il l'eût voulu ; mais il ne voulait pas, car il la craignait.

Ce ne fut pas précisément un bouc qui ramena l'*Amant de la forêt* sous les ombrages de sa belle ; ce fut l'incommensurable ennui qui s'empare de toute âme éloignée de ses amours, ce fut la nostalgie des flots de bruyères et des massifs de houx. Qu'elle fut touchante leur réunion ! quels reproches, quels aveux ils échangèrent ! quels serments de ne plus se quitter ! La forêt bruissait doucement sur le passage du préféré. Le hêtre, que sa grande taille favorise, avertissait l'ormeau de son approche ; le chêne poussait le sapin du coude ; les buissons se hissaient pour regarder par-dessus l'épaule du coudrier ; la petite bruyère elle-même ondulait pour saisir son passage à travers la clairière pleine d'ombre. C'étaient partout des chuchotements, des rires de joie, des soupirs étouffés : c'est lui, c'est bien lui ! et les fleurs secouaient leurs cassolettes pour le parfumer, et les oiseaux chantaient son éloge sur tous les tons de la gamme. Lui, marchait de ce pas ferme et glorieux que le Psalmiste donne à l'Époux; son clair visage reflète les teintes de chaque verdure, il a la joie dans l'âme, il a la plénitude du bonheur.

Depuis ce jour, l'*Amant de la forêt* ne s'est plus éloigné. Qui ne l'a rencontré souvent dans ses pérégrinations matinales? Les bons bourgeois de Fontainebleau dorment encore, qu'il est sur pied. Sa toilette est vite faite. La mystérieuse amante n'a que faire de somptueux habits. Ce qu'il lui faut, c'est un cœur pur et droit pour l'aimer comme elle entend l'être. L'ombre lutte avec l'aube naissante dans les rues silencieuses qu'il traverse, sur les murs sa silhouette semble le précéder. Le bruit de son bâton de houx, frappant le pavé d'un coup sec, éveille le chien de garde qui gronde, mais se rassure bientôt. Il sort par une des portes de la ville, il quitte les chemins frayés. Ivre d'impatience et d'espoir, les yeux tournés vers l'Orient pour y découvrir les premières teintes du matin, il s'avance vers la forêt, il en aspire les senteurs résineuses, il étend les bras vers les grottes, vers les chênes, il voudrait les réunir tous dans un embrassement universel. Joie, innocence, délices que ne connaîtra jamais le vulgaire, vous suffisez à ce cœur de vieillard amoureux, de cet enfant chargé d'années et de bonnes œuvres, qui s'est fait un bonheur tranquille, au-dessus de la méchanceté des hommes, et qui, en cherchant la félicité, rencontrera peut-être le renom pour lequel s'agitent les ambitieux de toute sorte, les poëtes et les héros.

Je ne vous ai peut-être pas dit encore quel était le nom de ce sage, de ce philosophe, de cet amant. Mon cher Denecourt, ne l'avez-vous pas rencontré dans vos promenades à travers la forêt?... Si vous lisez par hasard cet article, ne lui dites pas que j'ai fait son éloge ; car c'est un homme modeste qui serait plus embarrassé d'un panégyrique qu'un pivert d'une racine de mandragore ; car l'hiver qui fit tomber ses neiges sur la barbe du bonhomme a mis dans son cœur un grand détachement de toutes ces frivolités, et peut-être, pour venger son amant, la forêt ferait choir sur ma tête l'arbre maudit qui faillit tuer Horace, et que le poëte a invectivé :

> Te triste lignum, te caducum
> In domini caput immerentis.

ALFRED BUSQUET.

UN ENTERREMENT DE BOHÉMIENS
DANS LA FORÈT.

LETTRE A CH. L.

Mon cher ami,

J'envoie cette lettre sur tes talons, en Suisse, où tu es allé chercher des paysages ; ce sont quelques pages d'où tu pourras tirer quelque chose comme un tableau de genre.

Il y a quelques années, avant qu'on eût songé à appliquer rigoureusement la loi sur le vagabondage, des troupes errantes de bohémiens se montraient fréquemment dans le voisinage de la forêt. Une petite bande de ces gueux d'Orient traversait T... chaque année, pendant la semaine de Pâques. D'où venaient-ils ? où allaient-ils ? Personne n'en savait rien, et l'on ne s'en inquiétait guère. Seulement leur passage avait lieu régulièrement à la même époque. On sortait aux portes pour les voir ;

les enfants les suivaient à distance avec de grands cris; les chiens aboyaient ; la civilisation s'ameutait par instinct contre la nature sauvage. Quant aux Bohêmes, ils marchaient d'un pas lent et grave, avec un balancement de corps qui n'était pas dépourvu de grâce, sans qu'aucune émotion se trahît jamais sur leurs visages couleur de fumée. Ils allaient déguenillés, les jambes nues, les femmes portant sur le dos une besace d'où sortait quelquefois une tête d'enfant façonnée déjà à l'impassibilité d'un masque de bronze; les plus fécondes menaient un autre enfant par la main. Cette troupe était conduite par un vieillard grand et osseux, qui avait parmi les siens le titre de prince. Sa liste civile se composait des aumônes qu'on lui jetait, et qu'il allait au besoin ramasser dans le ruisseau, sans plus de honte qu'un chien qui happe un os. Il ne faut pas oublier non plus, dans son budget des recettes, les poules qu'il volait autour des fermes. Il était capable d'en remontrer à un renard dans l'art de voler des poules. Aucune n'eut jamais le temps de crier sous sa main ; il ne les volait pas comme un larron vulgaire, il les escamotait. Les fermiers l'accusaient de les manger crues, sans même les plumer. La calomnie s'attaque toujours aux hommes supérieurs.

Je vois encore ce pauvre diable, qui est un des souvenirs vivants de mon enfance. Maigre et musculeux, le grand air avait desséché sa peau, et les rides de la vieillesse en avaient fait une écorce. Courbé par l'âge et l'habitude de la marche, il figurait un arc, dont son bâton était la corde. On croyait généralement qu'il se nommait François, parce que ceux de sa tribu l'appelaient d'un nom qui avait à peu près cette consonnance. Je crois plutôt qu'il s'appelait Frandj, mot d'arabe archaïque qui se prononce Frandjat.

Depuis longtemps les Bohémiens ont renoncé à se montrer dans les lieux habités, à cause des persécutions que leur attirait la loi sur le vagabondage. Tomber mort de lassitude dans un fossé, n'est rien pour eux; mais être enfermé dans une prison, voilà leur épouvantail. Maintenant que tu connais les personnages qui vont figurer dans mon récit, je reviens à l'objet de ma lettre.

Un jour de l'automne dernier, je partis, vers les trois heures du matin, le carnier sur le dos, le fusil sur l'épaule, pour une partie de chasse dans la forêt. Quelques amis m'avaient donné rendez-vous dans une bergerie abandonnée et qui tombe en ruines. Le vallon où elle est construite passe, avec juste raison, pour un des endroits les plus sauvages du pays. Pendant le jour, on n'y entend d'autre bruit que le tintement irrégulier de la sonnette d'un mouton perdu dans la fougère. Aussitôt qu'une forme humaine apparaît dans le vallon, le troupeau effrayé s'enfuit en désordre avec un tintamarre assourdissant; on croirait voir la fougère courir et se précipiter; le bélier seul lève la tête et fixe sur l'étranger ce regard calme et impudent, si bien rendu dans les bas-reliefs antiques. Des chiens bruns et velus comme des hyènes s'élancent avec des aboiements étranglés. Du buisson à l'ombre duquel il est couché dans son plaid grisâtre, le berger vous laisse tranquillement dévorer par ses chiens, et il ne se décide à intervenir que si leur attaque est trop vivement réprimée. Alors seulement il se lève et accourt en poussant des cris sauvages. Bien vous prend d'être armé pour tenir en respect hommes et chiens.

Au moment où j'arrivai dans le vallon, aucun bruit ne troublait le calme de l'heure matinale, hors quelques cris d'oiseaux qui se réveillaient dans leurs nids; une fraîche odeur de rosée flottait dans l'air; l'aube pointait à l'horizon, les étoiles pâlissantes avaient la blancheur mate de l'argent, et le contraste faisait paraître la bruyère plus sombre. Une lueur rougeâtre, qui rayonnait à une portée de fusil dans la direction de la bergerie, me fit penser que mes amis m'avaient devancé au rendez-vous. Je pressai le pas, mais avec précaution, en garde contre les irrégularités du terrain et les embûches de la nuit. Je ne pus si bien faire toutefois que je n'allasse tomber tout de mon long dans un grand trou, fraîchement creusé, à ce qu'il me parut, et dont je ne pus m'expliquer la destination. Ce dernier point n'était pas ce qui m'inquiétait le plus, et je me remis sur mes jambes de mon mieux, me rappelant la fable de l'astrologue tombé dans un puits.

Ce qui m'étonnait davantage, à mesure que j'avançais, c'était de n'entendre sortir de la bergerie aucun de ces bruits joyeux qui annoncent d'ordinaire une réunion de chasseurs; il venait de ce côté, par moments, des sons vagues qu'on aurait pris pour des frémissements de feuilles mêlés à des murmures humains à moitié étouffés. Mes pieds foulaient sourdement la fougère, et lorsqu'à peu de distance des ruines le craquement d'une branche sèche sous mon pied me trahit, je vis dans le rayon de lumière qui jaillissait de la porte passer et s'agiter des ombres. Presque au même instant je parus sur le seuil, et me trouvai en présence de mes anciennes connaissances les Bohémiens, qui remplissaient la bergerie. Mon aspect les troubla d'abord, mais ils se remirent bien vite en s'apercevant qu'il n'avaient affaire qu'à un chasseur, — chasseurs et gendarmes n'étant pas cousins, comme dit un vieux dicton.

Quoique je crusse n'avoir rien à craindre des Bohémiens, un premier mouvement de surprise me rejeta en arrière, mais le spectacle bizarre que j'avais sous les yeux me retint. Au centre de la bergerie brûlait un feu de broussailles. Par terre était étendu, tout de son long, le vieux Frandj, les pieds tournés vers ce feu qui figurait peut-être le soleil. Frandj était mort. Les femmes de sa tribu, les cheveux épars, accroupies autour du corps, murmuraient en chœur des paroles inintelligibles pour moi; deux d'entre elles serraient des bandelettes autour du cadavre. Par moments, il se faisait un profond silence; puis les chants de deuil recommençaient, et les femmes se tordaient les bras. Tout au fond les hommes étaient assis, muets et dans une attitude de résignation. L'air de la porte faisait vaciller la la flamme, dont les reflets couraient sur le mur en arabesques capricieuses.

Je me retirai alors et j'allai m'asseoir à l'écart, un peu troublé de ce que j'avais vu. Les coqs des fermes éloignées chantaient comme pour se réjouir de la mort du célèbre voleur de poules. Ce que je savais de la vie de Frandj me revint en mémoire. Je réfléchissais à la singulière destinée de ce pauvre diable de prince, dont la vie n'avait été qu'un voyage continuel, usant sur tous les chemins la plante de ses pieds, qui était certainement ce qu'il avait jamais connu de plus solide en fait de semelles. Je me le représentais tombant, épuisé de fatigues, dans cette bergerie abandonnée, après avoir marché autant que volé une génération d'hirondelles, et disant aux siens : « Mon temps est fini ; qu'un autre maintenant vous conduise sur la terre. Voilà mon bâton que je lègue à mon successeur. »

Cependant l'horizon rougissait, l'air s'éclairait insensiblement, et les formes confuses se démêlaient peu à peu; le jour allait paraître. Je vis les Bohémiens sortir de la bergerie, ou plutôt se glisser dehors, un à un, comme des ombres, emportant leur mort. Ils s'avancèrent de mon côté et passèrent près de moi sans me voir, mais je remarquai que Frandj avait le visage voilé. Arrivés à un endroit planté de bouquets de chênes nains, ils déposèrent leur fardeau sur le bord de ce trou dans lequel j'étais tombé une heure auparavant, et j'avoue que ce souvenir me donna le frisson. Alors de l'horizon, rouge comme le feu, jaillit un premier rayon de soleil qui rasa la terre ; tout s'anima ; les bruyères humides de rosée s'éclairèrent de reflets de pourpre. En même temps ce petit vent frais qui souffle au point du jour et meurt comme un éphémère courut dans le feuillage et sur les pointes des genêts.

Les Bohémiens, qui semblaient attendre ce moment, enlevèrent le voile qui couvrait le visage de Frandj, afin que le soleil caressât une dernière fois ses yeux fermés, et tous ensemble ils se jetèrent la face contre terre en s'écriant à plusieurs reprises : « Frandj ! Frandj ! » Après cet appel lamentable ils descendirent le corps dans la fosse.

En cet instant retentirent près de nous des pas de chevaux et des détonations d'armes à feu, accompagnés de cris de joie, et aussitôt parut sur le sentier qui coupait le vallon une cavalcade qu'il était facile de reconnaître pour une noce. Nos campagnards se marient de bon matin, afin d'être heureux *tant que le jour est long*, habitude philosophique basée peut-être sur cette vieille maxime que le bonheur n'a pas de lendemain. La cavalcade, étonnée de ce qu'elle voyait, s'arrêta au milieu du sentier. Le marié était un robuste garçon de haute stature, portant ce costume local qui ne manque pas de pittoresque : chapeau de feutre noir à forme très-basse avec des plumes de paon passés dans la ganse — et à larges bords de dessous lesquels s'échappe une chevelure dorée contournée en tire-bouchons; veste étroite et collante comme un spencer, chargée de verroteries; gilet écarlate, et large pantalon flottant comme une double jupe. Son œil gris fixa sur les Bohémiens et sur cette cérémonie de mauvais augure un regard irrité. La mariée, qu'il portait en croupe, jolie fille toute couverte de rubans et bariolée de couleurs comme une prairie au mois de mai, avança curieusement la tête par-dessus l'épaule de son mari, en s'y appuyant d'une main; mais presque aussitôt elle se rejeta en arrière avec un cri d'effroi. Le jeune homme se retourna avec la vivacité du loup qui entend l'appel de détresse de sa femelle; à l'aspect des traits bouleversés de la jolie fille, son visage exprima à la fois l'amour, la colère, et une sorte de terreur superstitieuse dont ces images funèbres le frappaient malgré lui.

Ne trouves-tu pas que cette scène ferait bien dans une toile de trois pieds carrés? Il y a là un paysage d'une belle couleur, des personnages en relief, du mouvement, des contrastes, de quoi, enfin, remplir toutes les conditions de l'art.

Je reviens à mon sujet. La cavalcade piqua des deux et s'éloigna au grand trot. Les Bohémiens descendirent le mort dans la fosse; puis, sur la terre qui le recouvrit, se dressa un jeune garçon d'une quinzaine d'années environ, jaune comme l'ambre, d'un aspect farouche et en qui s'incarnait dans toute sa perfection le type de la race bohême. Les Bohémiens l'entourèrent avec de grandes démonstrations de joie et en criant de nouveau : « Frandj ! Frandj ! » Ce que je traduirai par cette autre exclamation plus connue : « Le roi est mort ! vive le roi ! »

Un bruit de chevaux se fit entendre encore du côté par où la noce s'était éloignée : cette fois c'était la gendarmerie; les Bohémiens détalèrent promptement, se glissant à travers les buissons, se coulant dans les genêts, et emmenant leur nouveau prince.

En quelques minutes la scène se trouva vide.

Deux jours après, étant de retour à T..., je trouvai la ville en rumeur. Les gendarmes étaient parvenus à prendre au collet le jeune successeur de Frandj, et l'enfant, impatient des verrous, s'était brisé la tête contre les murs de sa prison. Tout le monde s'entretenait de cet événement. Voilà comment devait finir la dynastie du grand voleur de poules ; on pourrait citer d'illustres races historiques qui n'ont pas eu une fin plus glorieuse.

Maintenant, mon cher L..., tire le parti que tu voudras de cette lettre, qui aura servi du moins à me rappeler à ton souvenir.

A toi.

CLÉMENT CARAGUEL.

LE VAL FLEURI

La nature vierge est pleine de charmes, redisent à l'envi les voyageurs et les poëtes ; mais, comme toutes les vierges, elle est souvent par trop farouche. Ce n'est pas l'enfant timide que touche un sourire, qu'une larme émeut, qu'une caresse rendra confiante. Amazone armée de toutes pièces, couronnée de fer, vêtue de la dépouille du léopard, elle ne s'endort qu'au delà d'une triple enceinte de retranchements; malheur à qui tente de la surprendre ! Elle ne cède ni aux menaces, ni aux ruses, et toujours, avec une opiniâtre fierté, elle repousse le téméraire qui essaye de dénouer sa ceinture.

« Belle nature, nous vous avons admirée sous toutes les zones, dans tous les climats. Nous vous avons vue sur votre trône de glaces éternelles, nous vous avons rencontrée sur les plages brûlantes où se tordent les vagues de votre immense océan. Partout mystérieuse et superbe comme la fille des druides, vous nous avez semblé terrible partout, partout où le génie de l'homme, avec une patiente audace, n'a pu vous arracher votre manteau virginal.

« Lianes chevelues, fourrés épineux, ronces gigantesques, — inextricable réseau de labyrinthes, — fondrières, rochers, cratères, gouffres béants, taillis hérissés de dards, déserts sans bornes, sables de feu, abîmes et mers sans fonds, marécages impénétrables, remparts de granit, fossés de lave bouillante, — tels sont les obstacles que vous opposez sans cesse à l'ambition humaine.

« Vierge au bouclier, malgré toute notre admiration pour vos splendeurs, malgré tout notre amour pour vos charmes, nous vous aimons mieux,—avouons-le humblement, — quand vous commencez à être apprivoisée. Grâces soient donc rendues à quiconque fraye une voie, comble un précipice, défriche une lande ou suspend un pont! Hier, la nature menaçante se refusait à notre tendresse; demain, rendue accessible, elle ne pourra plus nous cacher ses beautés ! »

Je m'en allais rêvant ainsi, tout en foulant un des innombrables sentiers tracés à travers la forêt de Fontainebleau par un de ces hommes de bien qu'aucun obstacle ne décourage. J'applaudissais à son œuvre chemin faisant; sans lui, aurais-je pu explorer les crêtes rocheuses d'où je redescendais vers le parc? Sans lui, n'aurais-je point craint à chaque pas de m'égarer dans un nid de vipères? Les broussailles m'avaient livré passage comme par enchantement.

Que de fois, dans ma jeunesse, n'ai-je pas été arrêté dans mon chemin par les cactus ou les épines entrelacées des forêts d'outre-mer. Que de fois n'ai-je point trouvé les grands bois barricadés par les lianes ou noyés dans de hautes herbes qui devaient recéler mille reptiles venimeux.

A peine redescendu des hauteurs, je traversai une route ; une porte venait de s'ouvrir, je passai de la forêt dans le parc.

Le soleil perçait la feuillée, ses rameaux d'or glissaient parmi les brouillards d'argent qui tourbillonnaient au-dessus du canal ; les coqs du village voisin sonnaient la diane, les petits oiseaux commençaient à gazouiller, et les hirondelles, chargées de la police de l'air, s'en allaient criant aux paresseux : « Alerte, voici le jour ! »

Le coq est le clairon qui, le premier, chante le réveille-matin. Aux hirondelles est dévolu le soin de répéter le signal ; mais c'est le soir surtout qu'elles redoublent de zèle pour annoncer la retraite. Leurs cris sont d'abord assez rares ; de loin en loin elles s'appellent, elles se répondent, ce n'est encore qu'un prélude. Mais, à mesure que le soleil baisse, leur vol, leurs cris, se précipitent ; elles se croisent, elles échangent des mots d'ordre et de ralliement ; leurs appels sont de plus en plus impérieux, elles montent, descendent, tournoient, inspectent les arbres, les édifices, les rochers, elles rasent la surface des eaux ; elles se multiplient en jetant des clameurs aiguës. C'est ainsi qu'elles commandent le silence et le repos à tous les oiseaux de jour.

Le hibou, l'orfraie, la chauve-souris, seuls désormais ont le droit de fendre l'air.

Rien de plus rigoureux que la discipline de la gent ailée. L'amour maternel même n'en ose enfreindre les lois, comme j'en fus témoin dans le parc de Fontainebleau.

Je ne sais quel accident avait détruit un nid de moineaux, c'était la veille de ma promenade matinale sur les rochers Bouligny, par delà le mail d'Henri IV. En revenant du village d'Avon, j'avais été arrêté par une touchante scène de famille.

Deux jeunes passereaux étaient tombés sur le gazon : — le père et la mère voletaient autour d'eux avec inquiétude ; j'en ramassai un, je le réchauffai de mon haleine ; les cris plaintifs redoublèrent.

— Ne craignez rien, mes pauvres amis, je ne veux point vous faire de mal. Sterne décrirait mieux vos angoisses, mais ne les respecterait pas davantage.

Je fis un lit de mousse et de feuilles sèches, j'y posai les deux petits et m'éloignai, jusqu'à ce que ma présence n'effarouchât plus leurs parents. La mère revint aussitôt portant quelque pâture, le père volait à côté d'elle ; il imita bientôt son exemple. Tant que le soleil fut sur l'horizon, ils vinrent tour à tour caresser, réchauffer et secourir leurs petits.

Assis à quelque distance, j'observais avec intérêt. Tout à coup la retraite des hirondelles se fit entendre. O Josué ! que n'étais-tu là pour arrêter le soleil !

Les hirondelles faisaient leur ronde, et sonnaient la rentrée au logis. Le mâle obéit le premier à la stricte consigne des habitants de l'air ; j'entendis son dernier cri, je le vis disparaître au delà d'un mur. La femelle, luttant entre deux instincts, le suivit d'abord, puis revint à ses petits, étendit sur eux ses ailes et becqueta la mousse ; mais une hirondelle sévère, — était-ce un adjudant major ou un maréchal de camp ? — l'effleura en criant en son langage :

« Voici la retraite ! n'entendez-vous pas le couvre-feu ? Allons, rebelle, obéissez !... Silence partout !... »

Un timide adieu, un soupir se fit entendre encore ; mais la triste mère n'osa plus s'attarder, et les petits eux-mêmes cessèrent de se plaindre. Ils tremblaient de froid sur le lit de mousse que je leur avais dressé. J'essayai de leur donner quelques miettes de pain ; ils n'étaient pas encore capables de se passer des soins maternels ; je les enveloppai donc du mieux que je pus, en me promettant de revenir au point du jour ; et c'est pourquoi, aux portes ouvrantes, je rentrais dans le parc.

Le Mail, ni les sauvages hauteurs que j'avais rapidement explorées, ne purent me retenir ; je courus au peuplier qui me servait de remarque, j'arrivai au lieu du désastre.

La pauvre mère, dès le chant du coq, avait volé vers le nid de mousse. Les hirondelles, cette fois, ne la chassèrent plus ; mais, hélas! il était trop tard. Le plus fort des petits passereaux gémit une dernière fois, puis expira sur le corps de son frère.

La femelle les secoua l'un après l'autre et geignit; elle s'attacha surtout à celui qui avait vécu jusqu'au jour, le retourna, tenta de le réchauffer, essaya de lui ouvrir le bec, le secoua encore, et continua ce manége avec une sollicitude si évidente, que ses plaintes, ses doutes, ses espérances et son désespoir n'auraient pu être mieux exprimés en aucune langue. Elle hochait la tête et becquetait la mousse au hasard, rejetant la pâture qu'elle rencontrait; elle resta immobile un instant, puis voltigea sur les dépouilles inanimées de ses petits.

Le mâle, perché sur une branche voisine, ne cessa de la regarder tristement; ils échangeaient quelques cris de deuil :

— Ils sont morts!... ils ont péri de froid et de faim!... semblait dire la mère désolée.

— Rien!... rien!... Je ne puis plus t'aider à rien ! répondait le père de la petite famille.

Lorsque enfin la femelle s'envola, il prit son vol en même temps, et les cris de douleur qu'ils poussèrent ensemble me laissèrent, — oh! en rira qui voudra! — sous une impression de vague tristesse.

Tous les jours, nous voyons passer avec indifférence un convoi funèbre, et tandis que le cortége chemine sur la chaussée, nous continuons, gaiement parfois, la conversation commencée sur le trottoir.

— Vous ne connaissez ni le défunt, ni ses parents; connaissais-je davantage les oisillons qui *pleuraient* leur nid et leur progéniture?

(Virgile fait pleurer Philomèle sous l'ombre; qu'on nous permette de nous servir de la même expression.)

Sterne ne limite pas ses élans de pitié; l'âne, le chien du pauvre, sont ses amis, et, je vous le jure, les malheureux passereaux de la forêt étaient devenus mes amis depuis la veille. J'en voulais aux hirondelles d'avoir sonné la retraite. J'en voulais à la consigne sévère qu'elles ont mission de faire observer.

Mais ne faut-il pas que le chat-huant prenne ses ébats! Si les oiseaux de jour ne se retirent point à l'abri avant la nuit close, ils s'égareront et seront inévitablement la proie des malfaiteurs nocturnes.

Et par transition, j'en revenais à songer aux sublimes mystères de la Nature, grande prêtresse de la Mort qui engendre la Vie.

« Matière éternelle éternellement animée, dogme de la métempsycose, âme du monde mue incessamment par la divine Providence!... Ces deux pauvres pierrots vont nourrir l'arbre et le gazon, ils se transformeront en herbe que broutera la vache de la ferme voisine; et ce lait parfumé, que la fermière mélangera d'eau en dépit du Décalogue, contiendra des parcelles du corps de mes petits oiseaux.

« O Pythagore!... pourquoi ne permettais-tu point de manger des fèves?... »

J'étais arrivé à l'extrémité de la belle pièce d'eau où se mirent les grands arbres du parc. Adieu, Pythagore! Un chant enfantin retentissait au delà d'une haie, je n'en perdis pas un mot.

>Sais-tu la chanson
>   Du pinson,
>   Jeannette?
>Sais-tu la chanson
>   Que là-haut répète
>   Le gentil pinson?

>La chanson est bien gentille,
>Mais moins que toi, jeune fille,
>   Est gentille
>   La chanson!
>   Et tra la, la la!
>   Tra la, la ra la!

La voix qui chantait ainsi avec la gaieté d'un pinson était fraîche, quoique un peu grêle; et si les paroles me parurent trop apprêtées pour être franchement campagnardes, l'air qui s'y adaptait avait toute la naïveté désirable. Cinq ou six voix de grandes filles se mêlèrent à celle de la petite chanteuse.

>   Et tra la, la la!
>   Tra la, la ra la!

Je m'avançai en tapinois du côté d'un treillage, balcon champêtre d'où l'on domine l'étroit ravin situé entre la pièce d'eau et le mur d'enceinte du parc.

Ce fonds, qui mérite le nom de Val-Fleuri, est à mon goût un petit coin du paradis terrestre, un peu arrangé par les arrière-petits-fils d'Adam, mais, en vérité, pas plus que ne peut le désirer un voyageur qui a le droit de se connaître en oasis.

Au milieu d'un tapis de gazon ombragé par de grands arbres et entouré par des haies touffues, un génie bienfaisant [1] a dressé une massive table de pierre que visitent parfois d'aimables convives.

Chevaliers de la Table ronde, votre illustre marraine fut-elle jamais plantée en un vallon si charmant!

Une prairie verdoyante, où scintillent mille perles des champs, s'étend au delà du bouquet de marronniers, de frênes et d'ormeaux qui marient leurs feuillages. A leurs pieds serpentent d'étroits ruisselets, alimentés les uns par une source glaciale, les autres par le trop-plein de la grande pièce d'eau qu'attiédit l'ardent soleil de juillet.

Mon balcon de treillage est situé exactement au-dessus de l'écluse construite comme un petit château d'eau dans les talus entourés de haies vives. Là jaillit par une rigole de pierre moussue la fontaine du canal.

Le murmure de cette faible cascade et les frémisse-

---

[1] Cette table est due à M. Lamy, conservateur du palais.

ments de la brise dans les rameaux accompagnaient les chansons de mes jeunes villageoises, qu'un poëte classique appellerait les nymphes de la Table ronde.

En vérité, la plupart d'entre elles n'avaient pas d'autre siége.

Abrité par un gros frêne, qui doit avoir ombragé les mères-grand's de leurs grand's-mères, j'étais tout yeux et tout oreilles.

>Et tra, la la la !
>Tra la la, ra la !

La petite fille a déjà chanté son second couplet, mais nous n'en ferons pas grâce au lecteur :

>Sais-tu qu'au matin,
>Un lutin,
>Jeannette,
>Sais-tu qu'au matin,
>Dans l'ombre te guette
>Un gentil lutin ?

>Le lutin est blanc et rose,
>Mais moins que toi, blanche rose,
>Il est rose
>Le lutin !
>Et tra la, la la !
>Tra la, la ra la !

Elles se prirent gaiement par la main et firent une

ronde autour de la table; la plus jeune resta seule assise, et après le refrain, continua ainsi :

>Sais-tu que l'amour
>   Un beau jour,
>   Jeannette,
>Sais-tu que l'amour
>   Aura, ma brunette,
>Son tour un beau jour ?

>De l'amour, moi, je me moque,
>Plus que d'un œuf à la coque,
>   Je me moque
>   De l'amour !
>Et tra la, la la !
>Tra la, la ra la !

Les grandes partirent de bruyants éclats de rire.
— Et puis?... ensuite?... après ?
— C'est fini ! dit la petite.
— Tant pis ! s'écrièrent les danseuses.
Pour le coup, du haut de mon balcon, j'entonnai un quatrième couplet :

>Tu te moqueras
>   Des faux pas,
>   Jeannette,
>Tu t'en moqueras,
>Tant que sur l'herbette
>Tu n'en feras pas.

Mais l'amour lutin te guette
Soir et matin en cachette,
  Il te guette
  A chaque pas!...
Et l'heure viendra,
Tra la, la ra la,
Où l'amour rira !
Et tra la, la la !

Je descendis, les grandes filles s'enfuirent. Bientôt un bruit confus de battoirs m'apprit que les naïades et les dryades du Val Fleuri ne sont autres que les blanchisseuses d'Avon.

— Jeannette, demandai-je à la petite fille, qui t'a appris ta chanson?

— Un monsieur de Paris qui l'a faite tout exprès pour moi. C'est un artiste, dit-il, qui vient dessiner les arbres et tout; il m'a dessinée aussi, moi.

Le modèle en valait bien la peine. Toutes les fillettes de Fontainebleau ont des yeux magnifiques.

Cela tient au bon air, à la bonne eau, au bon lait, à une infinité de bonnes choses et à un bon caprice de madame la Nature, qui veut dans ses grands bois des étoiles le jour comme la nuit.

— Répète-moi tes trois couplets, Jeannette.

— Je veux bien, répondit-elle; mais vous m'apprendrez le quatrième.

— Le cinquième, le sixième, le septième aussi, si tu veux.

— Oh! que non pas! fit-elle; ce serait trop long!

. . . .

Le vent s'éleva tout à coup avec violence, les arbres qui se heurtaient rendaient un son grave et strident tour à tour; au loin vous auriez dit une mer agitée dont les lames se replient sur elles-mêmes. J'avais entendu les chansons matinales des oiseaux et la chansonnette de Jeannette; la nature chantait à son tour la grande et sonore chanson des océans, des sables et des forêts.

— Adieu, Jeannette!... adieu, joli pinson du Val Fleuri!...

L'orage éclata... Elle avait disparu en chantant toujours :

<blockquote>
Tra la la, la la !
Et tra, la ra la !
</blockquote>

. . . . . .

G. DE LA LANDELLE.

LE CHASSEUR DE VIPÈRES

I

PROMENADE AU ROCHER GUÉRIN.

Quoi de plus triste qu'une promenade en forêt vers la fin de janvier! Les roches grises, tachées d'une mousse jaune et flétrie, les chênes nus, les bouleaux dont le blanc mat se fond dans une brume roussâtre, les vallons frissonnants sous la neige, les oiseaux sans voix, que de choses à vous serrer le cœur!

L'homme déçu ou que la douleur a brisé recherche ce spectacle, où chaque être souffre et pleure avec lui. Du ciel morne, des cimes dénudées, des vallons glacés, s'échappe une immense plainte que l'âme blessée sent sourdre en elle avec une mélancolique ivresse. Arbres, rochers, collines, vallons et ravins se font comprendre du promeneur : il n'est pas jusqu'aux pauvres feuilles sèches, broyées sous ses pieds, qu'il ne lui semble entendre murmurer dans leurs petits craquements : « Comme vous nous avons vécu, aimé, souffert! Nous étions heureuses quand, suspendues aux branches de nos bien-aimés, nous poussions dans les airs nos soupirs de tendresse et de joie! — quand le soleil de mai répandait sur nous ses plus chaudes caresses! — quand le zéphyr parfumé du printemps nous balançait entre la terre et le ciel! zéphyr, trop tôt ..... par la bise d'octobre. Depuis la venue de ce vent cruel, pauvres feuilles errantes, nous volons de désert en désert, pleurant et appelant en vain notre amour perdu! »

L'amour, c'est la vie. Voyez dans les tiédeurs fécondantes du printemps, sous les bouffées d'air et de soleil, comme tout s'anime et respire à l'aise! L'homme n'a pas assez de poumons pour aspirer; la fleur ouvre son calice et livre au souffle amoureux de la brise les trésors et les parfums qu'enfermait sa corolle; les grillons murmurent; les oiseaux sifflotent leurs plus joyeuses chansons. La forêt alors nous apparaît comme l'Éden perdu de notre premier père; le malade y va chercher la santé, le pauvre l'air pur, loin de la ville, où, souvent corrompu, l'air se mesure et se paye; les arbres et les fleurs font même accueil au moins riche comme au plus fortuné. C'est là que l'amant vient cacher son bonheur, et sent doubler son ivresse au fluide voluptueux qui anime plantes, fleurs, insectes, oiseaux et papillons.

Aussi, quand le soleil de mai sourit à la terre son

amante, je ne puis résister au désir d'aller respirer la vie suave de tes bois, ô ma forêt de Fontainebleau! Je dis *ma forêt*, étant né aux pieds de ses rocs et de ses monts, ayant grandi à l'ombre de ses futaies : il me semble, égoïste, qu'ils sont plus à moi qu'aux autres visiteurs, ces déserts où, enfant, je caressai mes rêves, et plus tard mes espérances.

Combien de fois j'ai quitté Paris le corps souffrant, la tête alourdie! A peine avais-je posé le pied sur ces lisières aimées, que je sentais se dissiper, comme sous les mains d'un magnétiseur, les nuages épais de mon cerveau, engendrés, sans doute, par les miasmes impurs qui s'échappent des rues et du macadam parisiens.

Il vous en souvient, mon bon Denecourt, il y a un an environ, je vins vers ma mère et vers vous comme le malade aux médecins. Depuis quelques mois, vous disais-je, je ne peux plus rien, ma tête se refuse aux travaux sérieux : la chanson elle-même, la pauvre chanson, mon délassement habituel, trouve mon cerveau rebelle; je ne sais plus aligner quatre vers! La bonne mère m'embrassait, les larmes dans les yeux; je me sentais un peu soulagé, — doux baisers de ma mère! — Puis, me prenant le bras et me montrant la forêt, vous me dites : — Ami, la guérison est là... — Et vous aviez raison; n'est-ce pas la forêt, cher Denecourt, vieux citoyen aux cheveux blanchis par l'âge et les déceptions, vieux soldat blessé! n'est-ce pas la forêt qui vous a gardé les jambes si vigoureuses et le cœur si chaud ? Et vous me conduisîtes sur les hauteurs du rocher Guérin ; de là j'admirai cette immensité, mouvante sous le vent comme la mer sous la tempête ; dans le lointain, d'un côté les blés, hauts déjà, de l'autre les pampres verdoyant au soleil, achevaient le tableau, l'un des plus radieux qui soient sortis de la palette de Dieu.

De cette promenade et de notre conversation naquit une chanson que j'intitulai audacieusement *les Fils du Soleil*, chanson qui est bien vôtre, et que je suis heureux de vous restituer dans ce livre, hommage rendu par des écrivains célèbres à la persévérante et courageuse tâche que vous vous êtes imposée. Hommage auquel je les remercie d'avoir bien voulu m'associer, moi, chétif : part que je dois, sans doute, à notre amitié et au nom de mon pays natal.

LES FILS DU SOLEIL.

I

Fils du Soleil et de la Terre,
De ces éternels amoureux,
Jean Blé-Mûr, Jean Raisin son frère,
Sous l'œil d'en haut croissent tous deux.
Pour les fêter que de louanges !
Toute la nature en gaîté,
Dans les moissons et les vendanges,
Nous crie : — Enfants, prospérité !

Celui dont viennent toutes choses
Sur nous étend sa large main :
Relevons donc nos fronts moroses,
Voici le vin et son frère le pain !

II

Des flancs de leur robuste mère
Tous deux à peine ils sont sortis,
Que dans le vent, sous le tonnerre,
Ils portent haut bourgeons, épis.
Jean Blé-Mûr a la tête blonde ;
Jean Raisin a le teint vermeil :
Ils s'en vont réjouir le monde,
Comme leur père le Soleil.

Celui dont viennent toutes choses
Sur nous étend sa large main :
Relevons donc nos fronts moroses,
Voici le vin et son frère le pain !

III

Pour Jean Blé-Mûr, pauvre, on se damne ;
Riche, on donnerait ses trésors.
Jean Blé-Mûr est la sainte manne
Qui nous prend faibles, nous rend forts.
Mais Jean Raisin, c'est l'espérance !
Quand sa séve monte au cerveau,

Un mirage endort la souffrance ;
Tout s'anime et nous semble beau !

Celui dont viennent toutes choses
Sur nous étend sa large main :
Relevons donc nos fronts moroses,
Voici le vin et son frère le pain !

IV

Allons, Travail, fais des miracles,
Et sur tous répands tes bienfaits,
Viens, renversant les grands obstacles,
Nous apporter la grande paix.
Qu'il naisse enfin le jour prospère,
Où l'homme sera toujours sûr
D'avoir Jean Raisin dans son verre
Et sur sa table Jean Blé-Mûr.

Celui dont viennent toutes choses
Sur nous étend sa large main :
Relevons donc nos fronts moroses,
Voici le vin et son frère le pain !

II

LES REPTILES DE LA FORÊT.

> Le sixième jour, Dieu dit : « Que la terre produise des animaux vivants selon leur espèce, les animaux domestiques, les reptiles et les bêtes de la terre selon leur espèce. » Et ainsi fut.
> *Genèse*, ch. I, v. 24.

La nature est généreuse pour tous; le soleil prodigue ses faveurs aux bons et aux méchants, et s'il entr'ouvre les roses du buisson auquel vous venez confier vos secrets, beaux amoureux, il réchauffe aussi le venimeux reptile qui, las des mois passés sous la terre humide ou gelée, vient prendre sa part de ses rayons bienfaisants.

Mais ne calomnions pas les reptiles; si la morsure de quelques-uns est dangereuse, quelquefois mortelle, ils n'attaquent jamais l'homme, et à moins de marcher sur eux ou de les irriter, vous les verrez fuir au plus léger bruit leur annonçant votre présence.

> L'enveau
> Mène au tombeau
> L'*aspi*
> Vous ensevelit.

La vipère
Mène en terre.
La couleuvre,
On en *releuve*.

Ces vieux dictons populaires sont encore dans la mémoire des habitants de Fontainebleau, et expliquent la frayeur que les reptiles leur inspiraient il y a vingt ans, quand la forêt en était infestée. Le visiteur de nos bois ne quittait alors qu'en tremblant les grandes routes, et ce n'était que les jambes garnies de hautes guêtres de cuir que l'artiste intrépide partait, à travers ronces et taillis, à la recherche des sites gigantesques et sauvages dont la nature a doté Fontainebleau, sublimes beautés que, dans sa capricieuse fantaisie, elle avait cachées aux regards de l'homme.

Il n'était pas encore venu, l'intelligent cicérone qui, après avoir découvert des mondes nouveaux d'arbres, de grottes, de rochers, de fontaines, de vallons et de ravins, devait nous y conduire à petits pas, et par des sentiers étroits comme ceux qui mènent au bonheur.

Mais retournons à nos serpents, et voyons si les proverbes disent vrai. *La vipère mène en terre* : le fondateur du cabinet d'histoire naturelle de Pise prétend faire résulter de six mille expériences que le venin de la vipère ne saurait tuer ni les grands animaux ni l'homme. N'en déplaise au savant Fontana, les morsures de la vipère ont souvent amené la mort, ainsi que l'ont constaté les médecins Hervez de Chégoin et Pruina, qui ont vu, l'un une femme mordue à la cuisse par une vipère mourir en trente-sept heures, l'autre, un homme succomber en huit heures sous l'influence du venin de ce reptile. De plus, le docteur Paulet, ancien médecin du palais de Fontainebleau, cite deux enfants et un adulte morts à la suite de ces morsures, plus ou moins dangereuses, selon que la vipère est plus ou moins irritée.

M. Paulet eut la philanthropique idée, pour arriver à la destruction des vipères, d'offrir une prime par chaque tête qu'on lui apporterait. Après la mort de ce savant médecin, son successeur, M. Bardout, continua de payer cette prime, que lui remboursait autrefois la couronne. En 1848, la couronne ayant suivi celui qui la portait, ce fut la ville qui donna la prime, encore distribuée aujourd'hui par le portier de la mairie.

La couleuvre, on en relève, c'est-à-dire on en guérit. Les dents de la couleuvre ne distillant pas de venin, sa morsure n'amène qu'une légère inflammation qui se dissipe promptement.

Quelques couleuvres, entre autres celles dites *esculapes*, atteignent d'un mètre six centimètres à un mètre quatre-vingts centimètres de longueur. La couleuvre est susceptible d'éducation, et Valmont de Bomare en cite une qui se glissait le long des bras de sa maîtresse, se cachait sous ses vêtements, venait reposer sur son sein et en était jalouse.

Notre forêt en possède cinq ou six espèces, vertes, jaunes, à colliers, etc.

L'enveau mène au tombeau. Le proverbe, cette fois, est dans la plus complète erreur, car l'enveau est inoffensif et n'a d'effrayant que sa laideur.

L'aspic vous ensevelit. La morsure de l'aspic est plus maligne encore que celle de la vipère. Hâtons-nous de dire, cependant, qu'on guérit vite des morsures de ce reptile, si, après avoir serré fortement la partie mordue un peu au-dessus et au-dessous de la blessure, on a le courage de faire une incision en forme de croix, entr'ouvrant en tous sens la morsure sur laquelle on verse un peu d'alcool; ainsi pansé, le blessé peut attendre les soins du médecin, qui font bientôt disparaître le mal.

Les autres reptiles de la forêt sont inoffensifs comme l'enveau.

La vipère commune a la tête plate, formant à peu près un triangle obtus; des caractères noirs y dessinent une espèce de V mal fait, qui se détache du gris-perle dont la tête est colorée. Elle mesure jusqu'à vingt-cinq pouces de long sur plus d'un pouce de diamètre. Jeune, sa robe est rousse-grise ou jaune; vieille, le dessous de sa robe prend la couleur luisante de l'acier, et le dessus se colore de trois rangs de taches noirâtres en longues chaînes festonnées.

La vipère rouge est plus dangereuse et plus rare; sa robe est tigrée de points roussâtres.

On trouve aussi dans notre forêt, mais en petite quantité, deux vipérines, venimeuses aussi, appelées, l'une *terrestre*, à peu près semblable à celle dite commune, et l'autre dite *vipérine d'eau*, ressemblant à s'y méprendre à la vipère rouge. Mais ces vipérines habitent les endroits marécageux, tandis que les autres vipères recherchent, au contraire, un sol très-sec.

Entre elles, les vipères se mordent sans danger; elles redoutent peu d'animaux; à part les hérons, les faucons, qui en font leur proie, et le sanglier, que son lard met à l'abri des morsures, tous les autres animaux, sauvages ou domestiques, les craignent et les fuient.

Elles sont carnivores et se nourrissent d'insectes, de vers, d'oiseaux, de quadrupèdes, etc. C'est une erreur de croire qu'elles vont sucer le lait des vaches dans les prairies et dans les étables, ou qu'elles touchent aux fruits des jardins : ce sont là des contes de bergers et de visionnaires.

L'aspic a la tête plate et plus alongée que la vipère, sa robe, d'un noir d'ébène, est zébrée de blanc d'argent. Longtemps on crut qu'il n'y en avait pas dans notre forêt; mais Guérigny, le chasseur de reptiles, dont je vous parlerai bientôt, et à qui je dois une partie des détails ci-dessus, a rencontré des aspics dans les rochers de Montméant et de Samoreau. On en avait déjà trouvé deux, en 1806, dans la forêt; ils étaient de couleur rousse, et avaient deux ou trois pieds de long.

Tout le monde sait qu'une reine d'Égypte, ne voulant pas survivre à la défaite de son amant, vaincu par les Romains, se donna la mort en se faisant mordre le sein par un aspic. Mais ce que tous ne savent pas, c'est ce qu'ajoute l'histoire : « Cléopâtre, accoutumée à la mollesse, choisit ce moyen comme le plus doux. Le coup que lance l'aspic étant si imperceptible qu'on ne le sent pas, le venin qui se répand dans les veines *cause une agréable lassitude*, ensuite le sommeil, et enfin une mort sans douleur. » — Pour éviter un triste désappointement à ceux qui compteraient sur la douceur de ce suicide, voici des faits observés à la suite d'une morsure d'aspic, et cités par M. Jamin : « Le médecin trouva la partie mordue tuméfiée, ferme, avec des points gangréneux ; le malade atteint de syncopes fréquentes, de vomissements et de douleurs à la région épigastrique. » Cette mort n'est donc pas aussi douce que l'annonce l'histoire, menteuse en cela comme en tant d'autres choses.

Un poëte appelle les sifflements des vipères, dans leurs époques amoureuses, des *épithalames monotones*. Si monotones sont leurs cris et froides leurs écailles, les amours des serpents n'en sont pas moins vives et chaudes, puisque alors leur union est si intime, qu'ils ne semblent plus former qu'un corps et un serpent à deux têtes.

La pharmacie utilise la vipère, qui entre dans la composition de la thériaque, et dont on fait encore des spécifiques employés contre la morsure même des reptiles. Le poison peut donc avoir son utilité, et *Linnée*, l'un des plus grands savants du monde, a eu raison de dire : « La nature n'a préparé de poison dans l'ordre physique que pour assurer à l'homme des remèdes contre les maladies rebelles et invétérées ; comme dans l'ordre moral, elle abandonne quelquefois les peuples à des tyrans, qui deviennent entre ses mains des moyens violents, mais efficaces, de rappeler à la vie les nations engourdies et corrompues. »

Il n'y a pas utilité ici à dépeindre les reptiles inoffensifs, et, d'ailleurs, le lecteur aura l'occasion de voir les plus intéressants, s'il veut bien me suivre dans la chasse que je vais lui raconter. Pour avoir le droit de faire ce récit, j'ai non-seulement couru la mauvaise chance d'être mordu, mais j'ai encore subi, pendant quelques heures, plus d'un tremblement que j'aurais tort d'attribuer à mon courage.

III

LA CHASSE.

> Puis Dieu dit : « Faisons l'homme à notre image selon notre ressemblance, et qu'il domine sur les poissons de la mer, sur les oiseaux des cieux, sur les animaux domestiques et sur toute la terre, et sur tout reptile qui rampe sur la terre. »
> *Genèse,* ch. I, v. 26.

Plusieurs chasseurs de reptiles exploitent la forêt de Fontainebleau, et je connais pour ma part deux hommes faisant ce métier aussi dangereux que peu lucratif. Le plus adroit des preneurs de vipères s'appelle Guérigny et habite Fontainebleau, sa ville natale, où il exerce deux autres professions : celle de débitant de bières et liqueurs à la gare du chemin de fer, et celle de peintre en bâtiments. Comme vous le voyez, Guérigny cumule, mais il ne faut pas lui en vouloir : père d'une nombreuse famille, malgré ces trois états, il aura bien de la peine à faire fortune. Voici dix-sept ou dix-huit ans que Guérigny chasse le reptile, et c'est surtout à lui qu'on doit de pouvoir aujourd'hui se promener hardiment dans la forêt.

Il y a deux ans environ, nous venions, un de mes

oncles et moi, de visiter la fameuse *caverne des brigands*, creusée dans l'une des hauteurs des gorges d'Apremont, quand le gardien de ce repaire nous dit :— Tenez, voilà le chasseur de vipères qui vient vers nous. — Comment! fit mon oncle étonné, il y a donc des gens qui font cette chasse? — Oui, monsieur, répondit un petit homme vêtu d'une blouse à la couleur douteuse, la tête couverte d'une casquette en toile cirée;— puis, se débarrassant d'une boîte qu'il avait sur le dos, il ajouta en souriant :— Si vous voulez voir mon gibier, messieurs? — Volontiers. — Alors cet homme, dont le nom m'échappe, mais dont ma mémoire a parfaitement retenu la figure osseuse, l'œil petit, brillant et rond, tira de sa boîte deux vipères, peu grandes, mais très-vives, et se mit à jouer avec elles, les faisant passer sur son cou, les laissant ramper sur le sol, puis les reprenant lestement et avec une aisance curieuse.

Mon oncle, un ancien garde des forêts, frémissait et reculait! Je faisais comme mon oncle.

— Vous ne craignez donc pas leur morsure? dit-il. — Il n'y a aucun danger, messieurs, reprit le chasseur. Quand on ne gêne pas leurs mouvements, ce sont les bêtes les plus caressantes et les plus inoffensives du monde! — Et il baisait la tête d'une des vipères.

— Est-ce que vous n'avez jamais été mordu, lui demandai-je? — Oh! que si, mais j'ai de quoi me guérir vite. — Et là-dessus ce chasseur, à qui le cognac de notre gourde avait délié la langue, nous fit le récit de

20.

plusieurs aventures, dont quelques-unes nous parurent douteuses. Entre autres histoires, il nous raconta qu'un jour, s'étant endormi dans un waggon qui le ramenait à Paris, son panier, contenant son gibier, était venu à s'entr'ouvrir, et sept ou huit vipères se promenaient sur les bancs, à la grande frayeur de deux dames et d'un curé qui faisait route avec elles. Aux cris poussés par les trois voyageurs, notre chasseur de vipères fut vite réveillé, et reprit les indiscrets serpents que, dans sa précipitation, il pressa un peu trop, et qui le mordirent en plusieurs endroits. — Arrivé à Paris, dit-il, j'étais dans un état affreux; j'avais les mains gonflées, la figure violette, je souffrais tant qu'il me semblait que j'allais *passer*. Cependant, en moins de trois jours, tout cela avait disparu et je me portais à ravir. D'ailleurs, messieurs, ajouta-t-il fièrement, je suis bien connu, j'ai été inscrit dans les journaux, moi!

Cet homme est Parisien et habite le faubourg Saint-Marceau, qu'il quitte l'été, un mois environ, pour chasser, dans la forêt de Fontainebleau, les vipères, couleuvres, lézards, etc. La nuit il prend une roche pour abri, s'étend gaiement sur la mousse et dort en attendant le lever du soleil. Puis, quand la chasse a fourni suffisamment de reptiles, il revient à Paris les vendre aux peintres, aux pharmaciens, aux sculpteurs et aux fabricants de bronzes.

Guérigny, à qui je racontais les hardiesses de cet homme avec ses vipères, haussa les épaules en disant :

— Ou c'est un niais qui s'expose inutilement et par fanfaronnade, et ne sait pas *travailler*, ou les crochets des vipères étaient enlevés ; car vous toucherez dix fois à une vipère sans danger, la onzième, elle vous mordra, et une fois mordu, vous en avez pour la vie, non pas à souffrir continuellement, mais à éprouver, quand le temps change, des lassitudes et des douleurs semblables à celles causées par les rhumatismes. Ce n'est pas par expérience que je vous parle; je n'ai jamais reçu une seule morsure, mais je tiens ces faits de personnes dignes de foi et qui avaient été mordues. — Guérigny nia aussi le mode de guérison annoncé par notre Parisien. Cependant cet homme pourrait avoir trouvé des plantes servant de contre-poison, puisque Brooker cite un nègre qui aurait découvert un remède infaillible contre la morsure du *serpent à sonnettes*. Il suffirait de piler des feuilles de plantain et de marrube, que l'on humecte un peu avec de l'eau lorsqu'elles sont sèches, et d'en faire boire le suc, une cuillerée ou deux au plus. Si le malade refuse ou si le gonflement de son cou l'empêche d'avaler, on le fait boire de force. Le nègre, en remercîment de sa découverte, aurait obtenu, du gouvernement de la Caroline du Sud, sa liberté et une rente viagère de cent livres sterling.

Maintenant, lecteurs, si vous voulez voir comment Guérigny prend les vipères vivantes, descendez avec nous la rue du Cimetière et grimpons ensemble la

Montagne-Pierreuse. La nature semble se détendre sous les premiers baisers du soleil de mars. C'est le réveil de tout ce qui habite la forêt, il est midi ; le soleil est chaud, nous avons chance de trouver quelques belles vipères. En chasse !

— Quittons la montagne pour les bas côtés ; prenez bien garde aux ronces et regardez devant vous. Au moindre bruit, appelez-moi. — Mais, mon cher Guérigny, je ne suis pas trop rassuré, je vous avoue ; nous aurions au moins dû mettre des guêtres. — C'est vrai, et avoir aussi de l'alcali, et une gourde contenant de l'eau pour mouiller nos souliers et nous empêcher de glisser. — Que diable, mon cher, vous qui parliez de prudence ! — Oh ! les vipères ne sont pas vives, il n'y a rien à craindre : et d'ailleurs marchez avec précaution, regardez en face de vous ; au moindre bruit, appelez-moi. — L'éloquence de Guérigny ne me rassurait qu'à moitié, et j'étais mal à l'aise quand il disparut, me laissant seul dans un sentier fort étroit, entouré de buissons de ronces. Il y avait quelques minutes que j'étais ainsi, l'œil et l'oreille aux aguets, avançant timidement mon pied, quand un *froufrou* se fit entendre comme quelque chose glissant rapidement dans les feuilles sèches, et je vis, du côté indiqué par le bruit, les feuilles remuer ; un cri involontaire s'échappa de mon gosier. — Qu'y a-t-il? dit le chasseur. — Venez, m'écriai-je, là, dans le buisson, *ça a remué*. — Alors, Guérigny, tournant le buisson dans le sens opposé au mien, se pencha et me dit : — C'est un lézard vert, un mâle : il est magnifique ! Approchez-vous des ronces, et s'il va de votre côté, faites-lui peur avec votre canne. — Je vis le lézard, dont la couleur émeraude, en effet, était fort belle ; il fit plusieurs tours et détours, puis ne se sentant pas en sûreté, s'arrêta la tête haletante, le cou tendu, l'œil brillant, la gueule ouverte laissant voir une rangée de petites dents qui lui donnait assez l'air d'un jeune crocodile. Guérigny, qui s'était mis à genoux, se précipita sur lui, et le lézard se sentant pris, mordit le pouce du chasseur et resta ainsi plus de cinq minutes, ayant marqué, sans faire venir le sang, toutes ses dents dans la chair. — Il ne vous fait donc pas de mal? — Non, ça pince un peu, mais ça n'est rien.

Après avoir cherché quelques instants, Guérigny me dit : — Il fait trop chaud en ce moment, les vipères redoutent la grande chaleur comme le grand froid, voilà ce qui fait qu'on en rencontre quelquefois traversant une route et allant chercher l'ombre. Dirigeons-nous vers la Montagne de Paris qui, comme vous le savez, est bordée de ravins profonds, nous en trouverons là, bien sûr. — J'ai oublié de vous dire que notre chasseur avait cueilli une petite branche d'arbre faisant fourche à l'extrémité.

— De bon matin, voyez-vous, la chasse est plus facile en suivant la direction du soleil? Dans les fentes de rocher, dans les massifs de jeunes taillis, je suis sûr d'en voir, la tête cachée dans quelques feuillages ou dans quelques genévriers, et le corps étendu au soleil. Alors, je viens doucement, très-doucement, car, au moindre bruit, elles s'enfuient : je leur pose la fourche de mon bâton sur le cou, en appuyant légèrement, puis je les prends à la main, ayant soin de serrer un peu, de manière à les faire bâiller, et c'est fait. J'en ai quelquefois manqué au soleil levant que j'attrapais au soleil couchant. Mais nous voici arrivés, je ne vous engage pas à descendre le ravin avec moi. — Vous faites tout aussi bien, car quand même vous m'y engageriez, j'ai eu assez peur tout à l'heure.

Il y avait un quart d'heure environ que Guérigny cherchait, je le suivais... du regard; il me fit signe. Je descendis un peu et vis une assez grosse vipère, roulée en spirale; la tête reposait sur les anneaux formés par le corps. Guérigny en était bien près; il se tenait d'une main à un tronc de genévrier, l'œil fixé sur la vipère, qui de temps en temps dardait sa langue, mais sans rien perdre de son immobilité. — Je me suis trouvé dans ma vie en présence de quelques dangers sérieux et personnels, je n'ai pas senti mon cœur battre plus fort qu'à ce moment. Guérigny n'avait plus son bâton ; après s'être baissé de façon à avoir la main à la portée de la vipère, il fondit sur elle et remonta triomphant. J'avais la sueur froide! Il tenait le cou de la vipère entre le pouce et l'index et, avec une petite branche, il me faisait voir les crochets venimeux et cannelés du serpent; les couleuvres et autres reptiles non dangereux ont les dents lisses.

Je fendis le bout de la branche qui me servait de canne, Guérigny mit la vipère dans l'espèce d'étau que cette ouverture formait, et nous revînmes à Fontainebleau. Là, il jeta le reptile dans une cage où se trouvait bonne compagnie.

Le lendemain j'allai voir Guérigny, qui sortit plusieurs vipères de la cage en question. — Elles sont destinées au Jardin des Plantes, à qui je fournis des reptiles depuis quelques années, me dit-il. Il en restait une dans la cage, qui sifflait et paraissait irritée; le chasseur la prit néanmoins et la jeta sur les autres qu'elle mordit à plusieurs reprises. — Dites donc à votre farceur de Parisien de venir jouer avec celles-ci, fit Guérigny en souriant.

Maintenant veut-on savoir ce que rapporte ce métier dangereux à notre chasseur? Environ deux francs par reptile. Autrefois il en prenait quinze, vingt dans la même journée; maintenant il lui faut quitter les routes et les sentiers pour en trouver. Encore y a-t-il des jours où il fait *chou blanc;* il doit quelquefois parcourir quatre ou cinq lieues pour en avoir deux ou trois, car, heureusement pour les promeneurs, elles sont excessivement rares et ont tout à fait abandonné les endroits fréquentés.

Il y a quelques années, M. de Montalivet, ayant entendu parler de Guérigny, le fit venir et lui dit : — J'ai parlé au roi des services que vous rendiez à la forêt en détruisant les vipères, il m'a dit de vous engager à continuer; à chaque voyage il vous fera remettre une gratification sur sa cassette.—Nous ne voulons accuser personne, mais Louis-Philippe revint trois ou quatre fois à Fontainebleau, et Guérigny ne reçut rien.

Voici maintenant une anecdote qui remonte à une douzaine d'années. — Un dimanche, vers les deux heures de l'après-midi, j'étais allé faire une promenade en forêt, j'avais pris les bas côtés du mail d'Henri IV. Il faisait chaud; une haute futaie m'offrait son ombre rafraîchissante, un tapis de mousse parsemé de fleurs des bois, son moelleux coucher; je m'étendis sur ce lit des amants pour rêver à mes amours à venir. Il y avait quelques minutes que j'étais là, quand j'entendis un bruit de pas et une douce voix murmurer : — Oh! monsieur Émile, j'ai eu bien tort de vous suivre... Si on nous rencontrait!—Puis une autre voix qui m'était bien connue, répondit : — Pourquoi avoir peur de moi, Marie? n'avez-vous pas ma parole?... — C'est égal, j'ai eu grand tort, voyez-vous! Vous êtes d'une famille riche, vous serez notaire un jour, et moi, pauvre ouvrière, vous me laisserez! — Je n'entendis pas le reste; mais c'était bien Émile, mon second clerc : j'étais alors saute-ruisseau chez un notaire. Je me levai doucement et suivis à quelque distance les deux amoureux. J'avais seize ans, l'amour était un mystère pour moi; et ma curiosité, coupable il est vrai, trouve au moins dans mon âge son explication, sinon son excuse. Émile avait convaincu la pauvre enfant, dont le courage n'avait pu longtemps résister à l'éloquence passionnée de celui qu'elle aimait. Le couple venait de s'asseoir au pied d'un hêtre magnifique, dont le feuillage épais semblait protéger la criminelle audace d'Émile, car Marie déjà ne disait plus monsieur Émile, mais bien Émile tout court... Le frais et gracieux visage de Marie s'était épanoui sous de chauds baisers, et la pauvre fleur allait être flétrie à jamais. Mon cœur battait aussi fort peut-être que ceux des amants! Tout à coup, la jeune fille se lève effrayée, recule de quelques pas, pousse un cri de terreur, et de sa main tremblante, montre à Émile une vipère que le bruit des baisers avait dérangée sans doute et qui s'enfuyait. En trois bonds elle traversa la route et se perdit dans les herbes et les ronces, au grand désespoir de mon second clerc, qui, d'abord étonné, furieux ensuite, avait couru pour écraser sous sa botte le reptile qui, plus vif, s'était dérobé à sa colère.

Émile revint à Marie. — Ce n'est rien, dit-il, ne vous effrayez pas comme cela, mon enfant... — Oh! partons, monsieur Émile, c'est un avertissement du ciel! Partons! — Et promenant autour d'elle ses regards craintifs : — J'ai si peur des vipères! dit-elle en levant ses grands yeux noirs sur Émile furieux et penaud, partons! — Celui-ci fit un mouvement comme pour enlacer la taille de Marie de ses bras amoureux; mais

Marie, se dégageant, lui dit cette fois un : — Partons, monsieur ! — qui ne permit plus à Émile de répliquer.

Je sus plus tard, par mon second clerc, que cette entrevue avait été la dernière qu'il eût obtenue de Marie. — Diable de vipère ! ajouta-t-il. — Pour moi, je l'avoue, dès ce jour-là je me réconciliai avec le serpent dont je continuai d'avoir grande frayeur, mais auquel je ne voulais plus de mal. Il était réhabilité dans mon esprit, car, s'il avait perdu la première femme, ne venait-il pas de sauver celle-là ?

CHARLES VINCENT.

LE PETIT CAPITAINE

Tous ceux qui ont regardé la lithographie des *Adieux de Fontainebleau*,—et le nombre en est grand,—n'ont vu l'histoire que par le gros bout de la lorgnette Cette grande légende de la fidélité, en proportion avec la grandeur de l'infortune, ne leur apparaît qu'en habit de cérémonie. La simple vérité a horreur de ces poses académiques. Cette scène tragique, qui s'est passée certainement en plein soleil, ainsi interprétée par le crayon, m'a toujours fait l'effet de n'être éclairée que par un jour d'atelier. L'air y manque autant que la vie. J'étais venu pour pleurer sur César, et je ne me sens de grosses larmes que pour ces phalanges d'héroïques roublards, qui ont corrigé autant que possible, dans leur tenue, les désastres de Moscou. Le grand capitaine va leur manquer ; c'est là ce qui cause leur douleur. Il se suffira à lui-même dans la contemplation de son propre destin, ce sera sa consolation ; mais eux, ils resteront inconsolables. Les Plutarque ne lui manqueront pas, tandis que personne ne se souciera de ces héros anonymes, qui s'en iront dans quelque coin ruminer obscurément leurs souvenirs. Quelque artiste en débine les enterrera collectivement dans la personnification du *Soldat laboureur*, et ce sera tout.

Vous aurait-on oubliés à ce point, ô mes vieux compagnons, vous, les aînés de la France ?... Ce n'est pas possible ! A l'heure où tout était absorbé par la gloire d'un seul, dans cette cour du château de Fontainebleau, il a dû y avoir, au milieu de vos rangs décimés, quelque chien de régiment qui avait suivi son maître au Kremlin, et qui ne pensait qu'à son maître en le regardant avec des yeux brillants. Il a été oublié, lui aussi, dans la lithographie des *Adieux*. C'est une injustice que je tiens à réparer, autant pour vous que pour la vérité de l'histoire. Oui, la chose est sûre, ce barbet a existé. Je ne vous raconterai pas l'histoire du chien, mais celle de son maître, que j'appellerai le *petit capitaine*. La grande histoire, l'histoire-bataille, parlera assez des grands; chacun son lot. Moi, je tiens à vous parler du *petit capitaine;* d'autant plus qu'il était là, à cette heure solennelle des adieux, dans la grande cour de Fontainebleau, et il m'a fourni à ce sujet des détails que lui seul et Dieu connaissent, car il soupçonnait ce dernier d'y avoir mis la main.

Tous les genres de fidélité s'étaient donné rendez-vous à Fontainebleau comme par hasard. Berthier lui-même, Berthier, accusé le surlendemain de trahison, s'était juré de mourir enchaîné à son destin. Lourde et terrible chaîne! car, tandis qu'il restait là, héroïque, devant le malheur, son cœur et sa pensée dévoraient l'espace et allaient se briser aux pieds d'une image adorée. Cette torture était consentie. Il y a des heures dans la vie où l'on sacrifie l'amour à l'honneur. La souffrance était atroce; n'importe! il restait, il restait, cherchant à étouffer le vautour qui lui rongeait les entrailles. Il venait d'être témoin d'une de ces scènes qui, au lieu d'apaiser la sensibilité, ne font que l'irriter plus vivement. C'était lui qui s'était trouvé fatalement à l'arrivée d'une voiture de poste entrant bride abattue dans la cour du château, qui en avait ouvert la portière, et qui avait aidé à en descendre la belle comtesse

W..., apportant son amour et son dévouement aux pieds de celui qui avait daigné l'aimer une heure. Ce n'était pas au souverain, même déchu, mais à l'homme, qu'elle voulait donner une aussi belle part de consolation. Elle accourait du fond de la Pologne, et avait fait trois cents lieues en quelques jours avec la résolution de s'élever, par tous les sacrifices, à la hauteur d'une pareille infortune. Berthier l'avait trouvée affaissée sur les coussins de sa voiture par les fatigues du voyage; il avait été obligé de la soulever pour l'aider à descendre. A peine son pied venait-il de toucher la terre, qu'elle se précipitait, avec une énergie pleine de fièvre, vers le grand escalier du château, écartant de sa belle main les gardes nombreux qui lui barraient le passage, et demandant d'une voix impérieuse : L'*Empereur!* Berthier avait fini par la joindre, et, prenant pitié de sa douleur, il avait ouvert devant elle une double porte. A peine l'eut-elle franchie qu'elle recula sur le seuil, tout effarée devant l'image de celui qu'elle venait y chercher. L'Empereur l'avait reconnue d'un œil sec, et n'avait dit que ces mots d'une voix brève et impatiente : « Allons, Berthier! voyons, qu'est-ce?... Veuillez faire attendre madame la comtesse... Impossible de la recevoir en ce moment... — Impossible!... répétait la comtesse W... comme égarée dans un rêve; impossible!...» Et elle récapitulait dans sa tête toutes les choses impossibles qu'elle avait réalisées depuis huit jours pour arriver à temps à Fontainebleau. « Impossible! répétait-elle encore, mais il me semblait que lui seul avait dit que ce mot n'était pas français... » Son dévouement restait inconnu, il n'était même pas accepté; on le reléguait dans l'antichambre. Oh! quand cette noble femme se vit aux prises avec cette épouvantable déception, il y eut une de ces scènes qui font trembler le cœur et rougir le visage, tant elles ressemblent à un désespoir de l'humanité outragée. Son cœur se souleva comme un océan gonflé d'orage, un flot de larmes vint battre ses joues et noyer son beau visage, et la secousse fut si terrible, que son corps s'affaissa sur lui-même; la pauvre femme heurtait le parquet de son front, et, se débattant contre la violence de la douleur, elle saisissait avec ses mains les grands rideaux des fenêtres comme un naufragé se retient aux herbes du rivage. Berthier avait tout vu, tout entendu, tout compris; il s'abîma tout entier dans la contemplation d'un cœur de femme aimante et noble qui se brise. Quand il releva la tête, il ne restait du maréchal et du guerrier que l'homme. Le charme était rompu; la cristallisation était brisée; il se sentait délié du devoir de fidélité.

« On m'attend là-bas, se dit-il; cette femme me donne un sublime exemple... Moi aussi, j'irai joindre celle que j'aime... Dieu est témoin que j'ai résisté autant qu'il est possible à l'homme de le faire, il me jugera... Du moins, elle ne me repoussera pas, elle; oh! je suis bien sûr qu'elle m'attend... » La comtesse s'était évanouie. Berthier fit appeler le capitaine Antoine-Paul, celui qu'il estimait le plus, et lui recommanda la noble femme. Puis, il donna encore quelques ordres et s'éloigna. Un instant après, un roulement de voiture se fit entendre dans la cour du château. Napoléon, frappé d'une sorte d'avertissement subit, s'élança en même temps hors de son appartement et demanda avec inquiétude au capitaine Antoine-Paul qui venait de partir ainsi :

— Sire, répondit le capitaine, c'est le maréchal Berthier.

— Berthier! reprit Napoléon en pâlissant, lui aussi! et sans me dire un mot!

Et l'Empereur se laissa tomber dans un fauteuil en se cachant la figure de ses deux mains.

Voilà ce que m'a raconté le capitaine Antoine-Paul, que j'ai surnommé le *petit capitaine*. Cet épisode a été la dernière scène de sa vie militaire, qui finissait à Fontainebleau, où elle avait commencé.

Antoine-Paul était entré, le 27 février 1807, à l'École militaire de Fontainebleau. Cette École était alors la pépinière d'élite où l'on formait à la hâte des officiers destinés eux-mêmes à commander, la plupart du temps, à des conscrits. Par une belle nuit, on voyait arriver un tombereau dans la cour de l'école. Il venait recruter une nouvelle fournée d'officiers. C'était dans cette sorte d'équipage qu'ils arrivaient sur le champ de bataille en chantant la *Marseillaise* (car la *Marseillaise* était tolérée à l'École militaire). Le commandant ne disait trop rien. « Il faut bien que jeunesse se passe, disait-il, cela leur donnera du cœur au ventre ; cela vaut mieux que l'eau-de-vie pour s'étourdir. » Le commandant avait d'autant plus raison dans cette dernière partie de son raisonnement, qu'il était obligé de fournir les bouteilles d'eau-de-vie lorsqu'on lui en réclamait au moment de la sortie de l'École. La *Marseillaise* était donc tolérée par motif d'économie. Et puis, le moyen d'empêcher de chanter des jeunes gens dont les plus vieux n'avaient pas plus de dix-huit à vingt ans! Un boulet ou une balle ne leur laissait pas le loisir de compléter leur éducation sur le champ de bataille. Souvent un bulletin de décès parvenait aux familles en même temps que l'avis de la sortie de l'École. Les élèves avaient dressé eux-mêmes, sur les murs de l'École, un registre du départ de leurs camarades. Quelquefois une nouvelle assez triste circulait dans les rangs ; on répétait, en s'étudiant à l'impassibilité : « *Ce diable de tombereau n° 7 est passé au bleu.* » On savait ce que cela voulait dire ; on faisait une grimace de vieux troupier, et tout restait silencieux comme une tombe sur laquelle on a jeté la dernière pelletée de terre.

Antoine-Paul, qui avait passé la première moitié de sa vie à aller à la messe, au sermon et à vêpres derrière le cotillon de sa mère et de sa tante, se faisait plus brave que les autres ; mais il n'avait pas encore pu parvenir à se faire une grosse voix. Il espérait que cela lui viendrait en même temps que les moustaches, dont le duvet commençait à poindre. Il y avait encore une autre difficulté qu'il n'avait pas pu vaincre, c'était le froid. L'hiver était rude encore, et, dès le petit jour, il fallait aller à l'exercice pendant une heure, sans broncher, *malgré le frisquet.* Un jour, Antoine-Paul avait mal exécuté le maniement du quatrième temps. L'officier d'instruction lui avait infligé une heure de port d'armes *au grand frisquet,* sans broncher. Antoine-Paul en avait l'onglée d'avance. Cette fois, Antoine-Paul avait envie de pleurer pour de bon ; il eut beau se réchauffer en imagination au soleil de la gloire, le thermomètre restait cruel comme l'arithmétique et marquait toujours pas mal de degrés au-dessous de zéro. Pauvre enfant, il espérait vaincre les éléments, et il ne se doutait pas que, cinq ou six ans plus tard, le vainqueur de l'Europe devait lui-même se faire donner sur les doigts pour avoir commis la même erreur. Bref, Antoine-Paul finit par être gelé avec son rêve, et, au bout d'une demi-heure de port d'armes, vaincu par le froid, il roulait évanoui sur la terre glacée.

Le commandant, qui passait au même moment, le fit relever et porter à l'infirmerie en disant : « Oh ! il n'y a pas de mal, *la* fusil n'est pas cassé ; la cheune homme elle être plus endommachée que la fusil. » Ce commandant, d'origine alsacienne, était aussi insensible à un accident de cette nature qu'aux beautés de la langue française, qu'il écorchait avec art. C'était le général V***, dont la constitution athlétique avait besoin d'être réconfortée par une douzaine de bouteilles de vin à chaque repas. Napoléon avait fini par lui accorder une pension sur sa cassette particulière pour rétablir l'équilibre de son budget, dérangé par ces suppléments de boisson. Il y avait un dicton à l'École de Fontainebleau : c'est que le général V*** n'avait de la douceur qu'au moment des vendanges (à l'époque des vacances, lorsque les élèves étaient partis), et qu'il ne devenait *bon enfant* que dans les années de bonne récolte. Or, de 1807 à 1810, les récoltes furent très-peu brillantes, ce qui explique pourquoi l'humeur du général varia peu dans ce laps de temps, juste celui pendant lequel Antoine-Paul resta à l'École. Le général avait par-dessus tout la prétention d'être un cavalier hors ligne : « Le soleil, avait-il l'habitude de dire, ne m'a jamais vu par terre. — Pardon excuse, général, lui dit un jour un tambour, mais je vous ai vu désarçonné avant-hier dans telle rue de Fontainebleau, même que c'est moi qui a ramené votre bidet. — Tu as dit vrai, *tapin*, reprit le général, mais ce jour-là il faisait de la pluie!... il n'y avait donc pas de soleil. » Le tapin resta anéanti ; il demeura convaincu que le général n'avait de pareilles réponses qu'à cause de l'élévation de son grade, et il rêva qu'il devenait général. Du reste, le commandant n'avait de faiblesses que pour les *tapins* ; c'étaient ses enfants gâtés ; il leur passait toutes sortes d'incartades. C'est que le commandant aimait le bruit avant tout, que le tambour était pour lui l'idéal de la musique, et que tous ceux qui jouaient des baguettes étaient à ses yeux des artistes. C'était un drôle de corps que le général commandant, mais il fallait bien supporter, bon gré, mal gré, ses fantaisies quand il avait montré la salle de police et qu'il avait dit : « *Voilà comme ché suis, moâ !!!...* »

Le tour d'Antoine-Paul arriva ; il fit partie de la fournée du tombereau n° 13. Mauvais compte ! Cependant le fatal numéro ne lui porta pas malheur. Il allait faire partie du corps d'armée qui allait entrer en Espagne. Le *petit capitaine* m'a parlé bien souvent de cette expédition d'Espagne, qu'il avait sur le cœur, et qu'il regardait comme une faute politique immense. Mais ce n'est pas ici le lieu de faire de la politique ; et, d'ailleurs, nous sommes sortis de Fontainebleau, notre point de départ, dont nous ne voulons pas vous éloigner.

Nous pourrions vous raconter en détail les nombreuses campagnes de notre humble héros depuis la prise de la citadelle de Pampelune à coups de boules de neige jusqu'au siége de la Mequinenza, où il resta, avec sa compagnie de grenadiers, pris entre trois feux, et adossé au mur d'un couvent d'où les moines lançaient un grêle de pierres. Mais à quoi bon ? nous retomberions dans l'histoire-bataille que nous voulons sérieusement éviter. Qu'il vous suffise de savoir ce que devint le *petit capitaine*, en quelques mots, avec le laconisme d'une feuille d'états de service, cela est bien plus éloquent! Antoine-Paul, sous-lieutenant à dix-huit ans, lieutenant à vingt et un, capitaine à vingt-quatre, assista aux siéges de Sarragosse, Lérida, Mequinenza et de Badajoz, en Espagne. En 1813 et 1814, il passa, avec la grande armée, en Allemagne, et fut décoré de la croix de la Légion d'honneur pour sa belle conduite au siége de Magdebourg, où il avait été blessé d'un coup de feu à l'épaule droite. Cette journée avait été chaude; le *petit capitaine* opéra, à la tête de sa compagnie de tirailleurs, une sortie qui faillit lui coûter la vie. Son épée le sauva; une balle qui devait le percer de part en part vint frapper dans la garde de cette épée, qu'il tenait, dans le mouvement du commandement, à la hauteur du bas-ventre. Cette épée est toute une histoire. Elle lui avait été donnée par la fille d'un alcade de Séville, qu'il avait protégée contre la brutalité des soldats. Cette jeune fille, nommée doña Concepcion, la seule blonde que le *petit capitaine* ait rencontrée pendant son séjour de six années en Espagne, mourut en défendant son pays.

Le *petit capitaine* croyait à cette épée comme une Espagnole croit à la sainte Vierge. Elle fut brisée par une balle à Waterloo. Le soir même, le *petit capitaine* fut fait prisonnier à Planchenoix, hameau voisin du célèbre champ de bataille.

Le *petit capitaine* parvint à s'échapper des mains de l'ennemi. En rentrant en France, il trouva la persécution. Ayant refusé de servir la Restauration, il fut traité en *brigand de la Loire*; on le mit en demi-solde, et il fut placé dans je ne sais quelle catégorie des cours prévôtales, sous la surveillance de la haute police.

Le *petit capitaine* est mort il y a deux ans. Son corps repose dans le cimetière d'une ville de la Picardie.

Le *petit capitaine* eût préféré reposer à Fontainebleau, ou, mieux encore, près de doña Concepcion, si doña Concepcion n'avait eu pour tombeau les ruines fumantes de Sarragosse.

ANTONIO WATRIPON.

CHRISTINE ET MONALDESCHI

Le crime a ses régions; ne le cherchez point dans le milieu de la société, mais plutôt dans les premières et les dernières classes, dans les plus hautes et les plus basses. C'est que deux causes suprêmes ont la vertu de surexciter la violence des passions : d'abord l'immensité des ressources que fournissent pour le mal les titres, les honneurs, la richesse; puis l'excès de la souffrance, les peines sans cesse accumulées et toujours renaissantes de l'atroce misère.

Le plus petit alcôve d'un château royal cache dans son histoire mille pensées de haine et d'envie. Fontainebleau ne manque pas à cette loi; il eut ses hôtes célèbres, il a ses souvenirs de meurtre.

Comment oublier la haute naissance de Christine de Suède? C'était la fille du grand Gustave-Adolphe, du héros suédois, dont la résistance immortelle aux troupes aguerries des Tilly et des Wallenstein put seule assurer en Europe le triomphe de la Réforme. Par un de ces caprices auxquels se reconnaît le doigt de la Providence, le grand guerrier, mort à Lutzen, qui voulut et qui sut par son seul génie se faire l'arbitre des destinées de l'Europe, fut privé d'un héritier direct à qui il pût transmettre ses larges pensées politiques et sa conviction religieuse.

Il lui fallait un fils réunissant comme lui à un saint enthousiasme pour la foi protestante le courage du militaire et la froide patience de l'homme d'État. Le ciel, toujours railleur, qui n'avait pas destiné la Suède au rôle brillant que lui assignait son monarque, se contenta, pour déjouer ses plans, de le priver de toute postérité mâle.

Gustave Adolphe n'eut qu'une fille, et sa couronne courut risque de tomber en quenouille. En vain ce génie malheureux essaya-t-il de vaincre la nature elle-même; en favorisant dans Christine le goût des lettres et des sciences, en habituant ses oreilles au bruit du canon, il tenta de lui donner la force et l'énergie du sexe auquel elle devait commander.

Vains et tristes efforts; la fille de Gustave-Adolphe ne dut à cette éducation qu'un caractère bâtard et ambigu, sans grandeur, sans grâce et sans dignité. En répudiant le costume de son sexe, elle en abdiqua toutes les nobles et délicates qualités. Elle n'apprit, dans les sciences et dans la société de l'illustre Descartes, qu'à railler la foi au nom de la raison, sans devenir en même temps capable de se placer au-dessus des exigences de l'opinion mondaine.

Reine, elle abdiqua; philosophe, elle renia le protestantisme pour se convertir à la foi catholique; juge, elle assassina. Telle est sa vie en quelques mots. Est-il rien de plus misérable et de plus insensé?

C'est à son second voyage en France, en 1657, que le palais de Fontainebleau lui fut assigné comme lieu de résidence. La première fois qu'elle était venue visiter le Louvre, de grands honneurs lui avaient été rendus. Les ministres de Sa Majesté Très-Chrétienne avaient cru de leur devoir et de leur politique d'accueillir avec solennité l'apostat couronné d'une religion nouvelle qui leur causait tant d'émotion. Aussi, oubliant avec intention que Christine, en descendant les degrés de son trône, avait perdu tout droit aux honneurs que la cour rendait ordinairement aux têtes couronnées, ils la traitèrent avec les mêmes égards qui lui eussent été dus si elle n'eût pas remis son sceptre entre les mains de son jeune cousin, Charles X de Suède.

L'orgueil est toujours un fâcheux conseiller. Christine, sans approfondir les vues de Mazarin, ne vit dans la généreuse hospitalité qu'elle reçut qu'un juste hommage rendu à ses qualités et à son mérite personnels. Elle crut avoir conquis les sympathies et l'estime de l'élégante noblesse dont elle avait vu la couronne de France entourée. Aussi conçut-elle la pensée de venir briguer une seconde fois ses difficiles suffrages. Mais un cruel démenti l'attendait : son voyage n'avait pas été souhaité, et la cour chercha moins à prévenir ses désirs qu'à lui faire sentir l'incommodité et les embarras qu'elle causait par sa présence inattendue.

Les ministres lui envoyèrent l'ordre de s'arrêter au palais de Fontainebleau; elle dut y résider pendant tout le temps qu'elle avait fixé pour son séjour en France, et il ne lui fut permis de participer aux fêtes de la cour que quand l'époque de son départ eut été déterminée, et seulement durant les quelques jours qui le précédèrent.

On conçoit tout ce qu'une réception aussi sévère et aussi peu cordiale dut amasser de fiel dans l'âme d'une femme orgueilleuse et vindicative. Si la cour en eût agi ainsi avec elle pendant les troubles de la Fronde, un ennemi puissant se fût certainement joint au bataillon féminin que Mazarin eut tant de peine à disperser et à vaincre ; mais tous les troubles étaient apaisés à ce moment, et il n'eût pas été facile de ressusciter de vieilles querelles, alors qu'on voyait mademoiselle de Montpensier s'incliner humblement devant l'autorité d'Anne d'Autriche, et faire sa cour au cardinal, pour arriver par lui à contracter une alliance digne de son rang.

C'est le propre des grands caractères de savoir tout supporter, même les humiliations. Une âme vile et basse se venge sur les faibles des injures des forts. Ainsi fit Christine ; elle rongea son frein vis-à-vis la cour de France, contre laquelle toute attaque de sa part eût été impuissante. Seulement l'autorité qu'elle exerçait sur ceux dont elle était entourée dégénéra en une tyrannie cruelle et même barbare.

Quoique prisonnière à Fontainebleau, Christine y avait cependant une petite cour ; le château tout entier était habité par ses familiers et ses gardes.

Quand le jeune Louis XIV daignait visiter la reine de Suède, toute une compagnie de Suisses, habillés de gris, avec des hallebardes dorées, le recevait dans la cour d'honneur. L'escalier était garni de valets de pied et de pages également vêtus de gris ; des gentilshommes enfin occupaient la salle et l'antichambre. Un capitaine des gardes et un grand écuyer, tous deux couverts de brillants uniformes, conduisaient vers leur reine l'hôte auguste qu'elle attendait toujours impatiemment.

Christine, dont la beauté n'avait rien d'imposant, avait l'art de se parer ; sous de splendides atours, elle forçait l'admiration, et attirait à elle les hommages. Mais en même temps, capricieuse et fantasque, elle avait peine à conserver ces grands airs qui lui seyaient si bien ; elle perdait alors, en un instant, tout le terrain qu'elle avait gagné dans l'esprit de ses admirateurs. Un négligé simple ne lui convenait point ; quoiqu'elle fût encore jeune, qu'elle eût à peine dépassé trente ans, il lui fallait, pour briller, l'éclat des fêtes et des costumes.

Point de cour sans intrigues. A Fontainebleau, deux influences rivales se disputaient à la fois le lambeau d'autorité et le cœur de la reine Christine. Il y avait lutte entre Monaldeschi, le grand écuyer, et le comte Sentinelli, capitaine des gardes. Sentinelli était le plus heureux ; il jouissait de la faveur royale que son adversaire cherchait secrètement à lui enlever.

Christine, lors de son apostasie, avait reçu une pension de douze mille écus de la cour de Rome ; comme on parlait déjà de la lui supprimer, ce qui eut lieu plus tard en effet, elle crut devoir envoyer en Italie, pour sauvegarder ses intérêts, l'homme en qui elle avait placé sa confiance, le comte de Sentinelli, et elle donna à son frère, le chevalier de Sentinelli, son titre et sa charge de capitaine des gardes. C'était une occasion pour Monaldeschi ; il ne voulut point la laisser échapper, et chercha à profiter de cette absence pour perdre son rival dans l'esprit de la reine. Pour mettre le comte en faute de négligence et d'oubli, il intercepta ses lettres ; les chroniqueurs du temps vont jusqu'à dire qu'il en composa de fausses, pour le faire paraître coupable de trahison.

Éclairée par le chevalier de Sentinelli, Christine s'aperçut à la fin de ces menées ; sa colère, à cette découverte, ne connut pas de bornes ; elle se laissa aller à tous les emportements d'une femme furieuse, et résolut de tirer de ces actes répréhensibles une vengeance éclatante dont il serait longtemps parlé.

L'exécution ne tarde pas à suivre le dessein. Deux gardes sont envoyés à la recherche de Monaldeschi et d'un prêtre. Le prêtre arrive le premier ; c'était le père Mantuoni, attaché à la chapelle de la reine. Mantuoni reçoit un paquet de lettres ; on lui annonce en même temps qu'il aura à confesser un coupable condamné à mourir. « Ce coupable serait mis à mort en Suède ; mais la reine veut que la sentence soit exécutée dans la galerie de Fontainebleau. — Qu'importe au prêtre ? c'est toujours un jugement. » Mantuoni ne trouve rien à répliquer, et consent à accomplir la difficile mission dont il est chargé ; il attend tristement la victime, tandis qu'autour de lui tout se prépare pour l'exécution dans la galerie des Cerfs.

Monaldeschi arrive enfin ; un secret pressentiment l'agite ; pourtant il est sans armes, point d'épée ni même de poignard. Depuis longtemps, se sachant exposé, il portait une cotte de mailles sous ses vêtements.

On l'introduit d'abord auprès de la reine. Christine l'accueille en silence, elle le conduit dans la galerie des Cerfs, et là, en face du prêtre et du chevalier de Sentinelli, destiné à servir de bourreau :

— Vous m'avez trahie, dit-elle ; ce crime veut un châtiment, préparez-vous à mourir.

Monaldeschi pâlit en entendant ces paroles ; il trouve à peine la force de nier et de repousser l'accusation qui pèse sur lui.

Christine, sans dire un mot, demande par un signe au père Mantuoni les lettres qui lui ont été confiées ; elle les montre à Monaldeschi, qui reste terrifié, et ne voit déjà plus d'espérance que dans le repentir et le pardon.

Il se jette aux pieds de la reine, il embrasse ses genoux en implorant sa clémence.

Christine ne daigne même pas lui répondre, et, s'arrachant à ses supplications :

— Mon père, dit-elle à Mantuoni, confessez-le ; et vous, Sentinelli, exécutez mes ordres.

Puis elle rentre, calme et superbe, dans ses appartements.

Monaldeschi est en face du bourreau ; il cherche d'abord une arme, rien ne s'offre à sa vue. Les dispositions avaient été prises comme si, au lieu de massacrer un homme sans défense, on devait avoir à soutenir un siége contre un ennemi puissant. Tout est fermé, portes et fenêtres.

Que faire dans ce moment terrible? Un brave eût engagé sans retard une lutte inégale. Monaldeschi s'abaisse jusqu'à demander grâce. Le bourreau s'émeut de cette humiliation, et, rendu plus humain par l'abjection de son rival, il va implorer la clémence de Christine. Elle ne répond à ses supplications que par des railleries.

— Qu'est-ce qu'un criminel qui a peur de la mort! Quel poltron! Allez, dit-elle en finissant, il faut qu'il meure, je le veux; et, pour qu'il se confesse, blessez-le.

Sentinelli revient annoncer au misérable l'arrêt définitif de sa mort; il le trouve aux pieds du père Mantuoni, le suppliant des deux mains et se traînant à ses pieds pour qu'il aille à son tour solliciter sa grâce. Mais ce spectacle trouve son âme inflexible; la dureté de la femme outragée a passé dans le cœur de celui qui doit exécuter ses arrêts. Le bourreau a hâte de terminer ces scènes d'émotion; il tire son épée et s'apprête à s'en servir. Au premier coup, le fer rencontre la cotte de maille; cette résistance irrite Sentinelli; il n'a plus devant lui une victime, mais un ennemi. Il le frappe sans pitié; il le blesse à la tête, il le blesse au bras, et ne s'arrête dans son acharnement que pour obéir aux ordres de la reine, et laisser au coupable le temps de se confesser.

Monaldeschi, quand il a vu couler son sang, a compris enfin que sa dernière heure était venue; il n'implore plus, il se résigne, et reçoit avec recueillement l'absolution du père Mantuoni, plus troublé, plus effrayé maintenant que son malheureux pénitent.

Le prêtre ne pouvait faire moins que le bourreau; lui aussi va donc tenter un dernier effort auprès de Christine. Même impassibilité de la reine, même refus de pitié, mêmes ordres. Alors Sentinelli, devenu furieux par la vue du sang, oublie tout pour obéir à sa rage et à celle de sa maîtresse; il se précipite sur Monaldeschi, il lui passe son épée au travers de la gorge, et la lui coupe même à force de la *chicoter*.

Quand il ne resta plus qu'un cadavre, on l'emporta sans bruit dans un carrosse, et il fut enterré pendant la nuit dans l'église d'Avon.

Tel est ce drame terrible, dont le souvenir pèse encore sur le palais de Fontainebleau, crime étranger qui glaça d'épouvante et Paris et la cour. Quoi qu'on fasse, quoi qu'il arrive, le nom de Fontainebleau est irrévocablement attaché à celui de la reine de Suède.

Gardiens du château, vous gratteriez en vain le parquet de la galerie des Cerfs, en vous aidant des plus énergiques mordants créés par les derniers prodiges de la science. L'ombre de Christine, qui chaque année passe dans cette galerie, s'arrêterait encore à l'endroit fatal, et redirait devant lui, comme l'épouse de Macbeth en regardant ses mains inutilement lavées: « Du sang! du sang!... »

Il n'y eut pas, à l'époque où ce meurtre fut commis, un seul magistrat qui osât se prévaloir du nom de la justice pour punir Christine de l'attentat dont elle se rendit coupable. On feignit de croire à un jugement ; mais depuis quand une reine qui a abdiqué garde-t-elle le droit de souveraine justice ? Il faut espérer, pour la moralité de notre siècle, que nous serions plus sévères aujourd'hui dans de semblables circonstances, et qu'un acte aussi odieux ne resterait pas impuni.

Plus le crime part de haut, plus le châtiment importe à la société.

GUSTAVE HUBBARD.

MENUS-PROPOS DES CARPES

DE L'ÉTANG DE FONTAINEBLEAU

A AUGUSTE LUCHET

Dans les premières pages de l'éblouissant recueil des *Mille et une nuits*, avant que l'éloquente Scheherazade prenne la parole, il se trouve une fable qui me réjouit depuis mon enfance comme un petit chef-d'œuvre d'invention et de philosophie pratique, d'observation et de joyeuse ironie. Si je me souviens bien, cela porte pour titre : l'*Ane, le bœuf et le laboureur*, et, encore une fois, c'est charmant. — Analyser cette fable et tenter d'en faire valoir les divers enseignements, ce serait entreprendre un volume : ce que j'en veux seulement dire, c'est que le bœuf et l'âne ont là-dedans des entretiens bien faits pour humilier toutes les académies, et que, par un mystérieux privilége, le laboureur a le don de comprendre le langage des bêtes, ce qui, pour le lecteur, devient une vraie bonne fortune.

Si jeune que je sois encore, par bonheur !... j'ai déjà, par malheur !... entendu tant d'hommes, que je voudrais bien entendre des animaux ! Je suis sûr que ça me consolerait... et chaque jour j'ai envié davantage le privilége mystérieux de ce brave fermier qui, tous les soirs, se défatiguait si doucement du commerce des hommes et de sa femme en allant écouter aux portes des étables, sous les ramures ou le long des étangs.

C'était un heureux, savez-vous, ce laboureur ! Il est vrai que c'est dans les *Mille et une nuits* que je l'ai rencontré.

Or, en 1846, c'est-à-dire voilà bien longtemps... j'étais à Fontainebleau, et j'y étais bien. J'y étais bien d'abord, parce que Fontainebleau, quand on quitte

Paris, c'est un paradis à l'issue d'un enfer; ensuite parce que j'étais deux; enfin parce que c'était l'été. Été dans la nature, printemps dans mon cœur: fête au dehors, fête au dedans; de l'amour partout, et le ciel sur tout!... O souvenirs! ô jeunesse! ô Fontainebleau!... — Mais, bah! j'en arrive, de la chère ville que nous fêtons. Il y a aujourd'hui huit jours, à l'heure même où j'écris ceci, j'étais en pleine forêt. Les chênes verdoyaient, les oiseaux chantaient, les roches étincelaient, les insectes bourdonnaient, le soleil souriait! C'était encore été dans la nature et printemps dans mon cœur, encore fête au dedans et fête au dehors, encore l'amour partout et le ciel sur tout!... Et c'est ainsi toujours; car Dieu est grand, la nature est son miroir, et Fontainebleau est un reposoir fleuri au bord d'un rude chemin; c'est l'oasis que vous savez, ô mes chers amis! Auguste Luchet, Sainte-Geneviève, Antoine Fauchery, Victor Rousseaux, Henry Murger, Théophile Thoré, Charles Vincent, Alfred Gélis, Charles Gabet, Chevin, pour qui Fontainebleau occupe une place dans la géographie de vos souvenirs: capitale pour vous uns, hameau pour vous autres, pour tous pays charmant!

Mais où m'en vais-je, ô mon Dieu! Il s'agit bien, en vérité, de vous ou de moi, chers amis! c'est des carpes qu'il est question. Je demande pardon, je ferme la parenthèse, et je me remets en route pour ne plus m'arrêter.

Un soir donc de l'été 1846, je goûtai pendant un certain temps le plaisir si cher au laboureur des *Mille et une nuits*.—J'étais sorti de l'hôtel de l'*Aigle noir* par un riant clair de lune; et, dans une disposition impressionnable, la tête un peu chaude, le cœur battant bien et tout prêt à s'ouvrir, je rêvais en marchant au bord de l'étang. Bien des fois, sous les tilleuls vénérables de l'avenue de Maintenon, j'allai du nord au sud et je revins du sud au nord. En allant, j'avais pour horizon les sombres masses vertes du mail d'Henri IV et de la plaine des pins, et, au delà, la verdure touffue qui recouvre les rochers Bouligny, amphithéâtre splendide de bouleaux, de pins et de chênes, noyé davantage à chaque instant dans d'épaisses vapeurs violettes; en revenant, je voyais devant moi la porte dorée, la cour d'Ulysse, le pavillon de Saint-Louis, les fenêtres à plein cintre de la galerie de Henri II, et cet amoncellement de palais à travers lequel a passé toute la monarchie. D'un côté, j'entendais bruire les arbres du parc sous les souffles de la nuit, de l'autre j'entendais les carpes, contemporaines des tilleuls, secouer par instants leurs larges écailles à la surface de l'eau.,. Et quand mes yeux se portaient de ce côté, ils étaient longtemps retenus par le pavillon hexagone qui s'élève au milieu de l'étang, et dans la solitude duquel se sont accomplies tant de choses qui devaient redouter trop d'yeux ou trop d'oreilles.

Insensiblement, je marchai plus vite. Sous l'influence

du lieu et de l'heure, ma mémoire s'éveilla comme augmentée, et, la sérénité d'esprit que j'avais apportée là déménageant peu à peu, je crus voir les contours, les ombres et les clartés s'effacer, s'étendre, ou se mêler à mes yeux ; je crus entendre les bruits de la nuit s'accroître, se transformer, se varier à mes oreilles. Bientôt, au son d'un cor, dont les chansons de cuivre accompagnaient des voix haletantes, des pas de chevaux, des aboiements confus, et qui menait sans doute la *Chasse du Grand Veneur*, il me sembla que sous chacun de mes pas enfiévrés se dressait une des chroniques rouges ou roses, — ou commencées roses et finies rouges, — qui dorment dans Fontainebleau. J'aime le spectacle : le génie des hallucinations me donna ce soir-là du spectacle tout mon soûl !

Ce fut d'abord de vieux rois des siècles lointains : Louis VII, priant Thomas Becket, l'archevêque de Cantorbéry, de consacrer la chapelle de Saint-Saturnin, qu'il vient de fonder ; Philippe-Auguste à son retour des croisades, et, au milieu d'une cour magnifique, fêtant à Fontainebleau ses exploits en Palestine ; Louis IX, revêtu d'une chape d'abbé et chantant des psaumes parmi ses bien-aimés Frères-Mathurins, le saint roi ! — Ce fut ensuite François Ier, avec Charles-Quint à sa droite, la duchesse d'Étampes à sa gauche, et après lui Primatice, Benvenuto, Rosso, Paul Ponce, Nicolo, Serlio, Léonard de Vinci, d'autres encore... et des voix disaient : « Il est très-fier et très-joyeux, le roi chevalier, le restaurateur des lettres : il vient de signer l'ordre qui condamne a être brûlé vif l'imprimeur Étienne Dolet. » C'étaient les carpes de l'étang qui parlaient ainsi.

Cependant les trompes de la Chasse du Grand Veneur résonnaient encore, mais leurs notes étaient devenues moins sonores, et moi, me tournant du côté où elles se plaignaient dans l'air, voilà que je vis mourir Léonard de Vinci ; il y avait auprès de lui un homme penché que je reconnus lorsqu'il se releva, c'était encore François Ier. Dans le même moment j'en vis mourir un autre, des héros de la peinture, c'était le rival du Primatice, c'était le Rosso, qui s'était empoisonné : « Il a accusé de vol et envoyé aux tortures de la question son ami fidèle et le compagnon de ses travaux, » disaient les carpes.

De dessous les arbres argentés, du fond des bosquets tout embaumés par les senteurs d'Aphrodise, il venait alors vers moi un bruit étrange; étaient-ce des roucoulements de colombes, le murmure du vent dans les cordes d'un luth, quelque rossignol s'essayant tout bas à des hymnes nouvelles? Je me le demandais, les carpes répondirent : « Les doux baisers d'amour ! répétaient-elles. Or c'est Diane de Poitiers qui les reçoit, c'est Henri II qui les donne, et voici qu'à leur bruit la lune cache son front d'argent. » Je m'avançai du côté des baisers, je voulais voir la Diane que Primatice a peinte si belle... Mais, du côté opposé, une femme vêtue de velours noir s'avançait en souriant au milieu d'une phalange de jeunes filles. Elle était belle, cette femme, encore belle du moins : taille élégante, teint blanc, œil vif, facile sourire, jambe fine se laissant volontiers voir... Mais les jeunes filles! il y en avait certes plus d'une centaine, de nations diverses, d'attraits différents, de costumes dissemblables; toute une voie lactée de beautés éclatantes illuminant la terre! « La grande Florentine, dirent les bavardes de l'étang; la reine Catherine et son escadron volant, l'escadron de Vénus!... » J'en remarquai une, moi, de ces étoiles vivantes : Dieu d'amour, qu'elle était belle! avec ses grands regards bleus, et sa petite bouche rose, et ses touffus cheveux dorés qui semblaient éclairer ses épaules nues! Je m'approchai... Mais, plus vif encore que mon désir, l'escadron de Vénus passa... et, au bout du chemin qu'il avait pris, et où le suivaient mes yeux enamourés, au-dessus des fenêtres de la salle de bal, sous la coupole du portail qui sépare la cour de Henri IV de la cour du donjon, et qui dominait en ce moment toute l'architecture de Fontainebleau bouleversée, je vis qu'en présence de la cour et du peuple on baptisait Louis XIII.

Je n'avais pas cessé d'entendre les fanfares du Grand Veneur. La chasse faisait, je crois, le tour de la ville par la forêt, bondissant rapide sur les bords de cette vaste coupe d'émeraudes, au fond de laquelle on dirait de Fontainebleau une perle jetée par un caprice antique.

En même temps qu'il était debout au baptistère royal, Henri IV marchait au bord de l'étang, sous les vieux tilleuls; Sully l'y avait suivi, poursuivi plutôt, et le conjurait d'abandonner sa résolution d'épouser Gabrielle d'Estrées. Il cédait, le bon roi Henri, le roi gascon ; il cédait, sans écouter les carpes qui se disaient entre elles : « Elle en mourra, elle en mourra !... » Et ensuite, tandis que dans le pavillon de l'étang on jugeait le maréchal de Biron, qui devait avoir la tête tranchée, à la lueur des torches, dans une cour de la Bastille, les carpes répétaient : « Elle en est morte, la pauvre Gabrielle, elle en est morte !... » — « Il est mort, reprenaient comme un écho les lointaines fanfares. » Et je voyais arriver à Fontainebleau, comme en un refuge, une jeune femme toute en deuil ; elle paraissait mouillée encore de la tempête qui avait menacé le vaisseau qui l'amenait en France, et les pleurs de ses yeux se mêlaient à l'eau qui trempait ses vêtements noirs ; elle était accompagnée d'un tout jeune homme aux cheveux blonds. Ce jeune homme était le prince de Galles, cette femme en deuil, Henriette de France, et ce mort dont parlait l'écho avait été le roi Charles Ier.

Les chroniques devenaient rouges, je voulus les fuir en m'enfonçant sous les feuillées odorantes; mais là, je rencontrai deux prêtres avec trois hommes d'armes. Deux de ces hommes portaient une longue boîte qu'ils tenaient chacun par une extrémité, et, comme si j'eusse fait des questions, on me répondit : « C'est le marquis de Monaldeschi, grand écuyer de la reine Christine de Suède, qui vient de mourir par les épées ; nous l'allons, par ordre de Sa Majesté, enterrer là-bas, dans l'église d'Avon, sous le bénitier. » Ce n'étaient pas les carpes qui cette fois m'avaient répondu, c'était celui des trois hommes armés qui menait les autres, c'était Sentinelli. Je reculai tout effaré jusqu'au bassin des carpes, où elles murmuraient à demi-voix : « On doit se défier des amours d'Italien quand on est femme, et l'on doit se garder des amours de reine lorsqu'on est homme!... »

Il y avait alors de la lumière dans le petit pavillon du milieu de l'eau. « Louis XIV est là, reprirent les causeuses de l'étang, et avec lui nous avons vu entrer Louvois, Colbert, le chancelier Letellier, le père la Chaise et madame de Maintenon. Présentement, ils travaillent à la rédaction de l'édit *qui révoque celui de Nantes*, et qui sera signé demain. » Une sorte de plainte détacha brusquement mon attention du pavillon hexagone. « C'est un grand prince qui finit, » dirent les carpes; et, dans une chambre du palais, je vis, tant les murailles étaient transparentes pour mes yeux, je vis le prince de Condé rendre à Dieu l'âme qui habitait son corps depuis soixante-six ans... Comme malgré moi, mes yeux revinrent au pavillon : « Il est donc là, me disais-je, Louis XIV, le grand roi ! — Il n'y est plus, interrompirent les voix du grand bassin : c'est un autre souverain illustre que notre pavillon loge en ce moment ; c'est Pierre le Grand de Russie. Il a voulu dîner en ce lieu avec sa suite, et l'on s'est grisé si bel et bien, que... » En cet instant des barques abordaient au pavillon, on y ramassait, tout endormis et comme un peu morts, Pierre le Grand et ses convives, et l'on reprenait la direction de la cour de la Fontaine.

Après l'épouvante, le dégoût entrait en moi; un dégoût si vif, que je fermai les yeux. Je voulais ne pas voir le débarquement du czar. — Le son du cor s'était rapproché, et voici que d'autres instruments s'y mêlaient, qui faisaient une musique inattendue, toute sautillante et toute légère. En même temps, les carpes se mettaient à fredonner des airs, les unes : « *J'ai perdu mon serviteur...* » les autres : « *A jamais, Colin, je t'engage...* » Je rouvris les yeux; le temps de les fermer avait suffi pour des transformations bizarres.

La salle de spectacle de Louis XV était maintenant au fond de l'enceinte qui fait face à l'étang, à la place même de la galerie de François Ier. Les parois du fond avaient disparu et laissaient voir la cour du bien-aimé remplissant les loges et le parterre. Autour de la statue d'Ulysse s'entassait une multitude bigarrée, décorée, chamarrée, qui, au nord, rejoignait le public de la salle, et, au sud, s'appuyait à la balustrade de l'étang. Aux fenêtres des constructions élevées par François Ier, Charles IX, Henri IV et Louis XIV, se pressaient ces rois eux-mêmes avec leurs architectes, leurs peintres, leurs sculpteurs. Tout autour de l'étang : ici, sous les tilleuls gigantesques; là, dans le jardin anglais et au fond sur les pelouses, s'agitaient des grands d'autrefois : guerriers, poëtes, magistrats, prêtres, politiques, savants, toute la gloire et toute la honte, toute la courtisanerie et toute la chevalerie des siècles écoulés. Du monde partout, sur les arbres, sous les arbres, dans les arbres, sur les toits! tous les êtres ayant passé à Fontainebleau, même tous ceux qui devaient y passer, c'est-à-dire, là-bas, entre les ormes, et comme en route pour venir : Lantara, le peintre gardeur de vaches ; le chevalier Gluck, se rendant chez son élève couronnée ; Louis XVI achevant les ferrures d'une croisée; Marie-Antoinette cherchant Gluck dans la foule; Pie VII, le pape captif, prêt à dire la messe à la chapelle Saint-Saturnin ; Louis XVIII, allant recevoir Caroline de Naples; Charles X, tenant du bout des doigts la charte déchirée ; Louis Philippe, réduisant des comptes d'architectes ; la princesse Marie, un ébauchoir à la main ; Marie-Christine bannie... bien d'autres encore ! Et, entre ceux-ci, parmi les plus humbles, un petit homme au fin sourire, Béranger, murmurant le refrain d'une de ses dernières chansons :

« Faites l'aumône aux derniers de vos rois ! »

Du monde ! il y en aurait eu vraiment jusque sur les nuages, s'il y eût eu des nuages au ciel ! Mais le ciel était d'une resplendissante sérénité, et, pour éclairer ces générations amassées, il s'en était détaché d'énormes étoiles, et ces lustres inaccoutumés suspendus sur la cour de la Fontaine et sur l'étang, sur le feuillage et sur les pelouses, prodiguaient des clartés telles qu'on eût pu lire dans tous les esprits à travers tous les visages.

— A quelle fête assisté-je donc? me dis-je tout éperdu, regardant machinalement du côté du grand bassin... Nouveau spectacle! Les carpes étaient montées toutes à la surface de l'étang et en étaient sorties jusqu'à mi-corps. Leur nombre était si grand, qu'en aucun endroit l'eau ne se voyait plus; et leurs yeux et leurs écailles brillaient si fort, que mon regard fut obligé de s'écarter. Toutes avaient les yeux tournés vers le théâtre; mais elles ne cessaient point de fredonner, de se parler entre elles, et leurs propos continuaient de satisfaire à mes curiosités.

« Voilà le roi, disaient les unes, et voici la reine, Marie Leczinska, qu'il a épousée à Fontainebleau. — Là, c'est le Dauphin : il engendrera trois rois et mourra sans régner ; et là, c'est Christian, roi de Danemark, à qui l'on offre cette fête, en l'honneur de qui se donne la première représentation de l'opéra nouveau.

— Quel opéra? demandai-je sans qu'on me répondît.

« Voilà Diderot avec Grimm, reprenaient les autres, et, non loin d'eux, cet homme aux lèvres impitoyables, au nez d'inquisiteur, aux petits yeux pleins de regards profonds, au front qui sait tout, c'est Voltaire ; il a, ce matin même, à Fontainebleau, achevé *Sémiramis*. En face de lui, c'est Boucher, le peintre qu'on dit écraser des roses sur sa palette pour en peindre les amours. Les grands spectateurs ne manquent pas à l'opéra nouveau ! »

— Quel opéra? demandai-je encore sans qu'on me répondît davantage.

« *L'amour croît s'il s'inquiète...* » chantonnaient de certaines carpes, et elles s'interrompaient pour dire : « Ah ! ah ! Jelyotte entre en scène, et mademoiselle Fel avec lui... Les chœurs aussi chantent bien, ce sont les chœurs de l'opéra... Le roi semble ravi ; le voici qui donne le signal des applaudissements : Bravo ! bravo ! »

— Mais, où donc est l'auteur ? l'auteur, quel est-il donc ? redemandai-je, et quel est donc cet opéra ?

« Eh ! mais, dirent à la fin les carpes, c'est le *Devin du village...* »

— Mais où donc est l'auteur ?

« Là-bas, là-bas, dans cette petite loge, derrière M. le duc d'Aumont. Voyez-vous cet homme qui se cache : un homme vêtu de couleurs sombres, aux cheveux mal poudrés, la barbe non fraîchement faite ; le voyez-vous ? on applaudit, il rougit ; on applaudit davantage, il pâlit ; tout le monde est dans l'enthousiasme, le roi lui-même semble chercher l'auteur ; alors M. le duc d'Aumont se lève et le laisse voir : c'est lui, Jean-Jacques Rousseau, le citoyen de Genève... Il pâlit et rougit encore plus fort, il souffre même un peu des re-

gards tombant sur lui, de sa contenance et de sa mine...
— N'importe !

« Il est bien heureux ! »

Une grande émotion m'avait gagné ; elle me fit monter aux yeux des larmes qui, pour un instant, troublèrent ma vue. Ces larmes essuyées, je voulus regarder encore : la même multitude, le même public était encore là, mais on ne jouait plus le *Devin du village*. Le théâtre, ouvert par le fond, permettait de voir dans une chambre du palais. Un homme y était assis devant un maigre petit guéridon en acajou et de forme vulgaire. Il tenait à la main une plume que dix fois il remit, et que dix fois il reprit, sur la table couverte de papiers.

C'était Napoléon.

On le vit appuyer son front sur sa main et longtemps tenir ses yeux d'aigle sur une feuille qu'il venait de remplir. C'était l'acte d'abdication. « Il n'a pas encore signé, » murmura-t-on près de moi. En cet instant le silence était si grand parmi cette immense foule, qu'il effrayait presque. — Voici que l'empereur détourne ses regards du papier suprême pour les attacher à un portrait... C'est celui de son fils ; longtemps aussi il regarde cette petite tête blonde, et, en la regardant, on sent que l'empereur voudrait bien que l'homme pût pleurer. Quelques instants encore il étreint son front dans ses deux mains ; enfin, elles retombent et le laissent voir très-pâle. Il étend alors le bras devant lui par un geste tout-puissant. Sa main crispée semble retenir quelque chose au-dessus de l'espace, il l'ouvre à la fin; puis, la ramenant vers la table — il prend la plume et la trempe dans l'encrier... Il signe... puis il se repose.

Il est bien malheureux.

En ouvrant sa main crispée, il vient de lâcher le monde.

On n'entend plus qu'au lointain, et sonnant en mourant, les fanfares de la *Chasse du Grand Veneur.*

Mais voilà qu'un homme effaré, bouleversé, en délire, se fait violemment un passage à travers la multitude. Il vient du palais, il quitte l'empereur, il demande un cheval, il veut fuir...

« C'est le docteur Yvan, disent les voix de l'étang; sur un ordre absolu, il vient de donner du poison à Napoléon, et, comme épouvanté d'avoir obéi, il a hâte d'être loin de Fontainebleau. »

En se frayant un chemin, le docteur passe près de moi, il me heurte, je chancelle, et je tombe la tête contre le parapet de pierre qui borde l'étang du côté de l'avenue de Maintenon...

C'est alors que je me réveillai.

Il paraît que, las de marcher, je m'étais assis sur un banc et que je m'y étais endormi; j'avais passé la nuit là, et, comme les oiseaux, je rouvrais les yeux aux premiers rayons du matin.

Le soleil apparaissait radieux du côté d'Avon, les

abondantes fleurs du parc s'ouvraient langoureusement sous son haleine, de petits cris de merles et de fauvettes se répondaient à travers les branches, les cygnes faisaient leur toilette ou voguaient mollement autour du pavillon tranquille, et les carpes, redevenues discrètes, venaient à la surface de l'eau saluer le jour ressuscité.

ÉDOUARD PLOUVIER.

SOUVENIR

. . . . Nous arrivions au *Nid de l'Aigle*, une des promenades les plus agréables de la forêt de Fontainebleau. Ce site est si rapproché de la ville, qu'on peut, sous le soleil même, aller chercher à pied la fraîcheur de ses ombrages. Nous nous y reposions à l'ombre d'un chêne séculaire dans la contemplation de cette agreste nature. C'était vers le soir, tout était calme et semblait sommeiller, lorsqu'un bruit de pas sur des feuilles sèches rompit le silence qui régnait autour de nous. Ce bruit était causé par une pauvre vieille femme, suivie de deux petites filles qui s'occupaient à ramasser des branches de bois mort sur leur lit de mousse et de bruyère. Dans cette pauvre femme nous reconnûmes une de ces marchandes de la forêt qui offrent aux voyageurs, moyennant quelques sous, des petits morceaux de grès naturellement cristallisés et ciselés qu'on exhume de la profondeur des couches de sable sous des milliers de roches grises.

Elle s'approcha de nous, et, nous présentant une corbeille d'osier toute remplie de ces petites pierres, elle nous demanda si nous voulions en faire un choix. Nous en prîmes deux contre une pièce de deux francs que nous lui offrîmes. « Oh ! vous me donnez beaucoup trop, nous dit-elle, je ne vends mes petits cristaux que dix sous pièce, et les plus beaux encore. Si vous vouliez m'en prendre deux autres, nous serions quittes, et je n'aurais pas à vous rendre sur votre pièce.

— Gardez tout, ma bonne femme, lui dîmes-nous ; ce n'est encore que trop peu payer le mal que cela vous donne, et puis ce sera un peu plus à ajouter à la dot de ces charmantes petites filles qui vous accompagnent, si toutefois elles sont à vous.

— Hélas ! nous dit-elle, ce sont deux enfants à moi maintenant, puisque leur mère est morte et leur père aussi !... Il était carrier, lui ; c'est un état, voyez-vous, où l'on ne vieillit jamais. La roche est si dure, si dure, qu'il faut frapper bien fort pour en tirer le pavé; mais que voulez-vous? quand c'est la destinée!... »

Le récit touchant de cette pauvre mère de famille nous avait vivement émus, et la vue de ces petits enfants groupés auprès d'elle nous rappelait le tableau si poétique des *Orphelins* d'Ary Scheffer.

« Et comment, reprîmes-nous, pouvez-vous ainsi, seule, subvenir à tous vos besoins?...

— Oh! je ne suis pas seule, Dieu merci, répondit-elle vivement; mon mari est vivant, et il travaille ses quinze bonnes heures par jour à la terrasse; il est vrai que la besogne ne manque pas, mais la jeunesse n'y est plus, et ça fatigue...

— Et combien gagne-t-il ainsi courbé sous le soleil pendant tout le jour?

— Ah! pour ça, ce n'est pas lourd : trente-cinq sous quand il ne pleut pas, et, comme cette année l'eau n'a pas manqué, il a malheureusement chômé bien souvent.

— Mais comment avec si peu trouvez-vous le moyen de vous nourrir, vous vêtir et vous loger?

— Ah! dit-elle, il faut de l'économie pour y arriver, sans compter encore qu'il faut faire comme la fourmi, penser à l'hiver. Vous voyez qu'il n'en doit pas rester gros pour la caisse d'épargne. Ah! si on avait des défauts, ajouta-t-elle naïvement, on pourrait se faire des reproches; mais on vit si simplement!...Pour les repas, je trempe la soupe deux fois par jour, une fois le matin et une fois le soir. Dans la journée on mange un bon morceau de pain avec ce qui se trouve, une prune, une poire, du fromage ou des noix. Pour les vêtements, ils sont toujours à peu près comme vous les voyez, pas trop cossus, excepté le dimanche pour aller à la messe... Ce jour-là on a de rechange du linge blanc de lessive, c'est notre luxe à nous! Quant au logis, ce n'est pas celui d'un prince : deux petites chambres bien simples, un grenier pas mal grand et un caveau pour notre boisson de genévrier, le tout pour quatre-vingts francs par an. C'est une somme, mais on arrive à la trouver sans rien demander à personne.

— Votre conduite est bien digne, ma bonne femme, il est beau d'accepter ainsi avec courage la part que Dieu nous fait en ce monde ; il faut espérer que vous trouverez dans l'autre une compensation pour vous, et votre mari, à toutes les fatigues et les privations que vous vous imposez pour élever vos deux petits enfants.

— Ajoutez à ces deux là les trois autres qui sont restés à la maison parce qu'ils sont encore trop jeunes et trop faibles pour faire et porter un fagot. Ah! c'est ceux-là, si vous les voyiez, les pauvres chérubins, que vous diriez qu'ils sont beaux, car ils ne sont pas les plus vilains de la nichée, sans vouloir faire tort à celles-ci... Il faut vous dire aussi qu'il nous en est mort un petit l'an dernier. Ça nous a fait un bien grand chagrin. C'est bête! car il est bien plus heureux là-haut; et pourquoi le bon Dieu ne les a-t-il pas pris tous du même coup?

on aurait pleuré une bonne fois et ce serait fini !...
Pauvres chers enfants ! on dit ça quelquefois, mais on
ne le pense pas. » . . . .

GEORGINE ADAM-SALOMON.

LA FORÊT DE FONTAINEBLEAU

ET

M. DE CHATEAUBRIAND

Il y a des modes pour les paysages comme pour toutes choses. Tel site, admiré aujourd'hui, était ignoré hier; telle contrée, dont les beautés servent maintenant de thème presque quotidien aux virtuoses de la prose pittoresque, se trouvait, il y a vingt ans, méconnue ou tout à fait incomprise, pour employer un mot de la phraséologie moderne, ici fort à sa place. Par exemple, la Suisse ne date guère que de Jean-Jacques; si, malgré les prétentions de M. Alexandre Dumas, la Méditerranée a été « découverte » avant lui, on peut dire que M. de Chateaubriand est le premier qui ait décrit les beautés de la Grèce, de la Turquie, et que c'est lui qui a *inventé* la *Vue* de Constantinople. On soupçonnait depuis longtemps l'existence de Jérusalem et de la Palestine, mais qui pouvait se vanter de les connaître lorsque M. de Lamartine entreprit de les décrire? Qui avait jamais entendu parler, avant que George Sand eût imaginé de les dessiner et de les peindre, des élégances rustiques de la vallée Noire et des bords de la Creuse, et du charme poétique que les ormeaux touffus versent avec la fraîcheur et l'ombre sur les *traînes* du Berri?

Bien des gens qui s'en vont en Suisse traversent la Franche-Comté sans se douter que les vallons du Jura français renferment plus de beautés que certains cantons de la confédération helvétique. Tous ceux qui se rendent en Italie ne jettent que des regards de dédain sur la Provence, et on les étonnerait fort si on leur disait qu'ils ne trouveront pas facilement de l'autre côté des Alpes des villes aussi intéressantes qu'Arles, la ville romaine, ou qu'Avignon, la ville des papes. Aujourd'hui que les bords du Rhin sont devenus célèbres, n'essayez pas de vanter les bords du Rhône, mille fois plus beaux. Mais les bords du Rhône auront leur tour, — Fontainebleau a bien eu le sien.

Il n'y a pas longtemps de cela, et la première fois que l'admirable forêt remporta cette victoire sur l'indifférence, le mauvais goût ou l'ignorance des hommes, son triomphe ne fut pas de longue durée. On était au commencement du seizième siècle. L'Humanité se réveillait du sommeil où l'avait plongée la barbarie du moyen âge. Il semblait que la Nature, jusqu'alors garrottée par des liens de glace, les voyait se détendre et se fondre à la douce chaleur d'un soleil printanier. On appela cette époque réparatrice, cette glorieuse saison de l'histoire, le siècle de la Renaissance. Tout renaissait en effet, la Nature et l'Homme, l'art, la science, la poésie. On retourna aux anciens dieux, aux vrais, aux seuls dieux des poëtes, des peintres et des sculpteurs; Apollon et ses Muses regagnèrent les sommets du Pinde, l'Olympe revit Jupiter et sa cour pendant que Diane et ses lévriers, les faunes et les sylvains, les nymphes des fontaines et les fleuves aux barbes limoneuses, redescendus sur la terre, rentraient en possession des domaines d'où les avaient chassés l'intolérance et l'hypocrisie. C'était l'aube matinale d'un jour radieux succédant aux épaisses et froides ténèbres d'une longue nuit. Aussi la Nature et l'Homme, que l'obscurité avait fait se méconnaître pendant tant de siècles, se reconnurent et scellèrent leur alliance dans un ineffable embrassement.

Sous le règne des Valois, et même sous Henri IV, Fontainebleau et ses futaies furent en grand honneur; Ronsard, du Bellay, et toute la pléiade, y logeaient volontiers les divinités bocagères renouvelées des Grecs.

L'enthousiasme dura jusqu'à Malherbe, et, dans les vers où il dépouille la poésie française de la robe ionienne pour la revêtir des longs habits de la muse latine, on retrouve encore plus d'un éloge de la forêt. Pourtant il est juste de dire que les éloges de Malherbe s'adressent plutôt au château et au parc qu'aux majestueuses solitudes du Bas-Préau ou aux austères paysages des gorges d'Apremont. Cela se conçoit : le parc et le château étaient l'œuvre des rois de France, tandis que la forêt n'était que l'œuvre de la nature, et le « restaurateur de la poésie française » entendait trop bien ses intérêts pour oublier que la nature ne donne pas de pensions.

L'académicien Guillaume Colletet partageait les sentiments de Malherbe, à en juger par une pièce de vers dont voici le début solennel :

> Père sacré du jour, beau Soleil, sors de l'onde,
> Et viens voir avec moi le plus beau lieu du monde ;
> C'est du plus grand des Rois le superbe séjour,
> Fontainebleau, nommé les Délices d'amour !

Il convient de dire que le poëte qui proposait au blond Phœbus de le mener à la cour de « Louis le Juste et du grand Armand, » n'était pas le pauvre diable « crotté jusqu'à l'échine, » si malmené par Boileau, — mais son père.

Quoi qu'il en soit, la forêt de Fontainebleau est déjà

méconnue sous Louis XIII. Sous Louis XIV, les poëtes n'en disent plus un mot. Devenus presque tous courtisans, comme tels, ils préfèrent les allées correctes et les bassins de Versailles aux sites désolés des « déserts de saint Louis. » Au commencement du dix-huitième siècle, les hommes semblent avoir oublié la nature extérieure, préoccupés qu'ils sont des intérêts sacrés de la société civile et politique et de la philosophie. L'étude de ces graves questions, qui semble d'abord devoir les éloigner de la poésie, va les y ramener pourtant sans qu'ils s'en doutent. Pendant que Chardin inaugurait le règne du *réalisme* dans la peinture, Diderot et surtout Rousseau accordaient au *paysage* une large place dans leurs livres. Mais la forêt de Fontainebleau ne profite point de ce mouvement des esprits; elle reste ignorée. Jean-Jacques la traverse sans la regarder, tout occupé qu'il est des fredons du *Devin de Village* et du double effet de sa barbe inculte, de sa toilette négligée et de sa musique sur les dames de la cour.

Un des fils littéraires de Rousseau, — et de tous le plus célèbre, — le chantre d'*Atala* et de *René*, devait, lui aussi, visiter la forêt de Fontainebleau, sans rien comprendre à ses admirables beautés. Il est vrai qu'à l'époque où il l'a vue pour la première fois il n'était qu'un enfant, à peine un jeune homme, et qu'il traduisit ses impressions dans un « essai poétique, » resté à peu près complétement ignoré de nos jours. M. de Chateaubriand ne s'est jamais vanté depuis de cette œuvre de son adolescence; on le comprendra sans peine dès qu'on aura lu les vers suivants :

> Forêt silencieuse, aimable solitude,
> Que j'aime à parcourir votre ombrage ignoré !
> Dans vos sombres détours, en rêvant égaré,
> J'éprouve un sentiment libre d'inquiétude.
> Prestiges de mon cœur ! je crois voir s'exhaler
> Des arbres, des gazons, une douce tristesse.
> Cette onde que j'entends murmure avec mollesse,
> Et dans le fond des bois semble me rappeler.
> Oh ! que ne puis-je, heureux, passer ma vie entière
> Ici, loin des humains ! Au bord des frais ruisseaux,
> Sur un tapis en fleur, dans un lieu solitaire,
> Qu'ignoré je sommeille à l'ombre des ormeaux !
> Tout parle, tout me plaît sous ces voûtes tranquilles ;
> Ces genêts, ornements d'un sauvage réduit...
>
> . . . .

J'en demande bien pardon à la mémoire de M. de Chateaubriand, mais il n'y a guère de « gazons » dans la forêt de Fontainebleau, et ses « solitudes » n'ont pas précisément ce qu'on appelle l'air « aimable. » Qu'il ait éprouvé au milieu d'elles un « sentiment libre d'inquiétude, » je n'ai nulle peine à le croire, et, d'ailleurs, *inquiétude* fait une rime des plus riches à *solitude*. Mais j'ai beau chercher, dans cette molle imitation de Delille et de Saint-Lambert, je ne trouve pas une idée, pas un mot, sauf « les genêts, » qui rappelle Fontainebleau et les beautés d'un caractère si saisissant et si local. C'est une forêt de rhétorique que cette forêt-là. Rien ne manque pourtant à la description, sauf l'exactitude ; pour mieux dire, le poëte a vu et surtout entendu sous ces « ombrages ignorés » toutes sortes de belles choses qu'ils n'ont jamais abritées. Ses « frais ruisseaux » et son « onde qui murmure avec mollesse » n'ont jamais arrosé que les tapis verts d'un jardin anglais. L'eau brune moirée de reflets d'acier qui croupit dans les mares, ou qui filtre lentement à travers les grès moussus, n'a jamais eu envie de murmurer.

Il ne faudrait pas conclure de ce qu'on vient de lire que je suis l'adversaire systématique de M. de Chateaubriand, ni que je prétende refuser le don de la poésie descriptive au peintre du Meschacebé. Ceux qui ont vu ailleurs et dans d'autres temps le nom obscur qui signe aujourd'hui ces lignes se tromperaient en me prêtant des sentiments hostiles à une glorieuse mémoire. Les fils de Voltaire et de la Révolution ne doivent plus rester les adversaires du pair de France de 1830, demeuré fidèle à ses serments ; et les *Mémoires d'Outre-Tombe* peuvent bien leur faire oublier certains chapitres du *Génie du Christianisme*.

En citant les vers plus que médiocres de M. de Chateaubriand, je n'ai donc eu aucune intention d'épigramme ; mais j'ai seulement voulu rapporter un exemple illustre à l'appui de ce que je disais tout à l'heure : qu'il y a « des modes pour les paysages, » et que Fontainebleau a été trop longtemps dédaigné par la mode.

Si j'ai de la mémoire, et si je n'oublie personne, le premier écrivain éminent qui rendit justice à la forêt depuis les poëtes de la Renaissance, fut l'auteur d'*Obermann*. Ce n'est pas, à mon avis, un des moindres mérites de M. de Sénancourt que d'avoir indiqué le premier, dans une prose limpide où l'élégante et sobre netteté du français du dix-huitième siècle se marie à une poésie mélancolique et rêveuse d'un sentiment tout moderne, le véritable caractère pittoresque de Fontainebleau. Personne ne peut lui enlever ce titre à la reconnaissance de tous ceux qui aiment la nature d'un cœur sincère. Quant à moi, le mérite de M. de Sénancourt me paraît d'autant plus grand, qu'il écrivit son livre en plein Empire, c'est-à-dire à l'époque de notre histoire littéraire et philosophique la plus inféconde et la plus ennuyeuse, à une époque où la bêtise, — disons le mot sans périphrase, lorsqu'il s'agit de rappeler le règne absolu de la périphrase, — était d'autant plus applaudie, qu'elle prenait en vers ou en prose l'air le plus solennel.

— Elle n'en prenait jamais d'autres.

THÉODORE PELLOQUET.

LA SALAMANDRE D'OR

Ce que je vais vous conter se passait dans les dernières années du règne de François Ier.

La fin misérable du donjon de Rambouillet n'était pas encore proche, mais les beaux jours qui avaient suivi le rachat de la captivité de Madrid commençaient à s'assombrir.

Dans ces temps, rayonnant encore d'un reste de prestige, par un soir d'octobre, à la nuit tombante, un homme, enveloppé d'un long manteau à l'italienne, sortait de la forêt de Fontainebleau et se dirigeait d'un air grave du côté du château.

La tête du promeneur était couverte d'une toque de velours noir, ornée d'un bouton en or ciselé.

Il y avait beaucoup de richesse dans les autres détails de son costume.

Vous eussiez dit un de ces seigneurs abâtardis, pâles copies de Gaston de Foix et de Chabannes, qui avaient quitté leurs gentilhommières féodales pour vivre de flatterie à la cour des Valois, et vous vous seriez trompé.

En lui rien n'annonçait l'insouciance française de mise alors, et dont les jolis vers de Clément Marot sont la reproduction fidèle.

On devinait, en effet, que ce marcheur solitaire n'était pas heureux dans le sens des sybarites du jour.

L'œil cave, les joues d'un visage maigre, frappées de fibrilles jaunâtres, le sourire amer qui voltigeait sur ses lèvres, tout paraissait dire : « Je suis envieux, je suis avare, je suis servile. »

De temps en temps les sentinelles le saluaient en passant. Parfois aussi quelques bourgeois de la ville, attardés à la corne du bois, le désignaient du doigt en prononçant ces mots : « Voilà le premier stucateur du monde. »

A une portée d'arquebuse du palais, un autre homme, étranger, suivant toute apparence, s'avança tout à coup vers lui, et, après l'avoir salué avec les marques d'un respect affecté :

— Messer Francesco, lui dit-il, pourrais-je avoir l'honneur de vous dire un mot?

— Oui, répondit assez sèchement le promeneur, mais à condition que je saurai d'abord à qui je parle.

— Mon nom importe peu à la chose, messer.

— Ce n'est pas mon avis, d'autant plus qu'à votre accent j'ai deviné que vous étiez Espagnol.

— Précisément. Mais qu'est-ce que cette circonstance peut faire de bon ou de mauvais?

— Ah! repartit le promeneur avec un étrange sourire, vous savez bien que le lion de France et l'ours d'Espagne ne s'adorent point dans le fond, bien qu'ils se traitent de frères. Or je tiens singulièrement à démontrer au lion que je n'aurai jamais rien de commun avec les gens de l'ours.

— Fort bien dit, riposta l'étranger, pour le cas où il s'agirait d'intrigue politique; mais telle n'est pas la question, messer. Ce qui m'amène près de vous est une simple fantaisie d'artiste.

— Une fantaisie de Charles-Quint?

— Précisément, messer.

— Dans ce cas, la chose est encore plus grave que je ne le pensais. François Ier n'entend pas raillerie là-dessus, voyez-vous. Et d'ailleurs j'ai mille raisons de lui être exclusivement attaché. D'abord le roi chevalier a compris que le Rosso me gênait, et il l'a congédié; j'ai voulu faire des fresques, de l'architecture, de la statuaire, il m'a laissé libre de me livrer à tous les caprices de mon imagination. Mais je connais le prince : il lui serait pénible que je travaillasse pour un autre, surtout pour votre maître à la tête rousse.

— Je sais bien, reprit l'étranger avec finesse, je sais bien que le roi François est un prince magnifique; mais mon maître à tête rousse est royal aussi, quand il s'en mêle, et il ne paye pas les gens de mérite avec des coquilles de noix

— Le salaire n'y fait rien, ajouta le promeneur.

Tenez, saint Pierre descendrait du ciel pour me dire : « Messer, vous allez faire des stucs et des fresques pour l'antichambre du paradis, et l'on vous payera vingt rubis par jour, » oui, il me dirait cela, que je refuserais.

Ici l'étranger sourit.

— Messer Francesco, reprit-il, n'allons point chercher midi à quatorze heures. Le saint portier du ciel ne descendra pas sur la terre pour vous commander des stucs et pour vous offrir des rubis ; mais, voyons, en homme terrestre que vous êtes, tâtez-moi un peu ce que voici.

En même temps, il tirait de sa poche et tendait à l'artiste une très-belle bourse en soie, gonflée d'or.

— Il y a là dedans cinquante onces d'Espagne, poursuivit-il ; ce n'est que la moitié de ce que mon gracieux maître vous offrira si vous consentez à faire le petit travail qu'il sollicite de vous.

Les yeux du promeneur s'étaient allumés comme deux charbons ardents.

— Cinquante, c'est-à-dire cent onces d'Espagne, messer ; la chose en vaut la peine, n'est-ce pas ?

— Oui, c'est un assez joli denier ; mais en échange de quel travail ?

— Ah ! par Mercure, dieu des messagers ! il s'agit de presque rien, de faire le dessin d'une bague propre à orner la main d'un roi ou à briller à la main blanche d'une favorite.

— Si ce n'est que cela, je ne vois aucun obstacle à ce que l'affaire se fasse.

— Il n'y a que cela, messer ; seulement...

— Seulement?

— Mon maître à tête rousse, qui tient à l'épanouissement de votre gloire, voudrait que le dessin fût signé Francesco Primaticcio, de Bologne; c'est un beau nom à mettre au bas de quelques coups de crayon.

Un moment cette clause inattendue contraria le Bolonais; mais la vue de la bourse de soie, exerçant sur lui une fascination irrésistible, il n'hésita pas plus d'une minute.

— Votre illustre et auguste maître a de si nobles procédés, dit-il, que je me rends tout de suite. Demain vous aurez le dessin de la bague.

— Demain, messer, vous aurez les cinquante autres onces d'Espagne. Où nous retrouverons-nous?

— Sur la marge du grand bassin, à cinq heures de l'après-midi.

— Je vous y attendrai, messer.

Là-dessus Francesco Primaticcio salua l'étranger d'une légère inclinaison de tête et gagna l'aile du château qu'il habitait, tout en faisant sauter à chaque pas dans sa main la bourse de Charles-Quint.

Si vous le voulez bien, nous glisserons sur l'entrevue qui suivit cette première scène. L'Espagnol reçut du Bolonais ce qu'il lui avait demandé et lui tendit ce qu'il lui avait promis. — Il n'y a pas autre chose à en dire.

Six mois s'étaient écoulés.

On répandit tout à coup le bruit que l'empereur Charles-Quint s'apprêtait à descendre les Pyrénées, afin d'aller châtier les bourgeois brabançons et gantois qui s'étaient révoltés.

Mais, pour aller à Gand, il fallait traverser la France, et, par conséquent, recevoir l'hospitalité du roi français.

Un jour, la belle Anne de Pisseleu, duchesse d'Étampes, en ce moment maîtresse en titre du roi, se promenait avec lui dans cette forêt de Fontainebleau, qui est si bien faite pour être le nid de tous les amours.

— Sire, disait-elle au prince, l'ours descend de sa montagne. Est-ce que vous ne trouvez pas qu'il serait piquant de le mettre quelque temps en cage?

François 1er avait répondu par un sourire étrange, qui pouvait signifier, au gré de la belle dame : « Je ne dis pas oui, mais je ne dis pas non, non plus. »

Aussi le jour même de l'arrivée de Charles-Quint dans ce même palais de Fontainebleau, qui a été le théâtre de tant d'acteurs historiques, bouffons ou terribles, le roi de Pavie dit à l'empereur :

— Sire, vous êtes ici chez vous.

— Pour huit jours, sire; je vous en dois mille grâces. Et comme on lui avait servi des fraises des bois dans un saladier de vermeil :

— Par Dieu! je devrais remercier les Gantois de s'être insurgés, sire.

— Ne vous pressez pas tant, Majesté, dit la duchesse d'Étampes.

— Pourquoi? demanda l'empereur.

— C'est, répliqua la favorite, que mon doux seigneur avait bien un peu pensé à vous faire manger de ces excellentes fraises des bois pendant deux ans de suite.

— Madame, répliqua Charles-Quint, deux ans ne seraient pas assez si je devais me trouver auprès de vous.

On laissa là ce propos.

Cependant l'ours ne s'y fiait pas, et le lendemain, au moment de se mettre à table, il laissa tomber, en se lavant les mains, un anneau de grand prix aux pieds de la duchesse.

C'était une bague admirable. Sur le cercle d'or courait comme dans du feu une petite salamandre, avec des yeux de diamant et une gueule de turquoise.

— Qu'elle est jolie! dit Anne de Pisseleu.

Et, après un nouveau coup d'œil, elle aperçut en lettres presque imperceptibles ces mots : FRANCESCO PRIMATICCIO. — Une bague dessinée par le Primatice, son artiste de prédilection, son protégé, presque son confident.

— Vrai morceau d'empereur! reprit-elle en rendant le bijou à Charles-Quint.

— Madame, répondit le prince, il est très-clair que cet anneau veut changer de maître, puisqu'il m'a quitté. Gardez-le donc : il ne saurait être en de plus belles mains.

La favorite ne parla plus du tout de faire mettre l'ours en cage.

Charles-Quint alla à Gand, et plus tard il nous donna encore un peu de fil à retordre.

Dans le même temps, Benvenuto Cellini, qui était à l'hôtel de Nesle, et qui n'aimait pas le Primatice, ni Charles-Quint, ni la favorite, disait à qui voulait l'entendre :

— Une bague commandée par un ours, dessinée par un ladre et donnée à une pécore, a fait perdre au roi une belle partie.

PHILIBERT AUDEBRAND.

COMMENT LE CHANOINE EUT PEUR

CHRONIQUE

La table était à peu près desservie. A l'un des côtés s'étalait dans son fauteuil un gros et vieux chanoine; ses deux joues toutes rouges, pleines et toutes rebondies, ressemblaient à deux coussins d'écarlate; mais sur cette grosse figure il y avait une expression si franche de bonhomie, que, rien qu'à la voir, on eût aimé celui qui la portait. De l'autre côté de la table était un jeune capitaine d'artillerie, neveu du chanoine, blessé à la bataille d'Eylau, qui était venu se refaire, au milieu des délices du canonicat, des fatigues de la campagne. Entre l'oncle et le neveu, un punch modeste, tel que le tolèrent les canons de l'Église, allumé en l'honneur du capitaine, secouait ses flammes bleuâtres, pareil à un damné qui secoue sa chevelure de feu. Il y avait encore une autre personne dans la chambre : c'était une femme moitié jeune, moitié vieille; moitié servante, moitié maîtresse, et dont la couverture (puisque l'usage veut que l'on soit couvert au lieu d'être habillé) tenait le milieu entre ces deux conditions. Elle allait et venait à pas muets et encore légers, dérangeant d'une main ce qu'elle arrangeait de l'autre, car le chanoine avait promis une histoire.

« Voici, fit le chanoine, qui avait une pointe de bourgogne, comment j'eus peur. C'était avant la Révolution. Je desservais alors une petite paroisse, joli nid d'oiseau caché au milieu des bois qui couvrent Fontainebleau. Mon village était séparé de la ville par une forêt, au beau milieu de laquelle passait la route qui conduisait à Noisy. C'était une route comme on n'en voit plus, car le nouveau régime a bien ses avantages; c'est une abeille qui a piqué plusieurs personnes, mais

qui a fait du miel pour tous. Cette route se promenait
çà et là, comme un homme qui n'est pas pressé ; elle
se prélassait sous la voûte majestueuse des chênes,
flânait entre les gazons, allait d'un village à l'autre,
tantôt s'élargissant, tantôt se rétrécissant, déchirée par
de profondes ornières, incurables blessures que l'art
du cantonnier ne savait pas encore cicatriser ; quelquefois elle se séparait en deux branches, comme un fleuve,
qui allaient se rejoindre à quelque distance de là, après
avoir formé de frais îlots de verdure. C'était une route,
enfin, qu'on perdait et qu'on retrouvait dix fois avant
d'arriver à son gîte.

« Or cette forêt avait un mauvais renom ; plusieurs
voyageurs qui se rendaient à Noisy, avaient disparu,
et l'on n'avait pas même retrouvé leurs traces. La rumeur publique accusait de ces meurtres la famille
Dinot, qui avait établi ses sinistres pénates au milieu
de la forêt. Au fait, c'était une terrible famille que la
famille Dinot, le père et quatre fils. Les quatre fils,
pareils à des statues d'athlètes dans un bloc de chair
humaine, parcouraient la forêt du matin au soir ; inséparables de leurs fusils comme un prêtre l'est de son
bréviaire ; d'une adresse sans rivale, dans un pays où
le braconnage était une profession, et dont la balle eût
défié la flèche de Tell ; du reste, tout à fait étrangers
à ce commandement de Moïse : « Homicide point
« ne seras ; » considérant tout être errant comme un
gibier donné par le Créateur au chasseur assez adroit

pour l'abattre; et, de même que toi, loyal artilleur et bon chrétien, ne vois dans un lièvre qu'un civet ou qu'un rable artistement piqué de lard, ne voyant dans tout voyageur qui passait à leur portée que des sacoches plus ou moins pleines, qu'une ceinture plus ou moins garnie. Le père ne le cédait aux fils ni en force ni en adresse, et n'était guère plus avancé qu'eux en morale. Les Dinot s'étaient fait à dix lieues à la ronde une sinistre célébrité. Grâce à la terreur que leur nom inspirait, la forêt était devenue leur domaine. Ils y régnaient, comme règne le lion dans son désert. La maréchaussée, composée de gendarmes éclopés, ne faisait que de courtes et timides apparitions sur leur terrain, et les bûcherons eux-mêmes ne se souciaient pas beaucoup de travailler trop près des Dinot.

« Les Dinot, ainsi que je viens de le dire, habitaient au milieu du bois une petite maison que je crois voir encore : c'était une maison basse et trapue, n'ayant qu'une seule fenêtre grillée de fer et semblable, sous ce rapport, à un cyclope qui eût porté lunettes. Elle était bâtie entre un fourré de chênes et se tenait comme en embuscade sur la route. A côté de cette maison était une mare de mauvaise mine, profonde, couleur d'ardoise, surface sinistre à laquelle étaient collées, comme des emplâtres, de larges feuilles de nénuphar ; c'était, disait-on, le sépulcre que les Dinot donnaient à leurs victimes, et l'abîme où ils perdaient le butin qu'ils ne voulaient pas conserver. Les habitants du pays appelaient cette mare le cimetière des Dinot. Jamais cette eau stygienne n'avait été explorée. Nul paysan n'eût osé dénoncer les Dinot tant qu'un d'eux fût resté libre, et les magistrats du bailliage, en supposant qu'ils ne craignissent rien pour leurs personnes, avaient aux environs de la forêt des propriétés sur lesquelles les parents des vaincus eussent pu exercer de désastreuses représailles.

« J'étais alors dans l'ardeur de la jeunesse; nul ouvrier du Seigneur n'était plus infatigable que moi à cultiver son petit morceau de vigne céleste. Je me faisais une idée sublime de mes fonctions; j'aurais volontiers salué ma soutane; j'étais hargneux, intolérant, outré dans mon zèle, comme le sont malheureusement beaucoup de jeunes prêtres qui veulent être une copie de la grande figure des Apôtres et n'en sont que la caricature. Quoique je ne fusse pas moi-même bien courageux, cette lâcheté de tous m'indignait. Je regardais le silence des uns et l'inaction des autres comme une complicité.

« Un dernier meurtre ayant été commis dans la forêt avec la même impunité que les précédents, je m'avisai de tonner du haut de ma petite chaire contre ces hommes féroces qui vivent du sang de leurs semblables et je désignai si bien mes paroissiens du grand bois, que personne ne s'y méprit. C'était un jour de Pâques. L'aîné des Dinot assistait par hasard à la grand'messe. Je vis toutes ces noires et blanches surfaces de têtes, qui s'étendaient au-dessous de moi, onduler comme un lac sous un souffle de vent; les regards de la multitude se dirigeaient vers le jeune Dinot. Celui-ci se leva, posa son grand chapeau à deux cornes sur sa tête, et, levant le poing vers moi : « Monsieur le curé! s'é-« cria-t-il, vous vous en repentirez! » Puis il s'éloigna. La foule, qui ce jour-là était compacte et serrée, se divisa devant lui comme les vagues de l'Océan devant la proue d'un navire. Moi-même je restai si interdit, que je ne pus, de quelques minutes, reprendre le cours de mon sermon. Seulement, le sacristain ayant cru devoir, par égard pour ses fonctions, avertir Dinot de se découvrir, reçut l'épithète de rat d'église et un coup de pied dans le derrière. Je voulais dénoncer au bailli le scandale fait dans la maison du Seigneur et le coup de pied donné à un sous-officier de l'église dans l'exercice de ses fonctions; mais tous les gens sensés de la paroisse, et le sacristain lui-même, m'en détournèrent; de sorte que, ne pouvant faire mieux, je pardonnai.

« L'hiver suivant, je revenais de Fontainebleau. C'était par une belle après-midi de décembre. Je suivais lentement, mon parapluie à la main, mon bréviaire sous le bras, la route dont j'ai parlé au commencement de cette histoire. La menace de Dinot, menace déjà suivie de l'effet, car je commençais à m'en repentir, me revenait sans cesse à la mémoire, et l'idée que je devais passer devant leur repaire me tourmentait cruellement. Pour être débarrassé plus tôt de mon appréhension et de ce maudit bois qui ne voulait pas finir, je doublai le pas. Je me faisais à moi-même ce sophisme : « C'est par zèle pour la religion que tu t'es attiré la haine des Dinot; donc, s'ils te tuent, tu mourras martyr. » Mais je dois avouer que je priai Dieu de me refuser cette faveur. Le cœur me battit bien fort lorsque j'aperçus la maison des Dinot qui fumait entre les arbres, coquette et blanche, avec sa couverture de neige, comme si on lui eût mis une chemise de mousseline. Cette fumée était de mauvais augure, elle annonçait qu'il y avait quelqu'un dans la maison. Cependant j'espérais encore passer inaperçu, sous l'aide de mon ange gardien.

« Il n'en fut pas ainsi. Le père Dinot, quoiqu'il fît un froid à tordre les chênes, était en sentinelle devant sa porte, appuyé sur un grand fusil noir. Le père Dinot avait au moins cinq pieds six pouces; ses cheveux roux, dont quelques-uns à peine commençaient à s'argenter, tombaient, pareils à la crinière d'un lion, en touffes incultes sur ses épaules; lorsqu'il maniait son fusil, un réseau de nerfs surgissait de ses mains, allant et venant sur sa peau sèche et rugueuse comme la couverture d'un vieux livre. Le temps semblait avoir eu peur de s'attaquer à cet homme. Moi, au contraire, j'étais frêle et faible, et il eût fallu une botte de curés comme je l'étais alors pour faire un chanoine comme je le suis à présent. Alors j'avais la manie de Jésus et de l'abstinence, tandis qu'aujourd'hui...

— Tandis qu'aujourd'hui? fit le capitaine.

— Tandis qu'aujourd'hui, reprit mademoiselle Colette, se jetant sur l'interruption du capitaine comme un chien sur celui qui attaque son maître, monsieur se fait vieux, et ses infirmités ne lui permettent plus de jeûner.

— Tu oublies, c'est-à-dire vous oubliez, Colette, dit le chanoine, que je n'ai encore que soixante-cinq ans, et que je me porte comme autrefois les carmes.

« Le père Dinot était donc sur sa porte. Aussitôt qu'il m'aperçut, il vint à moi.

« — C'est vous que j'attendais, monsieur le curé, me dit-il de sa voix rauque et sauvage.

« — Vous m'attendiez, monsieur Dinot? répondis-je sans trop savoir ce que je disais. Auriez-vous besoin de mon ministère?

« — De votre ministère? oh! bien oui, il s'agit bien ici de votre ministère! Ce n'est pas que je n'aime le bon Dieu autant qu'un autre; si je ne vais pas à la messe, c'est que vous chantez faux et que vous êtes trop longtemps à l'autel.

« — Croyez-vous, monsieur Dinot, repris-je un peu piqué, qu'une grand'messe se coule dans un moule? Mais, puisque vous n'avez pas besoin de mon ministère, en quoi puis-je donc vous être utile?

« — Entrez, je vous expliquerai cela en présence d'un bon feu dont vous paraissez, monsieur le curé, avoir grand besoin; car vous tremblez comme si vous aviez la fièvre.

« — Faites-moi plutôt l'honneur de venir dîner un de ces jours au presbytère, et amenez avec vous ce bon monsieur Nicolas, l'aîné de vos fils. J'ai eu envers lui des torts dont je veux qu'il me demande raison le verre à la main..

« — Ce bon Nicolas va rentrer à l'instant, répondit brusquement le père Dinot; vous le trouverez tout disposé à vous demander raison des torts que vous avez eu envers lui.

« L'arrivée prochaine de Nicolas acheva de me faire perdre la tête, je me déterminai à prendre la fuite à travers la forêt. Mais, au regard oblique que je jetai sur le chemin, le père Dinot devina mon intention, et il arma son fusil. J'ai encore dans les oreilles le craquement de la batterie. Il me prit par le bras :

« — Allons, dit-il, pas tant de cérémonies, entrez; n'avez-vous pas peur que la maison vous tombe sur les épaules?

« — Puisque vous l'ordonnez, monsieur Dinot...

« Quand nous fûmes entrés, le père Dinot ferma la porte à verrous et posa son fusil contre le mur. Il ouvrit ensuite une grande armoire en chêne qui était à côté de la fenêtre. C'était un véritable arsenal que l'armoire du père; il y avait là des pistolets de toutes les tailles, depuis le coquet et l'élégant pistolet de poche, jusqu'au gros et massif pistolet d'arçon; des fusils de tous les calibres, depuis la canardière efflanquée dont la balle porte aussi loin que le regard, jusqu'au robuste mousqueton; des couteaux de toutes les grandeurs et de toutes les formes, les uns courts, rablés, aiguisés sur les quatre faces, pour aller, d'une seule blessure, au fond des plus robustes poitrines; les autres minces, larges et ventrus, tranchants comme des rasoirs, nobles castillans venus de Tolède, qui, d'un seul coup, faisaient tomber des entrailles sur la poussière: quelques uns fluets, maigres, tout en pointe, semblables au dard d'un aspic, qui passaient à travers les chairs comme une aiguille à travers la toile. Il y avait aussi des sacs de poudre, des sébiles, les unes pleines de balles, les autres de pierres à fusil tout enchâssées dans leurs plombs.

« Le père Dinot prit un des couteaux espagnols dont je viens de parler, et se mit à l'aiguiser, sans dire un mot, sur une pierre grise. Mes jambes fléchissaient sous moi, et je m'assis machinalement devant la terrible armoire. Une vapeur, à travers laquelle mes regards semblaient vaciller, était étendue sur mes yeux. J'avais comme le tintement d'un glas dans les oreilles; tantôt un souffle glacé me passait à travers les os; tantôt des bouffées de chaleur et une sueur tiède me prenait au visage. Je voulus prier, mais je ne pus trouver aucune parole d'aspiration vers Dieu. Mes idées étaient comme collées aux parois de mon cerveau, et il me sembla que je faisais effort pour les en détacher. Je voyais confusément les armes dont l'armoire était garnie, et Dinot, impassible comme une guillotine qui a fonctionné, aiguisant son couteau qui allait et revenait d'un mouvement égal sur la pierre. Je fermais les yeux pour ne pas voir ces terribles objets, mais je les voyais encore, comme s'ils eussent été dans ma paupière. Je ne pouvais me rappeler comment et pourquoi j'étais là, et il me semblait qu'à chaque instant j'allais me réveiller d'un cauchemar.

« Une bouteille était auprès de moi, sur une table ; j'avais soif, j'en pris un verre de vin et le vidai d'un seul trait. Ce vin, quoiqu'il ne fût pas des meilleurs, me rendit un peu d'énergie. Je fis un effort pour fléchir mon assassin :

« —Oh! monsieur Dinot, m'écriai-je, pourquoi voulez-vous me tuer ? Si c'est pour mon argent, je n'en ai point. Attendez que je sois devenu curé d'une riche paroisse. Je n'ai que cette montre d'argent qui me vient de mon père, et dont je ne croyais jamais me séparer ; prenez-la, mais du moins laissez-moi la vie.

« — Voyons cette montre ; va-t-elle bien ? dit le père Dinot en l'approchant de son oreille.

« — Oh ! mon bon monsieur Dinot, elle va mieux que l'horloge de la paroisse.

« —Eh bien, gardez-la pour régler l'horloge de la paroisse ; j'en ai plus que vous de montres. Et il ouvrit un tiroir où il y en avait en effet bien une douzaine. Puis il se remit à aiguiser son couteau.

« — Encore une fois, continuai-je, monsieur Dinot.

pourquoi voulez-vous me tuer ? Le meurtre est une chose abominable, condamné par les lois divines et humaines ; mais le meurtre d'un prêtre, c'est le plus grand de tous les crimes, c'est un sacrilége ; une seule goutte de sang d'un prêtre sur vos mains vous empêcherait d'entrer dans le royaume éternel. Il est écrit, monsieur Dinot : « Tu ne toucheras point à l'oint du Seigneur.... »

« — Point ! fit le père Dinot.

« — Il est écrit, continuai-je : « Tu ne toucheras point à l'oint du Seigneur. » Je voudrais avoir là ma Bible, je vous ferais voir le texte sacré. Ce sont les propres paroles de Dieu, monsieur Dinot. Or ces paroles s'appliquent aux prêtres comme aux rois, parce que le chef des prêtres reçoit une consécration aussi bien que les chefs couronnés.

« — Puisque vous êtes si savant, dit le père Dinot avec son flegme accoutumé, vous me direz bien lequel est le plus coupable de celui qui, dans une chaire, assassine une réputation, ou de celui qui, dans un bois, assassine une vie.

« — C'est vrai, monsieur Dinot, j'ai péché contre vous, j'en conviens : « Faux témoignage ne diras, » etc. Je conviendrai même, si vous y tenez, que je chante faux ; mais, tout prêtre que je suis, monsieur Dinot, je suis père de famille ; j'ai une sœur, veuve d'un gendarme, d'un brave comme vous, monsieur Dinot (le compliment fit faire au père Dinot une affreuse grimace), et deux petits neveux dont je suis l'unique soutien; que ne puis-je mettre ces pauvres anges à vos pieds et leur faire demander grâce pour leur oncle!

« Tu étais de ces pauvres anges-là, toi, capitaine.

— Oh! fit le capitaine, caressant sa moustache, si je m'étais trouvé là, moi, mon oncle?

— Oui, avec une pièce de quatre, reprit le chanoine, sans faire attention à la mauvaise humeur du capitaine, qui, ne sachant à qui s'en prendre, écrasait les tisons du talon de sa botte.

« Je dis au père Dinot beaucoup d'autres choses encore que je trouvais fort touchantes; je pensais avoir attendri mon homme; mais son œil de pierre ne s'était point humecté, sa face de bourreau avait toujours la même expression; il jouait avec ma vie comme un chat avec une souris, qu'il se jette d'une patte à l'autre. Il aiguisait toujours son terrible couteau.

« A mesure que l'espérance s'en allait, la résignation me revenait avec le courage.

« — Allons, père Dinot, m'écriai-je, il faut pourtant en finir. Votre couteau est assez aiguisé comme cela. Je n'ai pas la peau si dure que vous le croyez.

« — Suivez-moi donc, puisque vous êtes si pressé, répondit le père Dinot.

« Et il voulait me prendre le bras pour m'aider à marcher. Je résolus de vendre au meurtrier chèrement ma vie.

— A la bonne heure! s'écria le capitaine, je reconnais là mon oncle. Et vous le transperçâtes, sans doute, avec la canne de votre parapluie?

— Pas tout à fait, dit le chanoine; je me contentai de frotter ma soutane avec la main, à l'endroit où il m'avait touché, comme pour essuyer l'empreinte de ses doigts, et je lui dis avec un superbe dédain :

« — Monsieur Dinot, soyez assez bon pour m'épargner votre contact. Je ne veux de contact qu'avec votre lame.

« — Fichtre! fit le père Dinot, je ne vous croyais pas si brave; vous avez donc marché ce matin sur le vieux sabre de votre beau-frère le gendarme?

« Dinot me fit traverser une cour étroite et longue, semblable à une allée. Sur la neige dont la terre était couverte, je remarquai une traînée de sang dont les gouttes se groupaient en larges taches, là où sans doute s'était arrêté, pour reprendre haleine, un homme qui portait un cadavre. A l'extrémité de cette allée s'ouvrait une petite porte ronde, noire comme la porte d'un caveau sépulcral. Dinot me fit passer par cette porte. Il eut même la politesse de me céder les honneurs du pas.

« La pièce dans laquelle je me trouvais ne recevait de jour que par la porte. D'abord je ne distinguai rien; mais, lorsque mes yeux se furent un peu habitués à ce crépuscule, j'aperçus, pendant du plancher jusqu'à terre, quelque chose de hideux, d'informe, de mort, que recouvrait un linge blanc, mais ensanglanté. Je jugeai que c'était un cadavre pendu par les pieds et qui avait le ventre ouvert, et que cette chambre était l'abattoir des Dinot.

« La mort, c'est toujours la même vieille, au crâne terreux, aux yeux vides, à la bouche sans lèvres, qui, riches et pauvres, nous jette au même trou. Seulement elle nous arrive avec diverses toilettes. Pour la jeune fille, c'est une vierge vêtue de blanc, ayant des bagues aux doigts, des roses fanées sur le sein, une blanche couronne sur la tête, couchée pudiquement dans un cercueil resplendissant de cierges; pour le soldat, c'est une déesse au manteau tricolore, répandant à pleines mains des palmes sur une immense fosse qu'on appelle un champ de bataille; ou, si tu l'aimes mieux, un aigle couronné qui emporte des armes plein ses serres, au temple des braves; pour le condamné, elle se présente sous l'horrible écarlate du bourreau, les yeux couverts d'un bandeau noir et le doigt sur un chiffre d'horloge. Mais, au fond, c'est toujours la même chose, le même néant ou la même immortalité, le même paradis ou le même enfer; et encore, pour celui qui meurt de maladie, le vestibule de la tombe est-il plus affreux que la tombe elle-même. On a beau se dire cela et vouloir se le persuader, la mort violente et à heure fixe, cette mort qui prend un homme et l'enveloppe tout vivant d'un linceul, ce néant qui succède tout à coup à la plénitude de l'existence, cette grande lumière de l'éternité qui vous arrive sans crépuscule, c'est toujours quelque chose d'effrayant, un quart d'heure bien difficile à passer.

« L'idée que moi, prêtre, à qui l'on accordait quelque talent, auquel on promettait un bel avenir, j'allais mourir de la mort d'une volaille qu'on saigne, d'un mouton qu'on égorge, sans avoir seulement un pauvre demi-collége, était pour moi un affreux supplice. Je pensais aussi à votre mère, à vous, à mon presbytère rebâti à neuf, et une larme me venait malgré moi au bord de la paupière ; mais je la réprimais, je la faisais refluer, je voulais mourir avec dignité. C'était peut-être un péché, mais j'avais l'amour-propre du sauvage qu'on va livrer aux tortures et qui brave encore ses bourreaux.

« Je vis le père Dinot qui ouvrait son couteau.

« — Monsieur Dinot, lui dis-je, encore quelques minutes, s'il vous plaît, je veux prier.

« — Pour qui? me répondit-il.

« — Pour vous d'abord, parce que vous êtes mon assassin ; pour moi ensuite qui vais mourir sans qu'un prêtre m'ait dit : « Va, tes péchés te seront remis ; » pour ma sœur, pour les pauvres orphelins qui n'auront plus que Dieu pour père ; enfin, pour cet infortuné que vous allez me donner, sans doute, pour compagnon de cercueil.

« A cette dernière parole, le masque de férocité que Dinot avait mis sur son visage tomba tout à coup, il se mit à pousser de grands éclats de rire.

« — Parbleu, dit-il, vous ne pouvez mieux faire que de prier pour cet infortuné, car je soupçonne qu'il n'était pas trop en état de grâce lorsqu'il est mort. Du reste, c'est un père de famille comme vous, qui laisse deux ou trois petits orphelins; mais la mort de leur père ne les empêchera pas de faire leur chemin dans le monde, je vous en réponds.

« A ces mots, il leva la serviette que j'avais prise pour un drap mortuaire, et je vis un énorme sanglier pendu en effet au plancher par les pieds.

« — Voilà, dit-il, monsieur le curé, l'infortuné pour lequel vous vouliez prier tout à l'heure; s'il n'est votre compagnon de cercueil, il sera du moins votre compagnon de table.

« En disant cela, il enlevait du sanglier une énorme tranche, qu'il me remit entre les mains.

« — Tenez, dit-il, voilà pour vous, monsieur le curé; dites à votre sœur qu'elle le laisse mariner pendant trois jours dans du vin blanc, et invitez ensuite un confrère... S'il vous faut un lièvre, ne vous en faites pas faute.

« — Oh! m'écriai-je, voilà donc mon rêve fini! car il me semble bien que je rêvais. Mais dites-moi, monsieur Dinot, pourquoi m'avez-vous fait une si grande peur?

« — Pour vous prouver, monsieur le curé, qu'il ne faut pas juger sur l'apparence.

« Nous sortîmes; le père Dinot prit son fusil et me

conduisit jusqu'à la porte du presbytère, où il refusa d'entrer, de peur d'effrayer ma sœur.

« Je ne l'ai pas revu depuis ce temps-là. »

— Eh! dit le capitaine, l'apparence à l'égard de cet homme était-elle bien trompeuse?

— Pas tout à fait, répondit le chanoine. Mais c'est une histoire que je te raconterai à ta première visite, quand ton empereur nous aura donné la paix.

C. TILLIER.

FONTAINEBLEAU AVANT FRANÇOIS Ier

L'obscurité qui plane sur tous les faits de notre histoire, antérieurement au douzième siècle, enveloppe les origines de Fontainebleau.

Une opinion accréditée par Rouillard, dans son *Histoire de Melun*, fait honneur de la fondation de ce domaine royal à Robert le Pieux, fils de Hugues Capet; qui régna vers la fin du dixième siècle; mais ce n'est là qu'une conjecture que ne démentent pas, il est vrai, les faits subséquents, mais qui n'est appuyée d'aucun témoignage positif. Tout ce qu'on peut raisonnablement supposer, c'est que, attirés par la salubrité du climat et par la beauté des lieux, les rois chasseurs de la troisième race visitèrent souvent la forêt de Fontainebleau, ou, comme on l'appelait alors, de *Bière*, et décidèrent de s'y établir. Le voisinage de Melun, qui fut alors et pendant longtemps une des principales résidences des rois de France, le grand nombre d'établissements religieux fondés dans ce pays même par Robert le Pieux, enfin l'acquisition faite par Philippe Ier, petit-fils de Robert, de la ville de Moret, de laquelle dépendait le fief de Bière, sont autant de preuves qui autorisent cette supposition.

L'origine du nom même de Fontainebleau n'est pas moins incertaine : ici la fable le dispute à l'obscurité. Quelques auteurs, notamment du dix-septième siècle, plus soucieux des charmes de la poésie que de la rigoureuse étymologie, ont décomposé le nom ainsi : *Fontaine-belle-eau*, prétendant en trouver l'explication dans la beauté des eaux de la fontaine qui est voisine du palais. Mais, outre que les eaux ne sont pas là plus belles ni plus claires qu'en aucun autre lieu de France, cette version a le malheur d'être formellement contredite par les chartes du douzième siècle et des siècles suivants, où Fontainebleau est appelé *Fons-bleaudi*, *eblaudi*, *blaudi*, *bliaudi*, etc., c'est-à-dire Fontaine de Bleaud, d'Éblaud, de Blaud ou de Bliaud.

Une tradition encore en faveur au commencement du dix-septième siècle fait de *bleaud* le nom d'un chien de la meute royale, qui, égaré à la chasse, aurait été retrouvé buvant à la fontaine près de laquelle le palais a été bâti. Le père Dan, qui enregistre cette légende avec le plus grand sérieux, ne manque pas de faire remarquer que le nom de *Bleau* ou *Bliau* a été autrefois assez vulgairement donné aux chiens de chasse. Le seul embarras est de savoir lequel de nos rois a été l'heureux possesseur de ce chien si bien inspiré, « si ce fust Robert, ou Louis le Gros, ou Louis VII? » Ici le père Dan, en l'absence de preuves, préfère se récuser, fondé sur la doctrine d'un des plus savants Pères de l'Église, « qu'il vaut mieux ne rien déterminer des choses cachées que d'affirmer des choses douteuses et incertaines. » La même anecdote est rapportée par un autre écrivain au règne de François Ier, avec des variantes qui nous déterminent à la citer textuellement : « Le Roy François Ier estant à la chasse en ce lieu, un de ses chiens rencontra une fontaine, en la présence de *Claude*, fille de ce Roy, dont cette princesse trouva les eaux si belles et si agréables, qu'elle pria son père d'y bâtir quelque maison de plaisance, ce qu'il fit, et y édifia ce chasteau qui s'y voit, où à l'occasion de ces belles eaux l'appela Fontainebleau. »

L'opinion qui se dégage avec le plus de vraisemblance de ce fatras d'anecdotes plus ou moins controuvées, et celle qui attribue le nom de *Bléau* ou de *Bréau* à l'un des fiefs acquis par les rois de France, et sur le territoire duquel aura été bâti le château. Cette opinion, d'ailleurs, est appuyée de l'autorité de Mabillon dans son *Traité de Diplomatique*, ainsi que le remarque l'abbé Guilbert, l'un des historiographes de Fontainebleau.

C'est sous le règne de Louis VII, le Jeune, que Fontainebleau apparaît définitivement comme résidence royale. Plusieurs chartes de ce prince, rapportées par les historiens, sont en effet datées de *Fontaine-Bleaud (apud Fontem Bleaudi)* [1]. Parmi ces chartes, il en est une que nous devons mentionner comme se rattachant à l'histoire du palais. C'est celle qui constate la fondation de la chapelle de Saint-Saturnin, que l'on voit encore aujourd'hui, réédifiée par François Ier sur l'emplacement même où Louis VII la fit primitivement construire et dans les mêmes proportions.

Nous transcrivons ici cette charte, qui, indépendamment de tout autre intérêt historique, témoigne des fréquents séjours du roi à Fontainebleau :

AU NOM DE LA SAINTE ET INDIVISIBLE TRINITÉ,

Ainsi soit-il.

« Nous, Louis, par la grâce de Dieu roi des Français,

---

[1] Dans quelques-unes même le manoir de Fontainebleau est déjà qualifié de palais : *In palatio nostro;* ce qui indiquerait une résidence déjà ancienne.

faisons savoir à tous, tant à venir que présents, qu'en l'honneur de Dieu, de la bienheureuse Vierge Marie et du glorieux martyr Saturnin, nous avons construit à Fontaine-Bleaud une église, laquelle nous avons dotée ainsi qu'il suit : à dom Barthélemy, que nous avons nommé le premier, et à ses successeurs qui desserviront après lui cette église, nous avons assigné trois muids de froment de la mesure du Gâtinais, à prendre annuellement, le jour de la fête de saint Remy, dans notre grange de la Chapelle (bourg situé à trois lieues environ de Fontainebleau); plus six muids de vin, mesure de Sarnois, à prendre à pareil terme dans notre clos d'Héricy; que si la mesure de six muids n'a pu, par quelque événement, être parfaite, elle le sera de notre vin de Samois. Plus, à Moret, quatre livres en deniers, sur la redevance de Gilbert, de Braie, notre fermier, de qui les successeurs payeront annuellement quatre livres au chapelain au jour de la fête sus-indiquée; et si le fermier ne s'est pas acquitté au jour fixé envers le chapelain, il sera mis à l'amende. Le luminaire sera à la charge du chapelain. Or tout ce qui aura été fondé par lui dans Fontaine-Bleaud, tant en maçonnerie qu'en jardins, viviers et prés, à la réserve du mobilier, restera en perpétuité à la chapelle et à celui qui la desservira. Le chapelain aura en outre dans la forêt son usage de bois à brûler. Et toutes les fois que nous, la reine ou notre fils, serons à Fontaine-Bleaud, le chapelain jouira de sa livrée entière : à savoir quatre pains et un demi-setier de vin, deux deniers pour sa dépense de cuisine et une toise de chandelle. Et, afin que le présent acte fasse foi dans l'avenir, nous avons commandé qu'il fût scellé et revêtu de notre sceau et seing manuel.

« Fait à *Fontaine-Bleaud*, l'an de l'incarnation du Seigneur mil cent soixante-neuf, étant présents dans *notre palais* ceux dont les noms et seing sont ci-dessous inscrits :

« Seing du comte Thibaud, notre porte-armes; de Guy, notre sommelier; de Mathieu, notre chambellan; de Raoul, notre connétable. Donné par les mains de Hugo, notre chancelier.

« Louis. »

La chapelle de Saint-Saturnin serait donc le plus ancien monument du séjour de nos rois à Fontainebleau. Qu'était le palais de Fontainebleau à cette époque, et où pourrait-on retrouver les vestiges du plan primitif? On peut néanmoins conjecturer que la cour du Donjon, appelée depuis François Ier cour Ovale, et où se trouve annexée la chapelle Saint-Saturnin, représente l'emplacement du château primitif.

« Cette cour, dit D. Guilbert, la plus ancienne et sans doute le berceau de ce château, puisque, autant qu'on le peut conjecturer par son nom, elle renfermait la demeure du premier roi qui a fait bâtir, et que saint Louis y fit construire son logement, fut très-célèbre autrefois sous le nom de *cour du Donjon*, à cause des fossés qui l'entouraient et en faisaient comme une forteresse, et vraisemblablement aussi parce que sur quelques-uns des bâtiments était élevée une petite tour nommée *donjon*[1], qui était la désignation particulière du seigneur suzerain. »

J'ai voulu savoir quelle vénération particulière avait déterminé le roi à dédier cette chapelle à saint Saturnin.

Saturnin premier évêque de Toulouse, fut martyrisé l'an 250 de notre ère. On raconte ainsi les causes qui amenèrent son martyre. Sur le chemin qu'il parcourait pour se rendre à l'assemblée des fidèles se trouvait le temple des idoles. Or les prêtres du temple remarquèrent que les idoles devenaient muettes après son passage. Traduit devant le préteur, il fut condamné au supplice, et, selon les uns, attaché à la queue d'un taureau furieux; d'autres racontent qu'il fut précipité du haut de la maison de ville. On ajoute que, se voyant abandonné par deux de ses lévites qu'il avait priés de l'assister, il demanda à Dieu qu'aucun enfant de la ville de Toulouse n'en devînt désormais évêque, et que

---

[1] Tous les châteaux qui avaient droit d'hommage étaient ordinairement remarquables par une haute tour sur laquelle on en élevait une petite, que l'on nommait le donjon, et qui était la marque de la seigneurie. C'était ordinairement dans cette partie du château que logeait le seigneur, comme y étant plus en sûreté. GUILBERT.

sa prière aurait été exaucée. Ses restes, recueillis par de pieuses femmes, sont déposés dans une des principales églises de Toulouse, placée sous son invocation.

La mémoire de saint Saturnin fut en grande dévotion pendant tout le moyen âge. Elle le fut encore à Fontainebleau plusieurs siècles plus tard, où, au rapport de Dan, un grand nombre de fidèles venaient réclamer l'intercession du bienheureux martyr.

Fondée par un roi et placée sous l'invocation d'un martyr, c'était encore par un martyr, et par un martyr illustre, que la chapelle de Fontainebleau devait être consacrée.

En 1165, Thomas Becket, évêque de Cantorbéry, dont on connaît la vie orageuse et la miraculeuse conversion, vint chercher un refuge en France contre les persécutions de Henri II, roi d'Angleterre. Louis VII l'accueillit et lui donna pour asile l'abbaye de Sainte-Colombe, près de Sens. C'est de là que, sur l'invitation de son protecteur, Thomas se rendit à Fontainebleau pour y consacrer la nouvelle chapelle.

Louis VII ne borna pas là ses bienfaits envers l'archevêque persécuté; il voulut encore lui rendre les bonnes grâces de son souverain. C'est sur la foi de cette apparente réconciliation que Thomas Becket rentra, l'année suivante, en Angleterre, où, bientôt après, au mépris de la parole donnée, Henri II le fit massacrer sur les marches mêmes de l'autel de l'église de Cantorbéry.

En apprenant ce meurtre sacrilége d'un évêque, au mépris de la foi jurée, Louis VII s'écria : « Notre frère a-t-il donc oublié la parole du prophète : *Irascimini et nolite peccare?* »

Quelques années plus tard, l'âme du bienheureux vint acquitter la dette du fugitif.

Le fils du roi Philippe, qui devait, en 1179, régner sous le nom d'Auguste, chassant dans la forêt de Compiègne, fit rencontre d'un paysan hideux, dont l'apparition lui causa une telle frayeur qu'il en tomba malade. Comme le roi se désespérait de voir l'unique héritier de son trône en péril de mort, le saint martyr de Cantorbéry lui apparut et lui dit : « Jésus Notre-Seigneur m'a envoyé vers toi pour te dire que, si tu crois dévotement au martyr de ton serviteur, ton fils te sera rendu. » Cette apparition s'étant renouvelée jusqu'à trois fois, le roi prit confiance en Dieu et partit pour l'Angleterre, bien que plusieurs cherchassent à l'en dissuader. Et, s'étant rendu à Cantorbéry, il déposa sur la tombe du martyr une coupe d'or, et fit don à l'église de cent muids de vin, à prélever chaque année sur ses vignobles de Poissy. Cependant, par l'effet des prières et des mérites du saint, son fils revint à la santé [1].

De retour en France, Louis VII voulut aussitôt aller à Saint-Denis, pour rendre grâces à Dieu de ce miracle.

---

[1] Ridulph de Diceto, dans les *Historiens des Gaules*.

C'est pendant ce trajet que, saisi de froid, il fut attaqué de la paralysie dont il mourut (1180).

Ses restes furent, suivant sa volonté, ensevelis en l'abbaye de Barbeaux, qu'il avait fondée.

Son épitaphe, conservée par les religieux de Saint-Victor, est singulière ; la voici :

> Qui modo sum modicus cinis, olim rex Ludovicus,
>   Dum terris præeram, terra futurus eram.
> Sed licet auferre sua non valeat caro terræ,
>   Servat perpetuum spiritus esse suum.
> Parce mihi, Domine, qui finis es et sine fine ;
>   Quem sine principio, quem sine fine scio.
> Jam transcendo fidem, quia nam scio credita pridem
>   More suo patriæ credita more viæ.
> Hoc mihi scire dedit, quem vita scit et via credit,
>   Quem via credit, eum, vita scit esse deum.
> Elegisse leges alios loca regia reges ;
>   Huic magis elegi pauper inesse gregi.
> Pauperis ut memores melius sint pauperiores ;
>   Gaudet pauper homo pauperiore domo.

Elle a été ainsi traduite, en 1628, par un poëte inconnu :

> Moi jadis un grand roi, ores un peu de cendre,
> Régnant, j'ai su qu'en terre il me falloit descendre.
> Et, bien que la chair morte y pourrisse à la fin,
> L'esprit toujours demeure en son être divin.

Pardonne-moi, Seigneur, qui fais voir ton essence,
Sans principe et sans bout, si prompte à la clémence;
Ores la foy je passe, et sçay pour vérité,
Ce qui au tract du monde est plein d'obscurité.
C'est par le don de Dieu, qui est et voye et vie,
Qu'à le connaitre ainsi mon âme s'est ravie.
Le marbre à d'autres roys en sépulture est beau,
Chez les pauvres, moi, pauvre, ai choisi mon tombeau.
Et, afin parmi eux de faire moindre obstacle,
Pauvre, ainsi je me plais dans ce pauvre habitacle [1].

Philippe-Auguste, roi guerroyeur et aventureux, ne pouvait faire à Fontainebleau que des séjours accidentels et irréguliers. Il est néanmoins permis de croire que Fontainebleau fut pour lui, comme il l'avait été pour son

---

[1] Les Annales de France de Belleforest disent qu'en 1566 Charles IX fit ouvrir le tombeau de Louis VII. On trouva le corps parfaitement conservé ; son cou était entouré d'une chaîne d'or et ses doigts de quelques anneaux que le roi distribua (dit Vély) aux courtisans qui l'accompagnaient. Rouillard, qui raconte le même fait (hist. du Maine) ajoute : « Ne sçai si Charles neuvième eut l'imagination que l'on y trouveroit quelques rares joyaux. Certainement Rigord qui ha descript la vie de Louis VII et de Philippe Auguste, son fils, sous lequel il vivoit, rapporte en son histoire que la royne Adèle, ou Alix, après la mort de ce roy Louis, son mari, lui fit ériger un magnifique mausolée, enrichy d'or et d'argent et enjolivé d'une marquetterie de diverses crysolithes et pierres précieuses. Toutefois j'ay ouy dire à un ancien religieux de Barbeau, qui, lors de cette ouverture était jeune novice et ayda à soulever le couvercle, qu'avec le corps, la plupart résolu en poudre, ne s'estoit trouvé qu'un sceptre d'un côté, et de l'autre les sceaux du Roy, qui n'étoient que d'argent. Quelques autres m'ont dit du depuis

père, un lieu de prédilection. C'est ce qu'attestent de nombreuses chartes, qui témoignent de sa sollicitude pour les établissements pieux fondés par son père dans les environs. Nous nous contenterons de citer celle de 1186, qui concède à l'hôtel-Dieu de Nemours les restes de la table royale pendant le séjour de la cour à Fontainebleau. « Ce don, observe M. Vatout, n'était pas sans importance ; car le roi visitait souvent ce château, où l'attiraient la plus belle forêt des environs de Paris et sa passion pour la chasse, que n'avait pu refroidir l'aventure de Compiègne [1] » C'est à Fontainebleau qu'il vint, en 1191, se reposer des fatigues de la croisade. En cette année, il y célébra les fêtes de Noël, comme on le voit par ce passage des *Grandes chroniques de Saint-Denis* : « *Quant le roi Philippe fu en*

que sur son estomach s'étoit aussi trouvé une belle croix d'argent doré, en laquelle il y avait du bois de la vraye croix. D'autres en ont parlé diversement. Mais le premier qui atteste ce qu'il ha vue me semble plus croyable. »

Barbeau fut détruit en 1793. L'abbé Lejeune, alors procureur de l'abbaye et depuis curé du village de Chartrettes, près Fontainebleau, cacha les cendres de Louis VII. Elles ont été transportées à Saint-Denis en 1817. Nous avons visité la place occupée par Barbeau, ce couvent fameux aux douzième et treizième siècles, sans en découvrir aucun vestige. (M. Vatout.)

[1] M. Vatout ajoute en note que pendant un voyage de la famille royale à Fontainebleau (octobre 1839), l'hôtel-Dieu de Nemours est venu réclamer le droit qui lui fut attribué par Philippe Auguste, et que, sans se croire lié par la charte de 1186, le roi fit donner aux envoyés des pauvres des marques de sa munificence.

France retornez, il fu reçeuz à grant joie et à grant solempnité de gens de sa terre; la feste de la Nativité célébra à Fontaineblieaut. » Ce séjour marqua le commencement des hostilités qui faillirent livrer la France à Richard Cœur-de-Lion. Philippe vint plus d'une fois pendant les guerres se délasser à Fontainebleau. C'est pendant une de ces trêves, en 1197, qu'il signa à Moret la charte qui accordait aux religieux de Saint-Euverte d'Orléans l'ermitage de Franchart, situé dans la forêt, tout proche du château.

Fontainebleau emprunta encore quelque splendeur au règne de Philippe-Auguste. Ce fut lors de son mariage avec Agnès de Méranie, mariage qui devait être rompu sur l'injonction du pape Innocent III. Philippe, heureux, célébra son bonheur par des fêtes et des tournois. Le prince Louis (depuis Louis VIII), à peine entré dans l'adolescence, s'y distinguait par une valeur qui lui fit donner par un poëte le surnom de *Lion*, surnom qu'il garda sur le trône. Le règne de Louis VIII (règne d'ailleurs fort court, puisque, couronné en 1223, il mourut en 1226) ne se rattacherait par aucun souvenir à l'histoire de Fontainebleau, qu'il habita cependant, si le nom héroïque de Blanche de Castille, sa femme, ne vivait encore aujourd'hui dans la tradition du pays. La mère de saint Louis aimait les bois et la retraite. Le château qu'elle se construisit près des étangs de Chantilly en témoignerait suffisamment. La solitude de Fontainebleau eut toutefois pour elle un charme particulier. Durant les longues expéditions de son fils en terre sainte, c'est à Fontainebleau qu'elle vint se retirer. Les ruines du château de Grez, qu'elle habita, sont encore debout. Pendant son séjour, sa piété se signala par la fondation de l'abbaye du Lys, jadis célèbre, et qu'à son retour de la terre sainte Louis IX, par piété filiale, enrichit de ses dons.

Un des plus anciens chênes de la forêt porte encore aujourd'hui le nom de la reine Blanche. On croit que c'est ce même chêne qui inspira à Chateaubriand dans sa jeunesse les vers : *Forêt silencieuse, aimable solitude*, etc., les moins mauvais qu'on connaisse de lui.

Le règne de Louis IX est la seconde date importante de l'histoire du palais de Fontainebleau. De Louis VII à Louis VIII, on ne trouve aucune preuve de constructions nouvelles, d'agrandissement des bâtiments. Tout porte à croire que Louis IX, dont on connaît la prédilection pour *ses chers déserts* (un grand nombre de ses lettres et de ses dépêches sont ainsi datées), entreprit de grands travaux à Fontainebleau. Quelques anciens historiens lui attribuent même la construction de tout l'ancien château. On peut considérer comme un témoignage de ses entreprises le pavillon de la cour ovale, qui n'a cessé de porter son nom, et qui, récemment restauré par Louis-Philippe, fut primitivement reconstruit par François Ier, qui en conserva, au dire de Guilbert, la place, les fondements et peut-être la cage. C'est dans une chambre de ce pavillon, appelée encore aujourd'hui *chambre de saint Louis*, qu'en 1259 le roi, malade et se croyant près de mourir, adressa au prince Louis, son fils, cette exhortation que Bossuet appelait le plus bel héritage des fils de France :

« Biau fils, je te prie que tu te face amer au peuple de ton royaume; car vraiment je ameraie miex que un Escot venit d'Escosse et gouvernast le peuple du royaume bien et loialement, que tu le gouvernasse mal à point et à reprouche. » (Joinville.)

Le roi guérit, mais le prince mourut. Il fut inhumé dans la même année en l'abbaye de Royaumont, l'une des nombreuses fondations de Louis IX.

C'est dans cette même année 1259 que Louis fonda à Fontainebleau un hôpital destiné à secourir les malades des pays voisins : *qui de circumadjacentibus locis desertis et aridis confluant*, dit la charte de fondation. Il appela pour le desservir les pères mathurins de la Rédemption des captifs, à qui il céda la chapelle de Saint-Saturnin, jusqu'à ce que fût terminée celle de la Trinité, qu'il fonda pour eux sur le même emplacement où elle est encore aujourd'hui. Fontainebleau eut ainsi pour fondateurs de ses deux chapelles un roi pieux, Louis VII, et un saint roi. Louis IX avait en grande affection les pères de la Trinité, en raison des services qu'ils avaient rendus en Palestine aux armées croisées, et de l'assistance que lui-même avait reçue pendant sa captivité du père Nicolas, général de l'ordre. Sa gratitude ne se manifesta pas seulement par les nombreuses concessions qu'il fit aux pères mathurins, tant à Fontainebleau qu'à Paris, Compiègne, Verberie, etc., et par la libéralité de ses dotations. On rapporte qu'il se plaisait à assister avec eux aux offices dans la chapelle de la Trinité, et à suivre leurs processions, en psalmodiant et remplissant les devoirs d'un simple frère, vêtu de la chape et coiffé du chaperon. Le père Dan, qui fut supérieur de l'ordre, remarque (*Trésor des merveilles de Fontainebleau*), après avoir énuméré tous les bienfaits que les religieux mathurins ont reçus du saint roi, que les révérends pères conservaient encore de son temps parmi leurs reliques la chape avec laquelle saint Louis assistait aux offices. La sainteté du roi et sa bravoure ne purent empêcher que ses pratiques religieuses ne fussent de temps à autre tournées en dérision par le peuple et même par la cour. On appela Louis IX le *roi des frères prêcheurs*, le *roi des clercs*, à quoi le roi répondait avec douceur : « Si j'employais mon temps à la chasse, au jeu, aux tournois, aux spectacles, on ne me dirait rien. Je leur pardonne parce qu'ils n'offensent que moi. »

Les railleries contre la dévotion du roi furent quelquefois plus sévèrement punies, témoin le fait suivant, consigné par un historien du temps. Un envoyé d'Othon, comte de Gueldres, rendant compte à son maître d'une mission dont il avait été chargé près du roi de France, raconta qu'il « *avait vu ce roi, ou plutôt ce misérable papelard, dans sa chapelle, au milieu des clercs, por-*

tant une capuce et une étole, et marchant la tête renversée. » Et, comme il renversait la tête pour contrefaire l'attitude du roi en la ridiculisant, sa tête se fixa tout à coup dans cette position, et il la garda ainsi toute sa vie.

La chapelle de la Trinité n'est pas la seule que saint Louis fonda dans le domaine de Fontainebleau. Il en existait une autre avant le dix-septième siècle, et qu'on appelait Saint-Vincent-du-Mont-Ouy. Voici comment les historiens rapportent l'anecdote relative à sa fondation. Louis IX, étant un jour à la chasse, s'égara et vint tomber dans un endroit isolé où des brigands l'attaquèrent. Surpris, le roi donna du cor qu'il portait à sa ceinture, et les gens de sa suite, l'ayant entendu, accoururent et le délivrèrent. Ce fut pour consacrer le souvenir de cette délivrance qu'il érigea en ce lieu, proche du grand chemin de Fontainebleau à Melun, une chapelle qu'il dédia à saint Vincent, dont ce jour-là, 22 janvier, se trouvait être la fête. « Et fut alors cette chapelle appelée Saint-Vincent-de-Mont-Oüy, dit le père Don, d'autant que de ce lieu on l'avait oüy. » Après la canonisation du roi, on lui donna le nom de Saint-Louis-de-Beaulieu, « à cause de son agréable situation. » En 1701, l'ermite qui l'habitait ayant été tué par les voleurs, Louis XIV la fit abattre.

Nous avons vu que les abbayes du Lys et de Royaumont étaient aussi des fondations de Louis IX.

« De son temps, dit Joinville, furent édifiées plusieurs abbayes : c'est à savoir Royaumont, l'abbaye de

Saint-Antoine-de-lez-Paris, l'abbaye du Lys, l'abbaye de Mal-Bisson (Maubuisson, où fut enterrée Blanche de Castille), et plusieurs autres religions de prescheurs et de cordeliers. Il fit la Maison-Dieu de Pontoise, la Maison-Dieu de Brienon, la maison des aveugles de Paris, l'abbaye des cordeliers de Saint-Cloud, que sa sœur, madame Isabiau, fonda par son atroy. » « Car, dit encore Joinville, le roy fut si large aumosnier, que partout où il alloit en son royaume, il fesoit donner aux povres esglises, à maladreries, à maisons-Dieu, à hospitaulx et à povres gentilz hommes et gentilz femmes. Tous les jours il donnoit à manger à grant foison de povres, sans ceulz qui mangeoient en sa chambre, et maintes foitz il leur tailloit leur pain et donnoit à boire. »

Louis IX ne devait pas mourir dans ses « chers déserts » : toutefois, avant de partir pour cette terre d'Afrique où l'attendait le trépas du héros et du martyr, il eut le bonheur de voir naître à Fontainebleau (1268) le prince Philippe, son petit-fils, qui, dix-sept ans plus tard, succéda, sous le nom de Philippe le Bel, à son père Philippe le Hardi.

Il ne paraît pas par aucun témoignage que Philippe III ait résidé à Fontainebleau pendant son règne. (Il est au moins probable qu'il y résida précédemment, puisque son fils y naquit). De nombreuses preuves attestent au contraire la prédilection de Philippe le Bel pour cette résidence chérie de son aïeul. De Thou, dans son *His-*

toire, attribue à ce roi la fondation du vieux château. Nous avons vu tout à l'heure qu'il avait été construit longtemps auparavant. Les historiens s'accordent néanmoins à reconnaître qu'il en augmenta les bâtiments, et que, sans doute en mémoire de la dévotion particulière de Louis IX, il combla de bienfaits les religieux du couvent de la Sainte-Trinité.

C'est à Fontainebleau que mourut, en 1314, ce roi à qui, comme parle Dan, *l'excellente beauté de son corps et les grâces de son esprit avaient acquis le surnom de Bel*. « Vrai phénix de beauté, dit un vieil historien, à qui même couché aurait servi de bers et de tombeau. »

Cette mort même a été diversement racontée par les historiens, qui ne s'entendent ni sur la cause, ni sur le lieu qui en fut le théâtre. Les uns l'attribuent à une cause naturelle, les autres à un accident de chasse arrivé suivant ceux-ci dans la forêt même de Bière, et selon ceux-là près de Corbeil. Robert Daguin, dans ses *Annales*, laisse planer un soupçon d'empoisonnement.

Voici le récit circonstancié donné par la *Chronique de Flandre* :

« Après que le roy fut venu à Corbeil, un jour lui prit talent d'aller chasser; et ainsi qu'il avoit levé un cerf, il veid venir le cerf vers luy, si sacqua son épée et férit son cheval des esperons et cuida férir le cerf; et son cheval le porta encontre un arbre de si grande roideur, que le bon roy fut à terre et fut moult durement blessé au cœur; puis le prirent ses gens et fut porté à

Corbeil. Là luy agreva sa maladie moult fort; et quand il veid que mourir luy convenoit, il fit son testament et prit ses derniers sacrements, puis mourut le beau roy Philippe à Fontainebleau. »

Mais Nangis, qui écrivait en ce temps, remarque expressément « qu'il n'y avoit aucun médecin, tant fut-il expert, qui sceut dire quelle étoit cette maladie du roy, et moins reconnoistre si elle estoit mortelle n'y ayant ni poux ni autre signe qui menaçoit ce prince de mort, bien qu'il sentist ses forces diminuer et qu'il s'en alloit mourant. Que si cette maladie fut ainsi arrivée à cause de cette cheute, il n'en falloit pas chercher la cause ailleurs, et il auroit fallu que ces médecins eussent été bien ignorants et aveugles tout ensemble pour ne pas reconnoistre la cause de cette maladie cela estant. » (Dan.)

Le corps du roi fut inhumé à Saint-Denis. Une inscription, gravée sur une pierre tumulaire de l'église d'Avon, alors paroisse du château, a fait croire à plusieurs auteurs, notamment à Dan, que le cœur de Philippe le Bel avait été enseveli dans cette église. La date inscrite rend néanmoins cette supposition inacceptable. Voici cette inscription, que l'on retrouve encore aujourd'hui, quoique fort effacée; elle a longtemps occupé et occupe encore les antiquaires :

ICY GIST LE KŒUR NOSTRE SIRE LE ROY DE FRANCE ET DE NAVARRE, ET LE KŒUR MADAME JEHANNE, RENE DE

FRANCE ET DE NAVARRE, QUI TRESPASSA L'AN DE GRACE MCCCIV, LENDEMAIN DE LA SAINCT-ELOY D'YVER, MOIS DE DÉCEMBRE. PRIEZ POUR LY.

Cette inscription, dont la date s'accorde à peu près exactement avec la mort de la reine Jeanne [1], serait donc de dix ans antérieure à la mort du roi. Daguin rapporte, d'ailleurs, au livre VII de ses *Annales*, que le cœur de Philippe fut déposé dans l'église de l'abbaye des religieuses de Saint-Dominique de Poissy, que ce roi avait fondée à l'honneur de saint Louis. Cette dernière allégation a reçu la confirmation des faits lors de la réparation de Saint-Dominique de Poissy en 1687. « On trouva, dit M. Vatout, dans un petit caveau, une urne d'étain dans laquelle étaient deux petits plats d'argent, enveloppés d'une étoffe rouge et or, et recouverts d'une lame de plomb sur laquelle on lisait :

« Cy gist le cœur du roy Philippe le Bel, fondateur de cette église et abbaye, qui trespassa à Fontainebleau le vingt-neuf novembre mil trois cent quatorze. »

Laissé dans l'obscurité pendant les règnes de Louis X et de Philippe V [2], Fontainebleau rentre dans l'histoire avec Charles le Bel.

---

[1] Par son mariage avec Philippe le Bel, le royaume de Navarre était entré dans la maison de France. Il en sortit sous le règne de ses fils pour n'y rentrer que sous Henri IV.

[2] On croit néanmoins que ces deux princes, ainsi que Charles IV, leur frère, naquirent à Fontainebleau. Philippe V y mourut selon quelques auteurs.

L'an 1325, Isabeau de France, fille de Philippe le Bel et femme d'Édouard II, roi d'Angleterre, quitta précipitamment son royaume, emmenant avec elle son fils Édouard, et arriva à Boulogne, d'où, faisant grandes journées, elle s'en vint à Fontainebleau trouver le roi Charles son frère. « Incontinent alla la reyne en la chambre du roy, et mena son fils par la main, et dit au roy : « Sire frère, je me viens pleindre à vous du « roy mon baron, qui, par le conseil d'un traître, m'a « chassée mauvaisement hors de sa terre. » Le roy lui respondit : « Belle sœur, vous demeurerez en mon ma- « noir au bois de Vincennes jusques à tant que nous « ayions ordonné qu'on fera de vous et de vos beson- « gnes. » Ainsi parle Denys Sauvageon dans sa *Chronique de Flandre*. Les historiens néanmoins ajoutent que cette plainte que la reine fit de son mari n'était qu'une feinte convenue, et que le véritable but de son voyage était d'obtenir du roi de France aide et secours pour renverser le crédit des Spencers devenus, de simples favoris, les ministres tout-puissants d'Édouard II.

« Elle eut, dit le père Dan, très-agréable ce voyage, où nonobstant ses justes sujets de déplaisirs, pour montrer son bon naturel, elle se porta d'affection, et ménagea très-adroitement la paix auprès du roy son frère, entre la France et l'Angleterre, paix qui étoit extrêmement désirée du roi anglais, d'autant qu'il se voyoit assailli de trois côtés. D'une part des Écossais, qui avoient porté leurs armes bien avant dans la frontière d'Angleterre, où ils se battoient généreusement; des Français, d'autre part, qui s'étoient jetés dans la Guyenne, où ils avoient déjà fait de grands progrès; et, en troisième lieu, d'une sédition de la plupart de ses sujets, à l'occasion de la tyrannie de ses *Spencers* (que quelques autres appellent *Dépensiers*), lesquels gouvernoient le roi selon leurs caprices et leurs fougues, pour le grand ascendant qu'ils avoient sur ses volontés. »

On sait quelle fut l'issue de cette démarche. Le pape Jean XII enjoignit à Charles le Bel, sous peine d'excommunication, de renvoyer Isabel à son mari. Isabeau implora le secours du comte Guillaume de Hainaut, et, munie de sa protection, retourna en Angleterre, où elle se vengea cruellement des Spencers et du roi, cruautés qu'elle-même expia plus tard par une captivité de vingt-huit ans au château de Rising.

Le règne des deux premiers Valois, Philippe et Jean, n'ajoute aucun fait remarquable aux fastes de Fontainebleau. On sait cependant que l'un et l'autre y firent plusieurs séjours[1]. Dan, qui a consacré un chapitre à démontrer la salubrité du climat de Fontainebleau, ne manque pas de signaler que le roi Jean et

---

[1] M. Vatout, à propos de l'inscription souvent remarquée à Fontainebleau, *rex Francorum* au lieu de *rex Franciæ*, rappelle ces paroles de Philippe de Valois à Édouard III, d'Angleterre : « L'amour du peuple est la plus assurée garde du corps d'un roi; il vaut mieux être *roi des Français* que *roi de France.* »

les princes de sa famille y vinrent chercher, vers 1350, un refuge contre la fameuse peste noire. Il cite à ce propos un passage d'une lettre de Charles VII, où il est dit : « *En consideration de ce rapport, lui avoir esté, le feu roy Jean, Charles son ayeul et ses oncles d'Anjou, de Berry et de Bourgogne, y avoir esté preservez de la grande mortalité, qui, au tems de leur jeunesse, avoit esté grande par tout ce royaume fors audit Fontainebleau.* »

Charles V est le troisième de nos rois que Fontainebleau doive mettre au rang de ses fondateurs. Il y fonda la Bibliothèque, monument moins considérable aux yeux que ceux élevés dans le même lieu par ses prédécesseurs, fondation féconde cependant, puisque cette petite *librairie*, composée seulement de neuf cents volumes, fut le point de départ des riches collections dont la France s'enorgueillit à juste titre depuis deux siècles.

« Charles V, dit Abel de Sainte-Marthe dans son discours au roi Louis XIV sur le rétablissement de la bibliothèque de Fontainebleau, Charles V, surnommé le *Sage*, qui s'arma si peu et qui triompha de tant d'ennemis, reconnaissant que la prudence à laquelle il devait ses heureux succès n'était pas moins un ouvrage des lettres que de la nature, les honora continuellement de son estime et de sa faveur, et, par ses bienfaits, égala ceux qu'il en avait reçus. Il fut le premier qui leur donna rang à la cour, et le premier qui dressa la somptueuse bibliothèque de Fontainebleau. Pour la rendre digne de lui, il envoya des hommes de lettres par toute la France et dans les pays étrangers pour rechercher les meilleurs livres; et, voulant qu'elle fût utile à toutes sortes de personnes, il l'enrichit de quantité de traductions qui furent faites par son ordre. » Et le père Jacob, de Châlons, dans son *Traité des bibliothèques fameuses* : « Je trouve que le roy Charles V a esté le premier qui a donné le fondement à la très-magnifique bibliothèque royale qu'il érigea à Fontainebleau ; car il fit rechercher avec un grand soin les meilleurs livres qui se pouvoient trouver de son temps pour l'enrichir. » On compte parmi les ouvrages qui en faisaient partie : la *Cité de Dieu*, de saint Augustin, traduite par Raoul de Presles ; la Bible, la *Politique* d'Aristote, les *Dialogues* de Pétrarque, traduits par Nicolas Bresmes, grand maître du collége de Navarre, etc., etc.

Charles VI fit transporter au Louvre la bibliothèque de Fontainebleau, et la réunit à celle que Charles V avait aussi fondée dans la tour dite de la *Librairie*[1]. Elle y fut livrée à l'incurie et à la malveillance, et déjà la

---

[1] Charles V est, à vrai dire, le premier roi de France qui ait témoigné pour les lettres une sollicitude constante et qui ait entrepris d'organiser l'*instruction publique*. L'amour qu'il avait pour l'étude s'étendait jusqu'aux savants, à qui il ne cessa de prouver son estime. « Les clercs, où à sapience, disait-il, l'on ne peut trop honorer; et tant que sapience sera honorée en ce royaume, il continuera à prosperité ; mais quand déboutée y sera, il décherra. » (CHRISTINE DE PISAN.)

Bibliothèque royale était fort diminuée de nombre lorsqu'en 1429 le duc de Bedfort, qui prenait le titre de *régent de France*, l'acheta à vil prix et la fit transporter en Angleterre [1].

On voit par la lettre de Charles VII (en date de 1431) dont nous avons précédemment cité un passage, que la reine Isabeau, sa mère, fit au palais d'importantes réparations, et qu'elle avait même l'intention de le réédifier entièrement. « Sa très-chère dame et mère avoit employé les deniers du domaine des aydes de Melun entres bastimens, à la réédification d'un très-bel hostel, assis en la forest de Bierre, au lieu dit Fontainebleau, auquel ses prédécesseurs roys de France avoient coustume eux souvent esbattre au déduit de la chasse, et *lequel sa dite dame et mère avoit proposé faire réédifier tout de neuf*, tant pour le bâtiment dessus dit, qu'en considération, » etc., etc.

Quelques auteurs rapportent qu'après avoir délivré le royaume de l'invasion étrangère Charles VII vint se

---

[1] La bibliothèque de Fontainebleau, rétablie par François Ier, dut faire encore une fois retour à la bibliothèque du Louvre. Sainte-Marthe sollicita vainement sa restauration près de Louis XIV. Enfin, en 1807, Barbier, bibliothécaire de l'empereur, reçut ordre de transporter à Fontainebleau la bibliothèque du conseil d'État, en y joignant une partie de l'ancienne bibliothèque du tribunat. Après 1830, le roi Louis-Philippe augmenta ce dépôt de nombreux ouvrages historiques et de publications pittoresques. Pendant ce règne, la bibliothèque de Fontainebleau eut pour conservateur M. Casimir Delavigne.

reposer à Fontainebleau. Il aurait même, selon l'auteur des *Délices de la France*, fait peindre ses victoires sur les murs du palais, à savoir dans la salle des Gardes et dans celle du Buffet (ancien pavillon Saint-Louis). Il ne reste aucune trace de ces peintures.

Charles VII serait ainsi le dernier de nos rois, avant François Ier, qui ait fait de Fontainebleau sa résidence. Louis XI lui préféra le Plessis-lez-Tours, tout hérissé de gibets et ceint de fossés, où son âme soupçonneuse se trouvait du moins en sûreté. Charles VIII se plut à Amboise et Louis XII au château de Blois. C'est après cet abandon de plus d'un demi-siècle que Fontainebleau devait renaître sous la protection de François Ier, avec une splendeur qu'aucun palais au monde, pas même celui de Versailles, n'a jamais égalée.

CHARLES ASSELINEAU.

PAULINE A FONTAINEBLEAU

Assez d'autres ici parleront de la forêt célèbre rendue praticable à tous par les soins intelligents de M. Denecourt. D'ailleurs, je la connais peu. Une seule fois j'ai été la voir, comme on va voir toute chose quand on arrive à Paris, et, dussé-je blesser certaines susceptibilités artistiques, je l'avoue, en parcourant ces sentiers historiques j'ai regretté les bois de mon beau pays, les Pyrénées françaises.

Je ne parlerai donc ni d'arbres, ni de rochers, ni de légendes.

Un seul souvenir m'est resté de Fontainebleau. En rentrant dans la ville, après avoir couru la forêt, au coin d'un carrefour obscur, une affiche de théâtre frappa mes yeux. On jouait à Fontainebleau la *Famille improvisée*, cette incroyable pochade de Henri Monnier, et *Pauline*, un grand drame tiré du répertoire du Théâtre-Historique.

A Paris, semblable affiche m'aurait peu séduit, mais à Fontainebleau, c'était tout différent. On est toujours bien aise de voir comment se jouent en province les pièces qu'on a applaudies sur les scènes parisiennes. La comparaison fournit même plus d'un enseignement à notre expérience dramatique.

J'allai donc au théâtre, et tout d'abord je fus enchanté de me trouver fort commodément assis dans une bonne stalle d'orchestre. Je regardai la salle et la trouvai charmante, coquette et simple à la fois; elle a les ornements qui conviennent à une salle dont les prétentions ne peuvent s'élever bien haut, et cependant elle ne déparerait pas certains de nos passages qui s'enorgueillissent d'une salle de spectacle fort malpropre.

La toile se leva, la lumière du lustre tombait en plein sur la scène, de telle sorte que, de l'orchestre où je me trouvais placé, je ne perdais rien de ce qui se passait sur le théâtre. On jouait d'abord *Pauline*, le grand drame. La petite pièce *pour rire* avait été réservée pour la fin, comme le dessert dans un repas.

Je ne sais pourquoi j'aime beaucoup le drame de *Pauline*. Quoique écrit il y a cinq ou six ans à peine, il me rappelle une époque bien plus éloignée où la littérature française exploitait volontiers d'imaginaires excentricités sociales. Le contraste était la loi de cette littérature. Le grand seigneur de cour avait l'âme d'un laquais, et l'homme à livrée le cœur d'un gentilhomme.

Dans *Pauline*, c'est un bandit de grand chemin, un détrousseur de diligences et de chaises de poste qui ose apposer son titre de comte de Beuzeval au bas de l'acte de mariage, qui l'unit à Pauline de Meulen, sans renoncer à son infâme métier. Il est vrai qu'il ne l'exerce pas sans cesse; il sait vivre souvent, à Paris, au milieu du plus grand monde, et a de telles façons de gentilhomme dans toute sa conduite, que personne n'irait soupçonner là-dessous le brigand.

La femme qu'épouse un pareil homme doit être bien heureuse, n'est-ce pas? surtout lorsqu'un hasard, une impatience de femme amoureuse ou jalouse lui auront fait voir son noble époux sous son véritable jour?

Tout le drame est là.

Eh bien! je le répète, cette littérature n'a rien qui me déplaise, et à de certaines heures ses étrangetés séduisent mon imagination. A Fontainebleau, j'aurais souvent de ces heures. Alors peu m'importe quels sont les artistes qui interprètent une œuvre théâtrale. Je vais la voir pour l'œuvre elle-même.

Le jour dont je parle, quoique sous le coup d'une impression de cette nature, je fus agréablement surpris quand je vis arriver sur la scène des artistes que j'avais applaudis à Paris, surtout quand je reconnus dans Pauline la charmante madame Person, qui avait créé le rôle au Théâtre-Historique. J'étais donc tombé en pleine représentation extraordinaire. Madame Person est une de ces artistes d'élite qu'on ne se lasserait jamais de voir. Elle a une façon à elle d'interpréter les rôles les plus délicats, les plus risqués, et on est toujours sûr, où qu'on la prenne, de ne pas regretter d'avoir été l'entendre.

Le drame, cependant, se déroulait devant nous, et la salle subissait les émotions diverses qu'entraînait chacune des péripéties. On avait vu tour à tour le prologue qui se passe dans l'Inde, le mariage et l'arrivée de Pauline au château qui sert de repaire aux brigands. La salle devinait que quelque chose d'affreux allait se passer, surtout quand la toile, se levant, montra les trois détrousseurs de grand chemin au milieu d'une orgie, pendant qu'une femme, capture vivante, pleurait, fortement attachée sur un lit dans une alcôve reculée. Le spectateur avait été naguère témoin des angoisses de Pauline, et ces angoisses passèrent toutes dans son cœur, quand le comte Horace de Beuzeval assassina froidement la femme captive pour la dérober à la luxure de ses compagnons. L'acte est atroce et on ne pourrait assister froidement à cette scène quand la présence de Pauline vient détourner l'attention. Quand madame Person joue la pièce, cette présence est un véritable coup de théâtre. Pauline a tout vu derrière une porte et elle sait désormais qu'elle est la femme de l'un de ces malfaiteurs qui désolent la Normandie. Certes, cette situation est terrible, et j'en connais peu au théâtre qui empoignent plus étroitement un parterre. Mais je ne connais personne, aujourd'hui, capable de mettre en un relief aussi vif que madame Person toutes les phases diverses par lesquelles passent en quelques instants l'âme et le cœur de cette pauvre femme, fatalement et indissolublement attachée à ce bandit. Madame Person a des élans de passion subite, des attendrissements, des retours de noblesse et de dignité qu'on ne voit plus guère au théâtre aujourd'hui. Chacun prend une gamme et reste monotone, comme si la monotonie était dans l'existence humaine que le théâtre s'attache à faire revivre. Seule, madame Person, par des hardiesses heureuses, s'attache à rester originale. Tout le monde, à Fontainebleau, parut être de mon avis; car je crus, un instant, que la salle allait crouler sous les applaudissements. Toutes les mains battaient d'enthousiasme, et les femmes ne se cachaient plus pour dissimuler leurs larmes.

Maintenant qu'ai-je besoin d'ajouter la suite de ce drame? Qu'ai-je besoin de vous dire la scène du souterrain, quand madame Person occupe seule le théâtre presque pendant un acte entier? Comment elle joua cette scène et celles qui suivirent, vous le devinez, sans doute....... Je m'étais donné pour tâche, dans ce livre, d'exhumer un souvenir personnel : nul ne valait pour moi celui de *Pauline à Fontainebleau*.

GEORGES BELL.

SYLVAIN

Henri Heine, dans un charmant article, a décrit les occupations et les déguisements des dieux en exil; il nous a montré, après l'avénement triomphal du christianisme, les olympiens forcés de quitter leurs célestes demeures, comme au temps de la guerre des Titans, et s'adonnant à diverses professions en harmonie avec le prosaïsme de l'ère nouvelle : sans les renseignements positifs qu'il a recueillis de la bouche de Nichol Anderson, le baleinier, nous ignorerions que Zeus, le dieu au noir sourcil et à la chevelure ambrosienne, est devenu un simple marchand de peaux de lapin comme l'ami du pair de France d'Henri Monnier, et qu'il vit de cet humble commerce au milieu d'une petite île de la mer polaire, entre son vieil aigle à demi déplumé et la chèvre Amalthée aux pis éternellement roses, répondant en dactyles et en spondées homériques aux demandes de ses rares clients; nous ne saurions pas non plus qu'Ampelos, jetant la nuit le froc de moine qui le couvre le jour, célèbre, avec toute la pompe antique, les mystères des bacchanales, au fond des forêts de la Thuringe, en compagnie du père cellérier, transformé en Silène, et des jeunes novices reprenant le pied de bouc de l'ægipan, ou la peau de tigre de la mimallone. C'est par lui encore que nous avons appris le sort d'Hermès-Psychopompos, actuellement entrepreneur du transport des âmes sous l'habit de rature d'un négociant hollandais, ainsi que celui de la sage Pallas-Athéné, réduite à ravauder des bas, et de la devergondée Aphrodite, arrivée comme une lorette vieillie à faire des ménages et à poser des sangsues. Mais le poëte allemand, si bien informé, d'ailleurs, n'a rien dit du dieu Sylvain; nous sommes en état de combler cette lacune. Sylvain, que l'on croit mort depuis deux mille ans, existe, et nous l'avons retrouvé : il s'appelle Denecourt. Les hommes s'imaginent qu'il a été soldat de Napoléon, et ils ont pour eux les apparences; mais, comme vous le savez, rien n'est plus trompeur que les apparences. Si vous interrogez les habitants de Fontainebleau, ils vous répondront que Denecourt est un bourgeois un peu singulier qui aime à se promener dans la forêt. Et, en effet, il n'a pas l'air d'être autre chose; mais examinez-le de plus près, et vous verrez se dessiner sous la vulgaire face de l'homme la physionomie du dieu sylvestre : son paletot est couleur bois, son pantalon noisette; ses mains, hâlées par l'air, font saillir des muscles semblables à des nervures de chêne; ses cheveux mêlés ressemblent à des broussailles; son teint a des nuances verdâtres, et ses joues sont veinées de fibrilles rouges comme les feuilles aux approches de l'automne; ses pieds mordent le sol comme des racines, et il semble que ses doigts se divisent en branches; son chapeau se découpe en couronne de feuillage, et le côté végétal apparaît bien vite à l'œil attentif.

C'est sous la protection de ce dieu sans ouvrage que prospère cette belle forêt de Fontainebleau, si aimée des peintres; c'est par lui que les chênes prennent ces dimensions énormes et ces attitudes bizarres qui retiennent des mois entiers Rousseau, Diaz et Decamps au Bas Breau; c'est lui qui dégage des amas de sable les roches singulières; qui fait filtrer l'eau de diamant sous le velours des mousses; qui fraye le chemin aux fourrés secrets, aux taillis mystérieux, aux perspectives inattendues; qui écrase sous son talon la vipère à tête plate et entr'ouvre les branches pour laisser passer le chevreuil poursuivi.

Souvent l'artiste, sa boîte au dos, s'engage au hasard dans la forêt touffue et profonde. Les masses de verdure voilent l'horizon, les roches se dressent comme des murailles, le chemin aboutit à un fort impénétrable où les fauves peuvent à peine se glisser. Mais tout à coup une main invisible écarte le feuillage, entre deux troncs satinés et plaqués de velours vert, une étroite

sente se dessine comme foulée par le pied furtif des
Fées et des nymphes bocagères; les épines se rangent,
les ronces dénouent leurs filaments, les rameaux se
redressent comme dans les forêts enchantées, quand
on a prononcé le mot magique; la route devient aisée,
quoique presque invisible. Aux carrefours douteux
vous trouvez sur les pierres blanches des flèches qu'on
croirait tombées du carquois de Diane, leur pointe
vous dirige vers le but : un grès d'une difformité curieuse, une grotte aux accidents pittoresques, un arbre
séculaire ou historique, un point de vue d'une étendue
immense. Pendant que vous cheminez vous entendez
parfois remuer dans les feuilles, vous croyez que c'est
un oiseau effrayé qui s'enfuit, un lapin qui regagne son
gite; — nullement : c'est Sylvain qui vous accompagne
de sa protection bienveillante, et rit doucement lorsqu'il voit l'admiration pour sa chère forêt se peindre
sur votre figure; confiez-vous à lui et n'ayez aucune
crainte, il vous ramènera toujours à l'auberge où le
poulet se dore devant le foyer, où l'écume rose du vin
mousse à la gueule du broc, et pour cela vous n'aurez
pas besoin de lui offrir des sacrifices comme au temps
où son effigie de marbre, couronnée de feuilles et de
pommes de pin, se dessinait blanche sur le fond sombre
des bois de Grèce et d'Italie. Tant d'exigence n'irait pas
à un dieu tombé. Quelquefois la nuit il rencontre Ir-
mensul, le dieu gaulois rentré depuis des siècles dans
le cœur des chênes, où l'on taillait à coups de serpe sa

grossière image, et ce sont entre eux de touchants dialogues sur la dureté des temps, sur les ravages que fait la hache dans les bois sacrés, sur la moqueuse impiété et la noire ingratitude des mortels. — Hélas! se disent-ils, la verte chevelure de la mère Cybèle tombe boucle à boucle, et bientôt apparaîtra tout nu le crâne chauve de la terre. Tâchons au moins de sauver la forêt de Fontainebleau!

La femme légale de Denecourt, qui ne sait pas être l'épouse de Sylvain, que quelques mythologues confondent avec le grand Pan dont une voix lamentable proclama la mort il y a tantôt vingt siècles, ne comprit pas l'amour de son mari pour la forêt, et la jalousie s'alarma de si longues absences; elle crut à des rendez-vous vulgaires, à des voluptés illégitimes sous la tente verte des feuilles. Le dieu Sylvain fut suivi, épié, et l'épouse se rassura en ne voyant jamais un chapeau de paille orné d'une fleur l'accompagner dans ses promenades solitaires, ni une jupe adultère s'étaler à côté de lui sur le gazon, pendant ses haltes méditatives. Quelquefois Sylvain tenait embrassé le fût rugueux d'un chêne; mais qui songerait à être jalouse d'un arbre? Elle ne savait pas, la bonne dame, que sous la rude écorce palpite, aux approches du dieu, le tendre sein de la jeune et belle Hamadryade, qui n'a rien à refuser au maître de la forêt, et pour lui dépouille son épaisse tunique ligneuse frangée de mousse d'or. Et alors s'accomplissait le mystérieux hymen; le soleil brillait plus vif, la végétation redoublait d'activité et de fraîcheur, des bourgeons gonflés de sève éclataient sur les branches mortes, l'herbe poussait haute et drue, la source babillait sous le manteau vert du cresson, les oiseaux improvisaient de superbes chansons, et l'antique forêt reverdie et rajeunie tressaillait d'aise jusque dans ses plus intimes profondeurs.

THÉOPHILE GAUTIER.

LES ADIEUX DE FONTAINEBLEAU

. . . .

L'empereur fit appeler Caulaincourt. Il fit quelques munificences à sa garde et aux officiers de sa maison qui lui étaient restés fidèles jusque-là. « Dans quel-
« ques jours, leur dit-il, je serai enfin établi à l'île
« d'Elbe. J'ai hâte d'y respirer plus d'air... J'étouffe
« ici!... J'avais rêvé de grandes choses pour la France...
« Le temps m'a manqué, les hommes aussi. La nation
« française ne sait pas supporter les revers. Une seule

« année de sinistres a fait oublier quinze ans de victoi-
« res. On m'abandonne, on me sépare de ma femme
« et de mon fils! L'histoire me vengera. »

Puis il parla avec une apparente impartialité des
Bourbons. « Entre les vieilles races et les peuples re-
« nouvelés par la révolution, il y a des abîmes, dit-il.
« L'avenir est chargé d'événements. Nous nous rever-
« rons, mes amis!... Demain je ferai mes adieux à mes
« soldats. »

Ce lendemain se leva enfin. Les commissaires, res-
pectueux jusque dans leur surveillance, avaient demandé à l'empereur d'arrêter l'heure du départ. Il
avait fixé le milieu du jour.

Ce qui lui restait de cour, c'est-à-dire les généraux
de sa garde et quelques officiers de sa maison, Bel-
liard, Gourgaud, Petit, Athalin, Laplace, Fouler et
quelques familiers de son intérieur, se réunirent à dix
heures dans le salon qui précédait son cabinet, avec les
commissaires étrangers, petit et funèbre cortége inaperçu dans un palais jadis trop étroit pour ses pompes.
Le général Bertrand, grand maréchal du palais, fier
de sentir en lui une fidélité au-dessus de tous les exils,
annonça l'empereur. Il sortit le visage calme et composé. Il traversa la file de ses derniers amis, saluant et
tendant à droite et à gauche sa main qu'il retirait

mouillée de larmes. Pas un mot ne troubla le silence. L'impression était trop solennelle pour que des paroles tentassent de l'exprimer. Toute l'éloquence de cet adieu, reconnaissance et douleur, était dans les attitudes. Celle de l'empereur était digne du lieu, du rang, de l'acte, naturelle, triste et réfléchie. On voyait qu'il respectait son propre ostracisme, et qu'il repliait de ce palais quinze ans de gloire et de malheurs donnés à la France. Ce n'était plus comme la veille l'homme, c'était l'empire qui sortait. Il sortait avec la majesté d'un événement.

———

Il traversa à pas lents, suivi de ses surveillants et de ses amis, la longue galerie de François Iᵉʳ. Il parut sur le palier du grand escalier. Il regarda un moment les troupes rangées en bataille dans la cour d'honneur et le peuple innombrable accouru des villes voisines pour assister à ce moment d'histoire et pour le redire à leurs enfants. Les sentiments étaient divers dans cette foule où le règne avait plus d'accusateurs que d'amis. Mais la grandeur de la chute dans les uns, la pitié pour les revers dans les autres, la décence et la circonstance chez tous, imposaient un silence unanime. Les insultes eussent été une lâcheté; les cris de *Vive l'empereur!* auraient paru une ironie. Les troupes elles-mêmes éprouvaient quelque chose de plus solennel et de plus religieux qu'une acclamation, l'honneur intime de leur fidélité jusqu'aux revers, et le coucher de leur gloire qui allait avec leur chef disparaître derrière les arbres de la forêt et derrière les vagues de la Méditerranée. Elles enviaient ceux de leurs compagnons à qui le choix ou le sort avait accordé la faveur de s'exiler dans son île avec leur empereur. Les têtes étaient baissées, les regards ternes; des larmes roulaient sur les joues hâlées par la guerre. Si les tambours avaient été voilés de crêpes de deuil, on eût dit les obsèques de l'armée à son général. Napoléon lui-même, après un premier coup d'œil martial et sévère sur ses bataillons et ses escadrons, eut un attendrissement rare dans le regard. Que de journées de guerre, de gloire et de puissance cette armée ne lui rappelait-elle pas! Où étaient ceux qui l'avaient composée pendant qu'elle parcourait avec lui l'Europe, l'Afrique et l'Asie? Que restait-il de ces millions d'hommes dans ce noyau sous ses yeux? Et cependant ce reste était fidèle. Il allait s'en séparer pour toujours. L'armée, c'était lui. Quand il ne la verrait plus sous ses yeux, que serait-il? Il devait tout à l'épée, il perdait tout avec elle. Il hésita quelque temps avant de descendre. Il parut vouloir rentrer machinalement dans le palais.

Il se raffermit, se reprit, descendit les marches pour se rapprocher des soldats. Les tambours lui rendirent les honneurs du commandement. D'un geste il leur imposa le silence. Il s'avança jusqu'au front des bataillons; il fit signe qu'il voulait parler. Les tambours se turent; les armes immobiles, les respirations même suspendues, laissèrent entendre sa voix, répercutée par les hautes murailles du palais, jusqu'aux derniers rang de sa garde.

« Officiers, sous-officiers et soldats de ma vieille
« garde, dit-il, je vous fais mes adieux. Depuis vingt
« ans je vous ai constamment trouvés sur le chemin de
« l'honneur et de la gloire. Dans ces derniers temps,
« comme dans ceux de notre prospérité, vous n'avez
« cessé d'être des modèles de fierté et de bravoure.

« Avec des hommes tels que vous, notre cause n'é-
« tait pas perdue, mais la guerre était interminable;
« c'eût été la guerre civile, et la France en eût
« été plus malheureuse. J'ai donc sacrifié nos intérêts
« à ceux de la patrie. Je pars... Vous, mes amis,
« continuez à servir la France; son honneur était
« mon unique pensée, il sera toujours l'objet de mes
« vœux.

« Ne plaignez pas mon sort! Si j'ai consenti à me
« survivre, c'est pour servir encore votre gloire. Je
« veux écrire les grandes choses que nous avons fai-
« tes ensemble... Adieu, mes enfants! Je voudrais
« vous presser tous sur mon cœur... Que j'embrasse au
« moins votre général, votre drapeau!... »

Ces mots attendrirent les soldats. Un frémissement

parcourut les rangs, agita les armes. Le général Petit, qui commandait la vieille garde en l'absence des maréchaux, homme de trempe martiale, mais sensible, s'avança, au signe répété de Napoléon, entre les rangs de ses soldats et son empereur. L'empereur l'embrassa longtemps. Les deux capitaines sanglotaient. Un sourd sanglot répondit de tous les rangs à ce spectacle. Des grenadiers s'essuyèrent les yeux du revers de leur main gauche. « Qu'on m'apporte les aigles ! » reprit l'empereur, qui voulait graver en lui et dans ce signe une mémoire de César. Des grenadiers s'avancèrent en portant devant lui les aigles des régiments. Il prit ces signes chers au soldat, les pressa contre sa poitrine, et les touchant de ses lèvres : « Chère aigle, « dit-il d'un accent à la fois mâle et brisé, que ce « dernier baiser retentisse dans le cœur de tous mes « soldats !

« Adieu encore une fois, mes vieux compagnons, « adieu ! »

L'armée entière fondit en pleurs, et rien ne répondit, qu'un long et sourd gémissement des troupes.

Une voiture ouverte, où le général Bertrand attendait son maître et son ami, reçut l'empereur, qui s'y précipita en se couvrant les yeux de ses deux mains. Elle roula vers la première station de son exil.

. . . .

A. DE LAMARTINE.

LE DERNIER CHAPITRE

Ce livre fraternel est terminé. On vient d'y mettre le point final. Chacun y a pris la parole à son tour. Il y a eu dix pages au service des formes les plus diverses de la pensée. Ainsi le lecteur y rencontre les uns après les autres l'historien, le poëte, le touriste, le conteur, le statisticien et l'humoriste; il y découvre même le critique, qui, pour cette fois, s'est fait chroniqueur. Jamais œuvre collective n'aura vu se fondre en elle tant de disparates. On pourrait comparer ce livre à ces mosaïques de la grande Grèce, que cent mains savantes formaient pour les plaisirs de Denys le Tyran ou pour l'agrément du roi Hiéron, avec le marbre, l'or, la pierre, l'argent, le stuc, la brique et le bronze; mais la comparaison est usée, quoique toujours juste. Hélas! on traite l'art grec de ver rongeur : il y a des ânes noirs et des méchants qui parlent de le proscrire. Laissons là ces détails et passons.

Il manquait cependant un dernier chapitre à ce volume. Rabelais, qui a été curé et prosateur, dit qu'un écrivain ressemble au prêtre et qu'il doit toujours prononcer un *Ite, missa est* avant de quitter l'autel. — Un livre, un autel ! voilà encore une comparaison bien belle, quoiqu'elle ne nous vienne pas de la Grèce. — Oui, je rebrousse vers ce point, il fallait un mot d'adieu à ce sympathique lecteur qui a feuilleté l'une après l'autre ces quatre cents pages, tout en se promenant sur les sentiers de mousse, à travers les grands arbres. Ce mot d'adieu, il devait naturellement être dit par l'homme excellent pour lequel l'œuvre a été entreprise; c'est à son nom que quarante plumes sont spontanément sorties du fourreau; c'est pour constater son union intime avec Fontainebleau et la forêt que ces écrivains, illustres pour la plupart, n'ont pas craint d'interrompre un jour, celui-là son drame inachevé, cet autre son histoire ébauchée, un troisième sa strophe brillante, cet autre son roman commencé, tous la réalisation de leur rêve et l'enfantement de leur pensée.

A ce spectacle, M. Denecourt a quitté sa vie de sylvain; il est venu à la ville; il a essayé de prendre une plume et de la faire courir sur le papier; mais, s'il faut l'avouer, il n'allait pas de bon cœur à cette besogne. Ce n'est pas qu'il ne soit habile à écrire. Il a publié deux volumes fort remarquables sur sa forêt bien-aimée; il aurait pu dire son mot, comme nous tous; mais l'air de Paris lui faisait mal, le printemps le poussait; il accourait, il nous disait, avec l'accent de

saint Thomas : « *Vide pedes, vide manus!* Tenez, voyez
« mes pieds, voyez mes mains! Tout cela frémit d'im-
« patience. Séjourner dans le faubourg Montmartre,
« tandis que Franchard est en fête! Depuis trois jours,
« le loriot, ce rossignol du matin, fait entendre ses
« trilles sur la branche des bouleaux. De petits lutins
« entr'ouvrent l'écorce des trembles et vont faire neiger
« sur les buissons verts des corbeilles remplies de fleurs
« d'aubépine. Mes vieux bois historiques sont en pleine
« feuillaison. Il y a, du côté d'Apremont, un nid de pe-
« tites vipères jaunes qui sifflent mille injures au pas-
« sant, comme la prose sacrée de M. Louis Veuillot,
« Tous les herboristes m'appellent, ils me crient
« *Indiquez-nous la centaurée! montrez-nous la mélisse!*
« Et me voilà dans votre Paris aux mille têtes discor-
« dantes, devant une feuille de papier des Vosges, inerte
« et froide. Çà! prenez ma tâche, et laissez-moi partir. »

J'ai accepté, moi indigne, le plus obscur, assurément, de cette pléiade de grands et charmants esprits
dont vous venez de passer les noms en revue. Il me
faut donc vous dire le mot d'adieu de notre excellent
vieillard, de cet oseur qui a été plus infatigable dans
son œuvre que les pionniers de Fenimore Cooper,
lorsqu'ils défrichaient la naissante Amérique. — Déjà,
en tête de ce volume, Auguste Luchet a retracé, dans
son style chaud et coloré, les obstacles, les résistances,
la sottise, cette ivraie sempiternelle, les préventions,
les jalousies et les intérêts froissés, ces crapauds vien-

meux que M. Denecourt a eus à rencontrer sans cesse sur son chemin et qu'en fin de compte sa patience et son grand cœur ont fait disparaître. L'ingénieux auteur de *Thadeus le Ressuscité* a indiqué aussi les sacrifices héroïques du vieillard ; il a dit quelles trouées merveilleuses il a faites, durant un quart de siècle, dans cette immense forêt de Fontainebleau, inaccessible et vierge sur plus d'un point. Cependant, comme le temps et l'espace le pressaient, il n'a pu insister sur les détails ; c'est ce que je vais faire avec le plus de concision possible, car une des originalités de M. Denecourt, c'est de s'obstiner à être modeste. Il ne veut pas qu'on le loue de ce qui mérite d'être applaudi, bien différent en cela de tous les contemporains. La modestie, encore un solécisme social que l'on ne pardonne plus !

« *Ce vieux fou!* » on l'honore de l'ellipse qu'on a jetée à la tête de tant d'hommes d'élite depuis que le monde est monde. Il est bien insensé, en effet, il est atteint d'une démence incurable, celui qui, au lieu de songer à gonfler sa bourse, a toujours voulu puiser en elle pour enrichir, embellir, assainir la grande forêt et la rendre visitable pour le pied même des enfants et des vierges effarouchées. En vingt-cinq ans il a découvert plus de mille sites pittoresques ignorés avant lui ; il a éclairé le paysage dans le développement d'une quarantaine de lieues (vieux style), à travers les bois et les rochers. Sous son bâton intelligent comme sous la baguette du frère de Moïse, les prodiges se sont multipliés; il a fait naître les points de vue, il a été le Christophe Colomb des grottes, le capitaine Cook des souterrains; il a fixé, d'une main courageuse, un pennon en terre ou sur le roc, et il a dit : « Depuis des « siècles, ce domaine appartenait au néant; c'est main- « tenant une terre française. » Si elle cesse d'être une science ingrate, la géographie devra constater ses conquêtes.

Mais, d'ailleurs, ce n'est pas sans coup férir qu'il a pu s'avancer ainsi sur ce limon rocailleux et boisé qu'aucun orteil humain n'avait foulé depuis les druides. Cent fois il lui a été indispensable de se frayer un passage à coups de hache, d'employer la sape et la poudre. Que de périls inconnus à raconter! Cette histoire ferait l'effet d'un roman canadien; on ne la croirait pas. Il est donc inutile de s'y arrêter. — J'aime mieux passer d'un seul coup à ceux de ses travaux qui sont moins gigantesques, mais qui atteignent à l'idéal le plus charmant qui se puisse imaginer.

Il y aurait à dresser une longue nomenclature si l'on voulait énoncer tout ce qu'a accompli l'excellent vieillard. Mais vous vous complairez, j'en suis sûr, à envisager un des côtés de sa tâche. Il aime passionnément notre histoire nationale, ce Français du dix-neuvième siècle, et il a raison. Tout examen fait, c'est encore la plus belle, la plus noble et la plus féconde. Dans ses prédilections d'artiste, il associe bien des cultes, celui des hommes anciens, qui ont honoré notre vieille terre gauloise, la mère commune, et celui des hommes nouveaux, qui ont consolé, affranchi et enrichi l'humanité. Plein de cette brûlante et respectueuse tendresse, il a essayé de rendre des hommages votifs aux grands noms. Quand on s'arrête au pied d'un certain chêne, qui date de trois siècles au moins, on peut lire cet écriteau peint par M. Denecourt : le *Turenne*. — Saluez! comme dit le vieux don Ruy Gomez dans *Hernani*. — Un peu plus loin, c'est Catinat, c'est Denis Papin, c'est Parmentier, l'inventeur de la pomme de terre. — Saluez toujours.— Voici un autre arbre, fier, vert, hardi, vigoureux; il porte le nom de Lazare Hoche, ce jeune et brillant général de la première République, trop tôt enlevé aux destinées de notre pays. J'ai parlé d'*Hernani;* M. Denecourt a voué beaucoup d'arbres aux poëtes, et vous pensez bien qu'il n'a pas oublié l'auteur de ce beau drame. C'est, du reste, chez lui, une sainte monomanie que de baptiser les plus beaux arbres de sa chère forêt des noms de tous ceux qui se sont fait une réputation dans les arts et dans la littérature. Voilà pourquoi, le jour où vous visiterez ces bois, vous lirez de temps en temps, d'allée en allée, bien des syllabes illustres et bien connues. Il a une grotte pour Alexandre Dumas, un sentier pour Eugène Delacroix, un massif pour Balzac, des chênes, des mélèzes, des ormes pour Jules Janin, pour Méry, pour Théophile Gautier, pour Arsène Houssaye, pour Diaz, pour Courbet, pour cent autres que je ne vous nomme pas, parce qu'on nous recommande d'être économe d'espace pour ce livre comme on le fait d'ordinaire pour une colonne de journal.

Mais ne trouvez-vous pas, entre nous, que cette pensée de marier des noms d'écrivains, de peintres et de musiciens à la figure d'un arbre, rappelle le charmant épisode des amours d'Angélique et de Médor dans le beau poëme de l'Arioste? M. Denecourt écrit sur l'écorce comme l'amoureux de l'épopée; et, chose curieuse, il aime surtout à tracer le nom des petits, des humbles, des modestes, de ceux qui naissent à peine à la renommée. A côté des réputations toutes faites que j'ai signalées, il met cent autres noms d'hommes jeunes qui seront l'avenir et l'honneur de demain. Entre les chênes consacrés à Chateaubriand, à Lamennais, à Lamartine et à George Sand, il improvise un panthéon végétal où l'on voit figurer toute la littérature militante, des bohèmes d'il y a dix ans, qui sont des hommes mûrs et laborieux aujourd'hui; des romanciers qu'on aime, des polygraphes qu'on recherche, des poëtes dont on chante les vers par toute l'Europe. Dans la fougue de sa bienveillance, ne s'est-il pas avisé, en même temps, de me comprendre dans cette foule glorieuse? Eh! mon Dieu! oui, sur la foi de quelque feuilles volantes, écrites au courant de la plume pour être oubliées le lendemain ou emportées par le vent du caprice et de l'actualité, il s'est imaginé que j'avais aussi, comme tant de camarades, un peu de cette dorure éphémère qu'on appelle la gloire, et il m'a écrit : « J'ai donné votre nom à un rocher! » Ah! pour le coup, je finirai par croire que les méchants et les sots ont eu raison de vouloir le faire interdire : M. Denecourt a eu une croyance unique; il a été prodigue de son argent; il est utile, il est modeste, il est naïf : il a donc toutes les qualités requises pour constituer un fou de bon aloi.

J'ai oublié deux noms qu'il vénère le plus possible, et j'avoue que je les vénère autant que lui-même : ce sont ceux de Voltaire et de Béranger. On les injurie, c'est de mode; certains dévots voudraient poursuivre encore les os de celui qui est mort, et peut-être la personne de celui qui vit encore : M. Denecourt donne leurs noms à ses arbres; c'est une réponse qui en vaut bien une autre. — Je réclame toutefois un troisième chêne, celui du pauvre poëte du *Myosotis*. La forêt de Fontainebleau doit bien cela à cet Hégésippe Moreau qui, en s'échappant du séminaire d'Avon, la chantait si magnifiquement dans ces beaux vers :

> Dans la forêt de pins, grand orgue qui soupire,
> Parfois, comme un oracle interrogeant Shakespeare,
> Je l'ouvrais au hasard, et quand mon œil tombait
> Sur la prédiction d'Iphictone à Macbeth,
> Berçant de rêves d'or ma jeunesse orpheline,
> Il me semblait ouïr une voix sibylline
> Qui murmurait aussi : « L'avenir est à toi;
> La Poésie est reine. Enfant, tu seras roi! »

LE DERNIER CHAPITRE.

Il a été roi un jour, en effet, par la grâce de son génie; mais ce pauvre roi s'est éteint de misère, de maladie et de désenchantement, sur un grabat d'hôpital. On disait de celui-là aussi : « C'est un fou ! » Il avait cru que les vers étaient quelque chose; il avait aimé le bruit du vent dans les arbres, il avait rêvé, il voulait laisser et il a laissé aux hommes des œuvres qui ne mourront pas : quelle démence !

PHILIBERT AUDEBRAND.

P. S. J'ai parlé de Béranger. Le lecteur pensera que ce volume ne saurait être mieux couronné que par une lettre de l'illustre poëte à l'*amant de la forêt :*

« Grand merci, monsieur, des deux volumes que mon jeune ami Champfleury m'a remis de votre part. Personne plus que moi ne pouvait apprécier un pareil présent.

« A deux âges bien différents de ma vie, j'ai vu Fontainebleau. Enfant, j'ai habité Samois, et, vieillard, j'ai passé une année dans Fontainebleau même. Sans le voisinage fréquent de la cour et le monde qu'elle y attire, j'y serais sans doute encore.

« Vous comprendrez facilement, monsieur, le plaisir que j'ai eu à retrouver, dans votre *Carte-Guide* et dans votre *Itinéraire du palais et de la forêt de Fontainebleau*, tous les souvenirs de ce séjour enchanté, réunis par vous avec un soin et une exactitude qu'on trouve trop rarement dans de semblables ouvrages. Quand j'habitais Fontainebleau, vos livres m'eussent rendu de bien grands services et évité de très-longues courses, sans compter tout ce que votre science acquise sur place m'eût évité d'erreurs.

« Si je n'étais si vieux, monsieur, je voudrais aller revoir votre magnifique forêt, et vous porter mes remercîments sous l'arbre que vous avez bien voulu baptiser de mon nom. C'est là ce qu'il y a de plus solide dans ma gloire de coupléteur, et je suis heureux de vous en avoir l'obligation.

« Avec mes remercîments, recevez, monsieur, l'assurance de ma considération toute dévouée.

« BÉRANGER.

« Paris, 29 mai 1854. »

FIN.

TABLE

Pour qui ce livre est fait. — AUGUSTE LUCHET.	1
Ébauche de la forêt. — FERNAND DESNOYERS.	25
A la forêt de Fontainebleau. — THÉODORE DE BANVILLE.	34
Souvenir. — ALFRED DE MUSSET.	37
Sonnets. — COMTE DE GRAMONT.	47
A Albert Durer. — VICTOR HUGO.	49
L'heure du berger. — AUGUSTE VACQUERIE.	52
Les papillons. — GERARD DE NERVAL.	54
La Vierge aux oiseaux. — PIERRE DUPONT.	58
Le chant du chêne. — A. BRIZEUX.	61
To the hermit of the forest. — CLARA DE CHATELAIN.	63
Visions dans la forêt. — ARSÈNE HOUSSAYE.	65
La forêt et la mer. — JULES VIARD.	68
Soleil couchant. — CHARLES MONSELET.	69
Prologue d'une satire intitulée : le Bâton de houx. — GUSTAVE MATHIEU.	70
Les deux crépuscules. — CHARLES BAUDELAIRE.	75
Fragment d'une lettre écrite de Fontainebleau. — GEORGE SAND.	80

TABLE.

Sur la solitude. — HIPPOLYTE CASTILLE.	84
Le Bas-Bréau. — JULES JANIN.	90
La mare aux Fées. — HENRY MURGER.	97
Vision dans la forêt. — CHAMPFLEURY.	102
Un concert dans la forêt. — MÉRY.	107
Du paysage historique. — PAUL DE SAINT-VICTOR.	118
Lantara. — AMÉDÉE ROLLAND.	121
Le chasseur d'ombres. — LOUIS LURINE.	130
Ce qu'on trouve dans une forêt. — BENJAMIN GASTINEAU.	182
L'amant de la forêt. — ALFRED BUSQUET.	188
Un enterrement de Bohémiens dans la forêt. — CL. CARAGUEL.	197
Le Val Fleuri. — G. DE LA LANDELLE.	206
Le chasseur de vipères. — CHARLES VINCENT.	219
Le petit capitaine. — ANTONIO WATRIPON.	242
Christine et Monadelschi. — GUSTAVE HUBBARD.	253
Menus-propos des carpes de l'étang de Fontainebleau. — ÉDOUARD PLOUVIER.	263
Souvenir. — GEORGINE ADAM-SALOMON.	278
La forêt de Fontainebleau et M. de Chateaubriand. — THÉODORE PELLOQUET.	282
La Salamandre d'or. — PHILIBERT AUDEBRAND.	290
Comment le chanoine eut peur. — C. TILLIER.	297
Fontainebleau avant François Ier. — CHARLES ASSELINEAU.	314
Pauline à Fontainebleau. — GEORGE BELL.	341
Sylvain. — THÉOPHILE GAUTIER.	346
Les Adieux de Fontainebleau. — A. DE LAMARTINE.	351
Le dernier chapitre. — PHILIBERT AUDEBRAND.	357
Lettre. — BÉRANGER.	365

www.ingramcontent.com/pod-product-compliance
Lightning Source LLC
Chambersburg PA
CBHW050256170426
43202CB00011B/1713